# Preisbildung und Preisüberwachung bei Grundstücken

Erläutert von

Dr. Fritz Kiefersauer

Zugleich Nachtrag zu
Kiefersauer, Grundstückverkehrsrecht 2. Aufl.

1942

J. Schweitzer Verlag / Berlin

Druck von Dr. F. P. Datterer & Cie., Freising-München.

# Vorwort

Mit Rücksicht auf die Zeitverhältnisse hat der Verlag sich entschlossen, die Neubearbeitung des „Grundstückverkehrsrechts", 2. Auflage, auf den Abschnitt „Preisbildung und Preisüberwachung bei Grundstücken" vorläufig zu beschränken und diese Neubearbeitung in 3. Auflage als selbständiges Werk vorzulegen.

Durch Hinweise auf die im Hauptband bearbeiteten anderen Gebiete des Grundstückverkehrsrechts ist den Besitzern des Grundstückverkehrsrechts die Benutzung des vorliegenden Büchleins erleichtert.

Mindelheim, im Dezember 1941.

**Dr. Fritz Kiefersauer.**

# Inhaltsverzeichnis


Seite

1. Die Aufgaben des Reichskommissars für die Preisbildung . 5
   a) Das Preisbildungsgesetz . . . . . . . . . . . . . . 7
   b) Die Preisstopverordnung 29
2. Die Preisstrafrechtsverordnung . . . . . . . . . . . . 39
3. Die Zuständigkeit der Preisbehörden bei Grundstücken . . 51
4. Der Runderlaß Nr. 155/37 des Reichskommissars für die Preisbildung vom 6. Oktober 1937 . . . . . . . . . . . 56
5. Die Sicherung der Preisüberwachung bei Grundstücken . 89
6. Der Runderlaß Nr. 64/41 des Reichskommissars für die Preisbildung vom 10. Juni 1941 . . . . . . . . . . . . 98
7. Die Verordnung über die Behandlung von Geboten in der Zwangsversteigerung vom 30. Juni 1941 . . . . . . . . 114
8. Landwirtschaftliche Pachten und Preisstopverordnung . . 133

# Preisbildung und Preisüberwachung bei Grundstücken

## 1. Die Aufgaben des Reichskommissars für die Preisbildung

### Vorbemerkung

### I. Die Grundlagen der Preisbildung und Preisüberwachung

Eines der wichtigsten Ziele nationalsozialistischer Staatsführung ist die Aufrechterhaltung der gegenwärtigen Preisgrundlage. Spekulative Preiserhöhungen müssen unter allen Umständen verhindert werden. Die Beibehaltung der Preisgrundlage bildet eine wesentliche Voraussetzung für die erfolgreiche Durchführung des Vierjahresplanes vom 18. Oktober 1936 (RGBl. I S. 887) und vom 18. Oktober 1940 (RGBl. I S. 1395). Auf dem Gebiete des Preisbildungsrechts wurde durch Gesetz vom 29. Oktober 1936 (RGBl. I S. 927) ein eigener Reichskommissar für die Preisbildung (RfP.) bestellt, dessen Aufgabengebiet der Führer selbst mit den Worten umrissen hat, „daß es besser ist, wenn wir unsere Wirtschaft so aufbauen, daß zwischen Lohn und Preis ein stabiles Verhältnis besteht, als daß wir Löhne und Preise einfach laufen lassen". Dem RfP. obliegt gemäß §§ 1, 2 des Gesetzes vom 29. Oktober 1936 (PBG.)

1. die Überwachung der Preisbildung für Güter und Leistungen jeder Art — Preisüberwachung — und
2. der Erlaß aller zur Sicherung volkswirtschaftlich gerechtfertigter Preise und Entgelte erforderlichen Maßnahmen — Preisbildung —.

Preisüberwachung und Preisbildung erstrecken sich auch auf die Preise im Grundstückverkehr. Die Tätigkeit des RfP. und der von ihm beauftragten Stellen beschränkt sich nicht etwa auf die Festsetzung von Höchstpreisen für bestimmte Güter und Leistungen und deren Überwachung. Der RfP. hat vielmehr, wie der Beauftragte für den Vierjahresplan, Generalfeldmarschall Göring, am 28. Oktober 1936 in der Kundgebung im Berliner Sportpalast sich ausdrückte, „die Aufgabe, immer wieder festzustellen, ob der Preis berechtigt ist, oder Eigennutz und Ichsucht entspringt. Ist dies der Fall, dann wird rücksichtslos durchgegriffen". Der Schwerpunkt der Gesetzgebung auf dem Gebiete der Preisbildung ruht also nicht in den einzelnen Gebots- und Verbotsvorschriften, sondern in der aktiven Tätigkeit des RfP. und der von ihm beauftragten Stellen.

Dieser hervorragenden Aufgabe entsprechend sind auch die Maßnahmen des RfP. und die von ihm beauftragten Stellen mit besonderen Wirksamkeiten ausgestattet. Diese bestehen

1. in der Möglichkeit, jeden Rechtsvorgang hinsichtlich der Preisgestaltung der Nachprüfung zu unterziehen und im Rahmen der Preisüberwachung und der Preisbildung die erforderlichen Anordnungen zu treffen;
2. in der alleinigen Zuständigkeit des RfP. und der von ihm beauftragten Stellen auf dem Gebiete des Preisbildungsrechts mit der Folge, daß die auf Grund des Gesetzes vom 29. Oktober 1936 ergehenden Anordnungen für die Verwaltungsbehörden und für die Gerichte bindend sind, d. h. von ihnen nicht einer Nachprüfung und Änderung unterworfen werden können (§ 6 Abs. 1 PBG.).

## II. Die kriegsverpflichtete Preisbildung

Im Kampf um Sein oder Nichtsein, in dem das deutsche Volk seit dem 3. September 1939 steht, erfordert von jedem einzelnen die Anspannung aller Kräfte. Die Kriegswirtschaftsverordnung vom 4. September 1939 (RGBl. I S. 1609) bringt im Vorspruch unter Hinweis auf den Einsatz des Soldaten diesen Gedanken wie folgt zum Ausdruck:

> „Angesichts der Größe dieses Einsatzes ist es selbstverständliche Pflicht jedes Volksgenossen in der Heimat, alle seine Kräfte und Mittel Volk und Reich zur Verfügung zu stellen und dadurch die Fortführung eines geregelten Wirtschaftslebens zu gewährleisten. Dazu gehört vor allem auch, daß jeder Volksgenosse sich die notwendigen Einschränkungen in der Lebensführung und Lebenshaltung auferlegt."

Auf dem Gebiete des Preisrechts erfordern die Bestimmungen des Abschnitts IV — **Kriegspreise** — §§ 22 bis 28 der Kriegswirtschaftsverordnung besondere Beachtung. Zwei Grundsätze sind zu vermerken:

*§ 22*

*Preise und Entgelte für Güter und Leistungen jeder Art müssen nach den Grundsätzen der kriegsverpflichteten Volkswirtschaft gebildet werden.*

*§ 27*

*Die Bestimmungen der Verordnung über das Verbot von Preiserhöhungen vom 26. November 1936 (Reichsgesetzbl. I S. 955) und die sonstigen bisher erlassenen Preisvorschriften bleiben im übrigen unberührt.*

Die kriegsverpflichtete Preisbildung baut hiernach auf dem bestehenden Preisrecht auf, führt die Rechtsentwicklung im Sinne nationalsozialistischer Auffassung über die Verpflichtung des Einzelnen und der gesamten Wirtschaft gegenüber der Volksgemeinschaft, im Sinne der Beschränkung des Eigennutzes gegenüber dem Gemeinnutz weiter und schafft eine neuartige Verpflichtung, die Bindung an die kriegsverpflichtete Volkswirtschaft, deren Ziel eine gerechte Lastenverteilung ist. In ihrem Mittelpunkt steht die Eigenverpflichtung zur Preissenkung, zu deren Klärung die §§ 23 bis 26 einzelnen Vorschriften enthalten. Die durch die Kriegsverhältnisse gegebenen Produktions- und Verteilungsverhältnisse haben vielfach zu Übergewinnen geführt, die für die Vergangenheit durch Gewinnabschöpfung durch den RfP., für die Zukunft durch eigenverantwortliche Preissenkung beseitigt werden müssen.

Die Vorschrift des § 22 KWVO. gilt als **Grundregel** neben allen sonstigen Preisvorschriften; sie verpflichtet jeden Wirtschaftler zur Überprüfung seines Gebarens von sich aus und zwar nicht nur daraufhin, ob der Preis den bestehenden Preisvorschriften entspricht, sondern auch darüber, ob der nach diesen Vorschriften gebildete Preis angesichts der Pflichten, die der Krieg jedem Volksgenossen auferlegt, gerechtfertigt ist. Diese Selbstprüfung ist eine unmittelbar aus § 22 abzuleitende rechtliche Verpflichtung, die für jedermann ohne Ausnahme Geltung hat; sie ist eine besondere zusätzliche Preisüberprüfungspflicht, deren Nichterfüllung strafbar macht, auch wenn die sonstigen preisrechtlichen Vorschriften erfüllt sind, insbes. auch dann, wenn die Grenzen der PStopV. nicht überschritten sind. Die Zweite Durchführungsverordnung zum Abschnitt IV der Kriegswirtschaftsverordnung vom 8. Dezember 1940 (RGBl. I S. 1581) bestimmt:

*Nach den Grundsätzen einer kriegsverpflichteten Wirtschaft hat jeder bei seinem Preisgebaren in dem Bewußtsein zu handeln, daß der Krieg jedem Deutschen eine besondere Verantwortung gegenüber seinem Volke auferlegt und wirkliche Opfer von ihm verlangt.*

*Diese Grundsätze gelten für die gesamte Volkswirtschaft, und zwar für jeden, der Preise oder Entgelte irgendwelcher Art fordert, sich gewähren läßt oder zahlt.*

Der RfP. hat in mehreren Runderlassen auf das Preisgrundgesetz des § 22 KWVO. hingewiesen, vgl. RE. Nr. 135/40 vom 6. November 1940, Erlaß vom 8. Dezember 1940 (MittBl. I S. 805, 852). Zur Durchführung des Verfahrens im Rahmen des Abschnittes IV der Kriegswirtschaftsverordnung sind besondere Anweisungen ergangen, z. B. für den Bereich der Reichsgruppe Industrie am 11. März 1941 (RE. Nr. 28/41), für den Bereich des Handels am 10. April 1941 (MittBl. I S. 159, 226). Unter dem Gesichtspunkt der Gemeinschaftsverpflichtung werden Opfer gefordert, die eine individualistische Wirtschaftsauffassung nicht gekannt hat. An Stelle der individuellen Ausnutzung wirtschaftlicher Möglichkeiten tritt das Gebot der wirtschaftlichen Selbstdisziplin, die Forderung nach Stabilität des Preises. Die hier behandelten Maßnahmen haben nichts mit dem Vorgehen gegen sog. Kriegsgewinnler oder Kriegsschieber zu tun; sie dienen lediglich dem Ausgleich und der Stabilisierung und damit der Festigung unserer Volkswirtschaft durch Senkung der Preise und vorbeugende Verhütung eines Preisauftriebes. Preisstabilität bedeutet nicht absolute Preisstarre, sondern Sicherung des Preisgefüges als Ganzes; nur hierauf kommt es an, erst in zweiter Linie kommt die damit verbundene Gewinnabschöpfung in Betracht, die nur eine Folge der Durchsetzung der preisrechtlichen Eigenverantwortlichkeit des Unternehmers bildet. In Zukunft muß diese Eigenverantwortlichkeit des Unternehmers die Bedingungen, unter denen er wirtschaftet, fortlaufend unter dem Gesichtspunkt der kriegsgebundenen Gemeinschaftsverpflichtung überprüfen und ordnen. Die Privatinitiative des Unternehmers ist nicht eingeschränkt, ihre Verantwortung der Gemeinschaft gegenüber vielmehr erhöht.

Es erscheint nicht überflüssig, auf diese Grundsätze auch im Rahmen des Grundstückverkehrsrechts hinzuweisen; denn auch der Verkäufer von Grund und Boden ist an die Grundregel der Preisbildung, die neben allen sonstigen Preisvorschriften Geltung beansprucht, gebunden. Vgl. 36a zum RE. 155/37.

## a) Preisbildung (PBG.)

### Gesetz zur Durchführung des Vierjahresplans — Bestellung eines Reichskommissars für die Preisbildung —

Vom 29. Oktober 1936 (RGBl. I S. 927)

Die Reichsregierung hat zur Durchführung des Vierjahresplans auf dem Gebiete der Preisbildung das folgende Gesetz beschlossen, das hiermit verkündet wird:

Zur Verhütung volkswirtschaftlicher Schäden und ungerechtfertigter Preissteigerung ist das Preisbildungsgesetz (PBG.)

im Lande Österreich gemäß der Zweiten Verordnung zur Einführung des Vierjahresplans im Lande Österreich vom 27. März 1938 (RGBl. I S. 315), in den sudetendeutschen Gebieten gemäß § 1 der Verordnung über die Aufgaben des Reichskommissars für die Preisbildung in den sudetendeutschen Gebieten vom 18. Oktober 1938 (RGBl. I S. 1444),

im Reichsgau Danzig-Westpreußen, im Reichsgau Wartheland und in den Regierungsbezirken Zichenau und Kattowitz sowie den übrigen in die Provinzen Ostpreußen und Oberschlesien eingegliederten ehemaligen polnischen Gebietsteilen gemäß § 1 der Verordnung über die Preisbildung in den eingegliederten Ostgebieten vom 20. Januar 1940 (RGBl. I S. 210) u. 24. September 1941 (RGBl. I S. 596),

in den Gebieten von Eupen, Malmedy und Moresnet gemäß § 1 der Verordnung über die Preisbildung in den Gebieten von Eupen, Malmedy und Moresnet vom 12. Juni 1940 (RGBl. I S. 870)

sinngemäß anzuwenden.

## § 1

(1) Zur Überwachung der Preisbildung[1] für Güter und Leistungen jeder Art, insbesondere für alle Bedürfnisse des täglichen Lebens, für die gesamte landwirtschaftliche, gewerbliche und industrielle Erzeugung und für den Verkehr mit Gütern und Waren jeder Art sowie für sonstige Entgelte[2] wird ein Reichskommissar bestellt.

(2) Die gesetzlichen Vorschriften über die Überwachung und Gestaltung der Löhne und Gehälter, im besonderen die Vorschriften des Gesetzes zur Ordnung der nationalen Arbeit bleiben unberührt.

(3) Der Reichskommissar wird vom Führer und Reichskanzler ernannt. Er untersteht dem Beauftragten für den Vierjahresplan, Preußischen Ministerpräsidenten Generaloberst Göring. Der Reichskommissar hat seinen Sitz in Berlin.

1. Die Tätigkeit des RfP. umfaßt nicht nur die Preisüberwachung, sondern auch die Preisbildung selbst. § 2 Abs. 2 überträgt der RfP. die Wahrnehmung der Aufgaben und Befugnisse „auf dem Gebiete der Genehmigung, Festsetzung, Überwachung und Bildung von Preisen und Entgelten". Von der bloßen Überwachung der Entwicklung (Bildung) der Preise, die der Aufgabe der früheren Reichskommissare für die Preisüberwachung entsprochen hat, ist das PBG. zur unmittelbaren Gestaltung der Preise übergegangen.

2. Preise (Entgelte) für Güter und Leistungen jeder Art unterliegen der Überwachung durch den RfP. Die Grundstückpreise unterliegen deshalb der Kontrolle des RfP. ebenso wie die Entgelte für die Nutzung der Grundstücke (Miete, Pacht, Nießbrauch). Da das wirkliche Entgelt für die Überlassung eines Grundstücks nur aus der Gesamtheit der vertraglichen Bestimmungen zu ermitteln ist, unterliegen auch die sonstigen Bestimmungen der Grundstückverträge der Nachprüfung durch den RfP.

## § 2

(1) Der Reichskommissar ist ermächtigt, die zur Sicherung[1] volkswirtschaftlich gerechtfertigter Preise und Entgelte[2] erforderlichen Maßnahmen[3] zu treffen[4].

(2) Der Reichskommissar für die Preisbildung hat die den Obersten Reichsbehörden auf dem Gebiete der Genehmigung, Festsetzung, Überwachung oder Bildung von Preisen und Entgelten zugewiesenen Aufgaben und Befugnisse wahrzunehmen.

(3) Der Reichskommissar kann mit Zustimmung des Beauftragten für den Vierjahresplan die ihm nach diesem Gesetz zustehenden Aufgaben und Befugnisse ganz oder teilweise auf andere Stellen übertragen[5].

1. Die Sicherung volkswirtschaftlich gerechtfertigter Preise (Entgelte) ist das Ziel aller **Maßnahmen,** zu denen § 2 den RfP. ermächtigt. Die Rechtfertigung des Preises muß eine volkswirtschaftliche sein, d. h. sie darf nicht ausschließlich nach privatwirtschaftlichen Gesichtspunkten erfolgen. Dies gilt insbesondere für die Überlassung des Eigentums an Grund und Boden. **Eigentum** ist **sozial gebundenes Recht;** jede Nutzung des Bodens ist den Gesetzen der Gemeinschaft unterworfen, vgl. Staudinger-Kiefersauer, Vorbem. 1 zu § 535. Für die Entwicklung der Grundstückspreise und deren Lenkung durch die Preisbehörden sind deshalb neben den allgemeinen volkswirtschaftlichen Gesichtspunkten in besonderem Maße die nationalpolitischen Ziele des künftigen Bodenrechts zu beachten. Es gilt nicht nur die Grundstückspreise aus der vielfach beobachteten Verkrampfung in Spekulationsgeschäften herauszuschälen, sondern darüber hinaus den Grundstücksverkehr in Bahnen zu lenken, die der Bedeutung des **Grund und Bodens** als der **Grundlage völkischen Lebens** entsprechen. Es muß erreicht werden, daß deutscher Grund und Boden nicht mehr als Handelsware gewertet wird — die Folgerung aus dieser geänderten Anschauung zieht mit Recht RG. V 99/40, RGZ. 166, 89, vgl. 1 zu § 3 PStopV. — und daß er deutschen Volksgenossen — nur diesen, vgl. 1 zu § 5 GVB. — zur Verfügung steht. Der deutsche Grund und Boden hat eine **Aufgabe zu** erfüllen, die ihm im Einzelfall durch die völkische Ordnung zugewiesen wird; sie ist nicht nur eine nationale, sondern auch eine soziale Aufgabe. Dies gilt insbesondere für die Bereitstellung von Bauland für den deutschen Wohnungsbau nach Maßgabe des Führer-Erlasses vom 15. November 1940 (RGBl. I S. 1495). Vgl. unten 2 sowie IV zum RE. 64/41.

2. Der **volkswirtschaftlich gerechtfertigte Preis bei Grundstücken,** der sich gegenüber dem Stoppreis durchsetzen kann und muß, vgl. 1 zu § 1 PStopV., ist der angemessene Preis im Sinne der nationalsozialistischen Rechts- und Wirtschaftsauffassung. Die neue Rechtsauffassung verpflichtet den Eigentümer nicht nur, den Grund und Boden entsprechend den Forderungen der Volksgemeinschaft zu nutzen, sondern auch nur in einer den volkspolitischen Zielen der Staatsführung dienenden Weise zu verwerten. Die liberalistische Auffassung von der Ungebundenheit des Eigentümers, von der Freiheit, den Grund und Boden nach Belieben zu nutzen und zu verwerten, ist rechtspolitisch überwunden. Die Umsetzung dieser Idee in die Praxis des Wirtschaftslebens ist die Aufgabe der Staatsführung. Die Preisbehörden sind berufen, an der Erreichung dieses Zieles in hervorragendem Maße mitzuwirken.

Die liberalistische Wirtschaftsauffassung hat den deutschen Grund und Boden als Handelsware behandelt und demgemäß ihren Wirtschaftsgrundsätzen unterworfen. Der für die Preisbildung maßgebende Grundsatz des Verhältnisses zwischen Angebot und Nachfrage mußte gerade im Grundstücksverkehr angesichts der Unmöglichkeit der Vermehrung der Bodenfläche und der sich ständig steigernden

Nachfrage zu fortwährenden Preissteigerungen führen; spekulative Einflüsse haben diese Preisentwicklung zuweilen noch in unerträglicher Weise verstärkt. Aus dieser liberalistischen Auffassung entwickelte sich der **Verkehrswert** für Grundstücke, der im allgemeinen dem gemeinen Wert entspricht.

Der **gemeine Wert** bildet grundsätzlich den Ausgangspunkt für die steuerliche Bewertung. Hierzu und zur begrifflichen Erfassung des gemeinen Wertes bestimmt § 10 des Reichsbewertungsgesetzes (RBewG.) vom 16. Oktober 1934 (RGBl. I S. 1035) folgendes:

*§ 10*

(1) *Bei Bewertungen ist, soweit nichts anderes vorgeschrieben ist, der gemeine Wert zugrunde zu legen.*

(2) *Der gemeine Wert wird durch den Preis bestimmt, der im gewöhnlichen Geschäftsverkehr nach der Beschaffenheit des Wirtschaftsguts bei einer Veräußerung zu erzielen wäre. Dabei sind alle Umstände, die den Preis beeinflussen, zu berücksichtigen. Ungewöhnliche oder persönliche Verhältnisse sind nicht zu berücksichtigen.*

(3) *Als persönliche Verhältnisse sind auch Verfügungsbeschränkungen anzusehen, die in der Person des Steuerpflichtigen oder eines Rechtsvorgängers begründet sind. Das gilt insbesondere für Verfügungsbeschränkungen, die auf letztwilligen Anordnungen beruhen.*

Ausgangspunkt für die Ermittlung des gemeinen Wertes ist nach diesen Vorschriften der „im gewöhnlichen Geschäftsverkehr" zu erzielende Veräußerungspreis. Insofern kann man von einem „Verkehrswert" sprechen, wenngleich die Vorschrift des Abs. 2 Satz 3 eine Einschränkung der Ermittlungsergebnisse bedeutet.

Neben dem Verkehrswert steht der **Ertragswert**, d. h. der Wert, der auf der Grundlage der aus dem Grundstück nachhaltig zu erzielenden Erträgnisse ermittelt wird. Bei **landwirtschaftlich nutzbaren Grundstücken** (Ackerland, Gartenland, Grünland) wird der Ertrag durch die Beschaffenheit des Bodens, durch die Geländegestaltung, durch die klimatischen Verhältnisse, durch die Zugehörigkeit zu einem bestimmten Betrieb und damit zu dessen Absatz- und Verkehrsverhältnissen bestimmt. Zur Feststellung der Ertragsfähigkeit landwirtschaftlicher Grundstücke wird im ganzen Reichsgebiet eine Bodenschätzung auf Grund des Gesetzes über die Schätzung des Kulturbodens vom 16. Oktober 1934 (RGBl. I S. 1050) und den Durchführungsbestimmungen hierzu vom 12. Februar 1935 (RGBl. I S. 198) durchgeführt. Die Ergebnisse der Bodenschätzung, die in Katasterkarten zusammengefaßt werden — vgl. 32 zum RE. 155/37 —, bilden eine wertvolle Grundlage nicht nur für die Ermittlung des steuerlichen Einheitswertes, sondern auch für die Feststellung des Ertragswertes überhaupt. Eine besondere Behandlung müssen land- und forstwirtschaftlich genutzte Grundstücksflächen erfahren, von denen nach ihrer Lage und den sonstigen Verhältnissen, insbesondere mit Rücksicht auf die bestehenden Verwertungsmöglichkeiten, anzunehmen ist, daß sie in absehbarer Zeit **anderen** als land- und forstwirtschaftlichen Zwecken dienen werden, z. B. **Bauland** — vgl. den RE. Nr. 64/41 vom 10. Juni 1941 —, **Industriegelände**, Verkehrszonen, Kiesgruben; hier ist die Feststellung der Ertragsfähigkeit nicht ausreichend, um den wirklichen Wert zu ermitteln, vgl. § 51 Abs. 2 RBewG.

Bei **bebauten Grundstücken** entspricht der Ertragswert dem Wert der Nutzung, deren Höhe durch den Miet- (Pacht-) zins bei vermieteten (verpachteten) Grundstücken (Wohnhäuser, gemischtgenutzte Häuser, Geschäfts- und Industriehäuser) zum Ausdruck gebracht wird. Bei den ausschließlich vom Eigentümer benutzten Häusern, insbes. bei Einfamilienhäusern, muß der Nutzungswert durch Vergleich mit gleichartigen Räumen ermittelt werden. Während aber für landwirtschaftlich nutzbare Grundstücke eine amtliche Bodenschätzung seit Jahren in die Wege geleitet ist, fehlt es an einer solchen behördlichen Maßnahme zur Feststellung der Nutzungswerte bei bebauten Grundstücken. Die Notwendigkeit einer allgemeinen Nutzungswertfeststellung auf der Grundlage des objektiven Werts — Kiefersauer, Ztschr. für Wohnungswesen 1920, 249; Kiefersauer, Wohnungsabgabe und Wohnungsbau, München 1922; Kiefersauer, DWohnA. 1938, 5 — dürfte ernstlich nicht mehr bestritten werden. Es handelt sich lediglich darum, praktisch brauchbare Methoden für die Ermittlung des Nutzungswertes zu finden, vgl. Lampe, DWohnW. 1939, 181. Bei der Berechnung des Ertragswertes bebauter Grundstücke wird in der Regel der **Reinertrag** durch Kürzung der Jahresrohmiete um den Betrag ermittelt, der der Summe der Aufwendungen für die Grundsteuer, die Hauszinssteuer, für laufende und große Instandsetzungsarbeiten, für die Bewirtschaftung und Verwaltung des Grundstücks, für Abschreibung und Risiko entspricht, vgl. Stark JRW. 1939, 292; Quecke-Bußmann S. 49. Dieser Jahresreinertrag wird mit **6 v. H.** kapitalisiert, vgl. Fränk, DWohnA. 1939, 197; Stark DRW. 1939, 291; niedrigere Kapitalisierungssätze — Scheuermann GrundE. 1939, 28 nimmt 5% oder 5,5% an — entsprechen nicht den Bedürfnissen der Praxis. Bei der Ermittlung des Mieterträgnisses werden übermäßig hohe Mieten der Scheinkonjunkturjahre 1927/29 niedriger angesetzt. Bei den Ausgaben werden für Abgaben und Instandsetzungskosten Pauschalbeträge in Abzug gebracht, die etwa 60 v. H. der Bruttoeinnahmen für den Regelfall ausmachen dürften. Bestimmte allgemeingültige Regeln bestehen für die Ertragswertberechnung nicht, vgl. Scheuermann GrundE. 1939, 28. Bemerkenswert ist, daß die Berliner Praxis bei Geschäfts- und Industriehäusern die Berechnung auf Einheits- (Durchschnitts-) preise je Quadratmeter zurückführt; ebenso wird bei Villen und größeren Eigenheimen der Preis je Quadratmeter Grundstücksfläche ermittelt unter Berücksichtigung des Alters, der Lage und Beschaffenheit, der Größe und der Art der Ausführung des Baues. Allgemeingültige Regeln bestehen für die Ertragsberechnung ebensowenig wie für die Ermittlung des Verkehrswertes, vgl. auch 1 zu § 10 StädtebauG. und 9 zum RE. 155/37.

Liberalistische Wirtschaftsauffassung von dem Handelswert des Bodens hat dazu geführt, daß in zahlreichen Fällen der Verkehrswert nicht mehr als angemessener Preis anzuerkennen ist. Der deutsche Grund und Boden wurde als Kapitalanlage bewertet und die Flucht in die Sachwerte fragte bei der Preisbemessung nicht mehr nach dem Ertrag. Die Preistreiberei zeigte ihre volksschädlichen Auswirkungen in erster Linie bei den landwirtschaftlichen Betrieben. Die wirtschaftlich nicht gerechtfertigten Grundstückspreise gefährdeten Besitz und Nutzung landwirtschaftlichen Bodens und damit die Lebensgrundlage der bäuerlichen Volkskreise. Mietzinshäuser, die ohne Rücksicht auf ihre nachhaltige Ertragsfähigkeit erworben worden sind, gaben Anlaß zu ungerechtfertigter Mietzinserhöhung. Soweit daher der **Verkehrswert** den angemessenen Preis übersteigt, muß er allmählich auf den Stand des angemessenen Preises zurückgeführt werden.

Ziel künftiger Preisgestaltung ist, zu verhindern, daß der Verkehrswert den angemessenen, d. h. den volkswirtschaftlich gerechtfertigten Preis übersteigt. **Angemessen** ist grundsätzlich nur der **Ertragswert.** Höhere Verkehrswerte können, wie Knoll DV. 1939, 458 treffend ausführt, „nie einen gesunden wirtschaftlichen Sinn haben, sondern nur auf Beweggründen beruhen, die vom Standpunkt des Volksganzen aus abzulehnen sind oder jedenfalls nicht durch Bewilligung von Überwerten auch noch anerkannt werden können".

Die Erreichung dieses Zieles setzt voraus, daß nationalsozialistisches Denken Gemeingut des deutschen Volkes geworden ist. Jeder Volksgenosse muß von dem

Wert des Grund und Bodens als der Lebensgrundlage völkischen Lebens überzeugt sein. Jeder muß wissen, daß nur eine von der Gemeinschaft gebilligte Nutzung des Bodens die Grundlage für die Preisbildung abgeben kann und darf. Diese Erkenntnis bedeutet die restlose Abkehr von dem liberalistischen Gedanken, der in erster Linie in dem Erwerb deutschen Grund und Bodens eine sichere Kapitalsanlage gesehen hat. Die Loslösung von dieser Anschauung und der von ihr getragenen und insbesondere bei Bauland verwirklichten, vielfach übersteigerten Bewertung der Grundstücke bildet eine nicht zu unterschätzende Übergangsschwierigkeit, deren Überwindung viel Vorsicht und Geduld erfordert. Eine praktische Übergangsmaßnahme stellt die Auferlegung einer Ausgleichszahlung zu Lasten des Erwerbers und zugunsten des Reichs, des Kreises oder der Gemeinde dar, vgl. 22, 42 zum RE. 155/37 sowie § 15 Abs. 1 EinsatzVO. Es wäre verfehlt, wenn man ohne Rücksicht auf eine Jahrzehnte lang gleichmäßige Entwicklung der Preise, z. B. für Bauland, die Preise etwa plötzlich allgemein auf die Hälfte herabsetzen wollte. Aufgabe der Preisbehörden ist es neben der Verhinderung ungerechtfertigter Preissteigerungen zunächst die Auswüchse ungesunder Preisbildung, die auf unsachlichen Beweggründen, Absichten und Hoffnungen beruht, zu beschneiden, nicht aber irgendeine Preistheorie ohne Rücksicht auf eine vorhandene angemessene Preisentwicklung willkürlich zu verwirklichen. Mit Recht schreibt daher der RfP. vor, daß bei der Ermittlung des Baulandpreises von den gegebenen Verhältnissen zunächst auszugehen ist, vgl. Vorbem. I zum RE. Nr. 64/41.

Erst wenn diese Übergangsschwierigkeit überwunden und die angemessene bisherige Preisentwicklung klargestellt sein wird, kann die Preisbehörde an eine selbständige Gestaltung der Bodenpreise herantreten. Dabei wird die planvolle Aufteilung des Geländes — nötigenfalls unter Aufgabe bisheriger, zuweilen übertriebener Geländeaufschließung — die Grundlage für die Entscheidung der Frage bilden, welche **Aufgabe** künftig **einem Grundstück innerhalb eines bestimmten Planraumes** von der zuständigen Planungsstelle zugewiesen wird. Denn „das Grundeigentum ist die sächliche Erscheinungsform eines eingerichteten und geordneten Aufgabenkreises, ohne den eigenverantwortliche und daher produktive Bodennutzung nicht denkbar wäre", Wieacker, Bodenrecht S. 45 und oben 1. Weder dem Käufer noch dem Verkäufer, sondern nur der völkischen Ordnung steht die Bestimmung der Verwendung des Grundstücks zu, z. B. als Grünfläche oder als Bauplatz für ein Warenhaus oder für ein Mietwohnhaus größeren oder kleineren Umfangs, vgl. Knoll DV. 1939, 459. Die in Aussicht stehende Reichsplanung (Raumordnung, Bauordnung) wird im Rahmen der Zuweisung des Einzelnen in eine bestimmte Gemeinschaft nach dieser Richtung eine gesetzliche Regelung bringen. Die unterschiedliche Bewertung der Grundstücke nach dieser Zweckbestimmung erfordert einen Ausgleich, der ausschließlich zu Lasten des bevorzugten Grundstückseigentümers erfolgen kann, etwa durch Erfassung der Wertsteigerung nach dem Vorbild des § 6 StädtebauG. oder durch sonstige steuerliche Maßnahmen, Knoll DV. 1939, 459. Über die Erhebung einer Ausgleichsabgabe insbes. bei der Festsetzung von Baulandpreisen vgl. Vorbem. IV zum RE. 64/41; ferner 42 zum RE. 155/37.

Neben dieser durch eine planvolle Raumordnung bedingten Aufgabe des Grundstücks kommt aber noch die volkspolitische Bedeutung in Betracht, die der **Nutzungsmöglichkeit des Bodens** zukommt. Der nationalsozialistische Staat hat kein Interesse daran, die kapitalistische Ausnutzung des Grund und Bodens zu fördern oder zu begünstigen. Die Häufung landwirtschaftlichen Großgrundbesitzes in einer Hand — als Eigenbetrieb oder Pachtbetrieb — ist ebenso unerwünscht wie der Erwerb landwirtschaftlichen Besitzes durch Nichtlandwirte; mit Recht hat deshalb da :

OVG. — Bohens DWohnA. 1938, 240 — die Zubilligung der Enteignungsentschädigung in Höhe der Beschaffungskosten eines Ersatzgrundstücks abgelehnt, wenn der Betroffene mehrere Besitzungen hat oder wenn sein Hauptberuf nicht der eines Landwirts ist. Weiterhin ist auch die Errichtung großer Miethausblöcke durch Privatpersonen nicht erstrebenswert und deshalb auch nicht zu fördern. Dagegen soll die Verwirklichung des nationalsozialistischen Grundsatzes mit allen Mitteln angestrebt werden, daß der deutsche Boden Lebensgrundlage der deutschen Familie und Ernährungsgrundlage des deutschen Volkes ist und bleiben soll. Unter diesem Gesichtspunkt ist die Angemessenheit des Preises für landwirtschaftliche Grundstücke sicherzustellen, die als Bestandteile eines Erbhofes, eines sonstigen Bauernhofes, einer Heimstätte, eines sonstigen Siedlungshauses, einer handwerklichen Betriebsstätte durch die Verbundenheit von Blut und Boden der **Familie die Lebensgrundlage mitgestalten** helfen. Die Kosten für den Erwerb des Bodens müssen sich in diesen Fällen in solchen Grenzen halten, daß die dauernde Erhaltung der mit dem Grundstückserwerb geschaffenen Lebensgrundlage unter allen Umständen möglich ist. Soweit nur die Schaffung einer Wohnstätte in Frage kommt, müssen die Lasten der Wohnstätte und Betriebsstätte tragbar sein.

Wegen der Einteilung der Grundstücke unter diesen Gesichtspunkten vgl. Vorbem. zum RE. 155/37. Über die Berechnung und Bedeutung des steuerlichen Einheitswertes s. 9, 32, 43, 57 zum RE. 155/37.

3. Art und Umfang der zu ergreifenden **Maßnahmen** zu bestimmen, ist Sache des RfP.; er kann allgemeine Anordnungen treffen oder im Einzelfalle eingreifen. Unmittelbarer Eingriff in Vertragsrechte ist möglich; insbesondere kann der RfP. der Preisüberwachungsstelle das Recht übertragen, im Einzelfall den Verkauf zu dem gesetzlich vorgeschriebenen Preis zu erzwingen. Ob solche Eingriffe vom RfP. beabsichtigt sind, kann lediglich aus dem Inhalt der Anordnung oder des Erlasses entnommen werden.

Die Maßnahmen, die bisher vom RfP. zur Preisbildung und Preisüberwachung bei Grundstücken getroffen wurden, sind enthalten

a) in dem RE. Nr. 155/37 vom 6. Oktober 1937, ergänzt durch den die Bewertung von Bauland betreffenden RE. Nr. 64/41 vom 10. Juni 1941 sowie
b) in dem Erlaß — veröffentlicht als „Grundsätzliche Entscheidung" — vom 16. März 1938, wiederholt durch den RE. Nr. 30/41 vom 17. März 1941 — 4 zu § 3.

Grundsätzlich ist davon auszugehen, daß die zu b bezeichneten Erlasse nur eine den maßgebenden RE. Nr. 155/37 ergänzende Dienstanweisung an die Preisbehörden darstellen, 3 zu § 3 PVG. Bei näherer Betrachtung wird freilich offenkundig, daß die beiden Gruppen in der Zulassung der den Preisbehörden zugestandenen **Mittel** sich nicht unerheblich unterscheiden. Während RE. 155/37 für die unter die GVB. und das WohnSG. fallenden Grundstücke grundsätzlich die für das Genehmigungsverfahren zulässigen Maßnahmen — Genehmigung, Genehmigung unter Auflage, Versagung der Genehmigung — als ausreichend betrachtet — 23 zum RE. 155/37 —, will der Erlaß vom 16. März 1938 der unteren Verwaltungsbehörde in ihrer Eigenschaft als Preisbehörde darüber hinaus die Befugnis zu selbständigen preisrechtlichen Anordnungen einräumen: Die Genehmigungsbehörde soll gleichzeitig, also neben ihrer Zuständigkeit als Genehmigungsbehörde, als Preisbehörde die Herabsetzung des Preises mit bindender Wirkung für die Vertragsteile anordnen können. Die Praxis hat indes gezeigt, daß eine solche Verkoppelung des Genehmigungsverfahrens mit dem Preisprüfungsverfahren, das ausdrücklich nicht als Genehmigungsverfahren eingeführt wurde — 26 zum RE. 155/37 — zu rechtlich unmöglichen Ergebnissen führt. Es ist deshalb davon auszugehen, daß das selbständige

Preisprüfungsverfahren, soweit es die Grundsätze der Gruppe b verwirklichen will, immer nur außerhalb eines sonst vorgeschriebenen Genehmigungsverfahrens Platz greifen kann, Kiefersauer, Deutsche Rechtswissenschaft 1941, 328.

Im Zwangsversteigerungsverfahren hat die Preisbehörde den Betrag des höchstzulässigen Gebots zu bestimmen, unten 5.

**4.** Art, Umfang und Wirkung der in Abs. 1 dem RfP. erteilten **Ermächtigung** zur Anordnung der preisrechtlichen Maßnahmen sind nur zu erkennen, wenn man die Wandlung im Rechtsdenken erfaßt, die seit dem Einbruch nationalsozialistischen Rechtsdenkens Allgemeingut der Rechtswissenschaft geworden ist. Auf die Notwendigkeit der Beseitigung der unbeschränkten wirtschaftlichen Freiheit des Einzelindividuums und der Anerkennung der Interessen der Gesamtheit unter Zurückdrängung des Einzelwillens ist vereinzelt im Schrifttum freilich auch schon früher hingewiesen worden, vgl. Kiefersauer, Grundstücksmiete 2. Aufl. (1924) Teil I S. 8. Aber erst die machtvolle Ideengestaltung der modernen Rechtslehre hat dem Gedanken der Einordnung jedweder Rechtsgestaltung in die völkische Gesamtordnung, der Unterordnung des einzelnen Volksgenossen unter die ihm zugewiesene Gemeinschaftsordnung zur allgemeinen Anerkennung verholfen. Dem privaten Rechtsverkehr ist die Verwirklichung der Parteiabsichten nur insoweit gestattet, als die den Beteiligten zugewiesene Gemeinschaftsordnung die rechtliche Vereinbarung billigt; über dem privaten Rechtsgeschäft steht die Gemeinschaftsordnung, deren Ausstrahlungen die private Rechtsgestaltung im Einzelfall durchdringen, sie abändern oder vernichten. Demgemäß ist auch das Eigentum nicht absolutes Herrschaftsrecht, sondern sozial gebundenes Recht, oben 1.

Auf dem Gebiete des Grundstücksverkehrs kommt der Gedanke der Bindung des Einzelwillens an die Gesamtordnung sinnfällig vor allem in der Mitwirkung bestimmter **Genehmigungsbehörden** beim Erwerb, der Veräußerung, Belastung, Verpachtung usw. von Grundstücken zum Ausdruck, vgl. 15 zum RE. 155/37. Diese öffentliche Mitwirkung am Privatrechtsgeschäft ist Bestandteil des Rechtsgeschäfts und hebt dieses aus der bloßen Privatrechtssphäre heraus zu einem Gesamtakt. Die Rechtsgültigkeit dieses Gesamtaktes beruht alsdann sowohl auf einem rechtsgültigen privaten Rechtsgeschäft als auch auf einer gültigen, hoheitlichen Entscheidung der Behörde. Die Erteilung der Genehmigung schafft die von den Beteiligten gewollte Bindung und bringt zugleich zum Ausdruck, welche Art der Rechtsgestaltung durch die Beteiligten vom Standpunkt der Gesamtordnung aus zu billigen und deshalb als rechtlich verbindlich anzusehen ist, vgl. Busse, Der Erbhof im Aufbau der Volksordnung (1936) S. 110. Die Billigung der Rechtsgestaltung durch die Genehmigungsbehörde kann im Einzelfall uneingeschränkt oder eingeschränkt erfolgen. Ob die Einschränkung der Billigung in einer unmittelbaren Einwirkung auf den Vertragsinhalt bestehen kann oder sich nur auf den Hinweis beschränken darf, nach welcher Richtung die Nichtübereinstimmung mit der völkischen Gesamtordnung besteht und auf welche Weise der Widerspruch zu beseitigen ist, das zu bestimmen, ist Sache des Gesetzgebers. Soweit ersichtlich, ist für jedes Genehmigungsverfahren bisher als allgemeiner Grundsatz anerkannt, daß ein unmittelbarer Eingriff in das von den Beteiligten gestaltete Privatrecht, also eine Abänderung der Vertragsbedingungen, der Genehmigungsbehörde nicht erlaubt ist, vgl. RG. V 289/35 JW. 1936, 3229.

Das **Preisprüfungsverfahren**, zu dem die Preisbehörden unter dem Gesichtspunkt der Preisbildung und der Preisüberwachung berufen sind, ist — vom Ausnahmefall des § 3 PStopV. abgesehen — nicht als Genehmigungsverfahren gestaltet, vgl. 26 zum RE. 155/37. Die Tätigkeit des RfP. und seiner Behörden ist augenscheinlich eine universelle, sie ist nicht als an die Geleise eines Genehmigungsverfahrens gebundene Mitwirkung an einem Privatrechtsgeschäft ausgestaltet. Die Aufgabe des RfP. entspricht seiner „wirtschaftspolitischen Führungsstellung" — Brandt ZAkDR. 1941, 190 —, die überall da, wo eine preisrechtliche Abrede mit der völkischen Gesamtordnung, die in den vom RfP. verfolgten preispolitischen Bestrebungen zum Ausdruck gebracht wird, nicht in Einklang steht, einzugreifen berechtigt und verpflichtet ist. Der Führungsanspruch des RfP. auf preisrechtlichem Gebiet ist ein allgemeiner, so daß die Autorität seiner Auffassung von Gerichten und Verwaltungsbehörden stets anzuerkennen ist. Diese grundsätzliche Anerkennung verlangt die Autorität der Staates, der den RfP. zur **authentischen Entscheidung** darüber berufen hat, ob eine bestimmte Preisabrede mit der Gesamtordnung des Preisrechts übereinstimmt oder nicht. Soweit die Stellungnahme der Preisbehörden klar und eindeutig im Einzelfall erfolgt, ist sie zu beachten. Diese Beachtung bedeutet nicht ohne weiteres einen Zwang zur Unterwer ung, wenn die andere Behörde zur Entscheidung in einem Genehmigungsverfahren berufen ist. Im gesetzlich vorgeschriebenen Genehmigungsverfahren entscheidet die zuständige Behörde nach pflichtgemäßem Ermessen gemäß der ihr gestellten Aufgabe und in den Formen ihres Verfahrens. Daraus folgt:

a) Nur durch eine klare und eindeutige Stellungnahme der zuständigen Preisbehörde kann authentisch und damit endgültig festgestellt werden, ob eine Preisabrede mit der Gesamtordnung in Einklang steht oder nicht. Ohne eine solche Feststellung der Preisbehörde kann und darf von anderen Behörden ein Verstoß gegen die Preisstopverordnung und das Preisbildungsgesetz endgültig nicht festgestellt werden. Dies gilt auch für die Gerichte. Auch das Verbot des § 1 PStopV. wird nur wirksam „in der durch den RE. 155/37 für Grundstücke gebotenen Rechtsanwendung". Aus dieser zutreffenden Feststellung hat RG. V 49/40 vom 19. Dezember 1940 (DR. 1941, 643 = RGZ. 165, 385) die richtige Folgerung gezogen, während der gleiche Senat in der Entscheidung vom 30. Januar 1941 — V 99/40, DJ. 1941, 408 = DR. 1941, 1093 = RGZ. 166, 89 — trotz Wiederholung dieses Gedankens augenscheinlich — vgl. Pritsch DJ. 1941, 410; aber auch 2 zur Fünften OrgAO. — die Auffassung vertritt, daß bereits der tatsächliche Verstoß gegen die Preisstopverordnung und das Preisbildungsgesetz die Nichtigkeit des ganzen Rechtsgeschäfts mit unzulässiger Preisvereinbarung zur Folge habe, daß also die Ermittlung des zulässigen Preises und die Genehmigung oder Versagung der Preisbehörde immer nur zur Feststellung dessen führten, was von Anfang an Rechtens wäre. Diese Auffassung kann nicht geteilt werden. Sie wird vor allem der wirtschaftspolitischen Führungsstellung der Preisbehörde nicht gerecht; sie übersieht, daß im modernen Rechtsstaat der öffentlichen Mitwirkung staatlicher Behörden bei der Gestaltung rechtlicher Beziehungen durch die Beteiligten ein maßgebender Einfluß eingeräumt ist. Dies gilt nicht nur für das Genehmigungsverfahren, sondern auch für das Preisprüfungsverfahren, dessen Einsatz lockerer gestaltet ist. Bewußt hat der Gesetzgeber das Preisprüfungsverfahren nicht in den engen Rahmen des Genehmigungszwanges gestellt; das bedeutet aber nicht, daß eine etwaige Stellungnahme der Preisbehörde bloß eine deklaratorische Wirkung haben soll. Bei der Preisbildung läßt sich ein Eingreifen der Preisbehörde ohne konstitutive Feststellung des angemessenen Preises überhaupt nicht denken. Nur wenn die Preisbehörde „in der für Grundstücke gebotenen Rechtsanwendung" tätig geworden ist, läßt sich die Nichtübereinstimmung der getroffenen Preisabrede mit der Gesamtordnung authentisch nachweisen, wird der Verstoß unzweifelhaft sichtbar, vgl. Lampe DR. 1941, 647; RE. 30/41 vom 17. März 1941. Die in V 99/40 dargelegte Rechtsauffassung des Reichsgerichts w. rde überdies für die Grundstücksgeschäfte der Vergangenheit die Frage der Rechtswirksamkeit aufwer,en und eine unerträgliche

Rechtsunsicherheit herbeiführen, vgl. auch Friemann DR. 1941, 1124. Diese zu bannen, ist Aufgabe des Preisprüfungsverfahrens. Wo die Preisbehörde nicht eingreift, muß die Rechtsgestaltung auch in preisrechtlicher Hinsicht als übereinstimmend mit der Gesamtordnung angesehen werden.

Klar und eindeutig ist die führende Stellung der Preisbehörde im Preisprüfungsverfahren aus Anlaß der Zwangsversteigerung eines Grundstücks durch Art. I § 1 der VO. vom 30. Juni 1941 (RGBl. I, 354) bestimmt; hier bindet die Bestimmung des Betrages des höchstzulässigen Gebots das Vollstreckungsgericht und die Beteiligten und darüber hinaus ist auch für die Genehmigungsbehörde — § 2 Abs. 3 GVB.; § 2 Abs. 4 ReichsgrenzSichDV.; Art. 4 Abs. 2 VeräußV.; § 8 Abs. 4 EinsatzVO. — die Preisfrage bei der Erteilung der Bietungsgenehmigung nicht weiter zu prüfen, vgl. Ziff. 10 der GemErl. vom 15. September 1941 (MittBl. I S. 548).

b) Die Entscheidung der Preisbehörde kann nur da eine selbständige sein, wo ein Genehmigungsverfahren nicht Platz greift. Dieser Grundsatz folgt aus der Tatsache, daß die Träger des Genehmigungsverfahrens nicht auch wie die Preisbehörden Verwaltungsbehörden zu sein brauchen, vgl. die Zuständigkeit der Anerbengerichte in der Erbhofgesetzgebung. Aber auch bei der Zusammenfassung des Genehmigungs- und Preisprüfungsverfahrens bei der unteren Verwaltungsbehörde kann eine Vermengung der Entscheidungsbefugnisse nicht Platz greifen; vielmehr ist in erster Linie die für das Genehmigungsverfahren maßgebende Ordnung des Verfahrens und der Sachentscheidung maßgebend. Wenn daher z. B. im Genehmigungsverfahren ein unmittelbarer Eingriff in die Vertragsbedingungen des zu genehmigenden Rechtsgeschäfts nicht zulässig ist, so kann dieser Eingriff von der Genehmigungsbehörde auch nicht in ihrer Eigenschaft als Preisbehörde vorgenommen werden. Entscheidungen wie die Erstinstanz in dem Fall getroffen hat, der der Entscheidung des KG. vom 19. Juni 1941 DJ. 1941, 778 zugrunde liegt, sind rechtlich unhaltbar; die entgegenstehende Auffassung des RfP. in dem Erlaß vom 16. März 1938 — Satz 2 — ist nicht richtig. Die an sich erwünschte und vom RfP. beabsichtigte Vereinfachung des Verfahrens — 16 zum RE. 155/37 — findet ihre Grenze in den besonderen Aufgaben, die jedes Genehmigungsverfahren mit den ihm zustehenden Mitteln zu erfüllen hat.

Die Genehmigungsbehörde — gleichviel ob Gericht oder Verwaltungsbehörde — wird die autoritäre Stellungnahme der Preisbehörde beachten, d. h. sie darf keine Genehmigung erteilen, wenn und soweit die Preisvereinbarung von der Preisbehörde klar und eindeutig beanstandet wird. Sie muß die Genehmigung versagen. Das gebietet die Staatsautorität. Andererseits braucht sich die Genehmigungsbehörde den Wünschen der Preisbehörde auf Durchführung des Rechtsgeschäfts zu dem herabgesetzten Preis nicht zu beugen. Wo die Erteilung der Genehmigung wie z. B. nach § 37 Abs. 2 REG. nur aus wichtigem Grunde zulässig ist, braucht das Anerbengericht in der Stellungnahme der Preisbehörde keinen Grund zur Erteilung der Genehmigung zu sehen; noch weniger braucht es die Herabsetzung des Preises der eigenen Genehmigung zugrunde zu legen, wie LEHG. Celle DJ. 1941, 167 meint. Es kann und darf nur den ihm vorgelegten Vertrag genehmigen; eine Abänderung der Vertragsbedingungen ist ihm versagt. Diese Grundsätze gelten auch dann, wenn die Genehmigungsbehörde zugleich Preisbehörde ist; der Einfluß der Preisbehörde beschränkt sich hier auf die Verhinderung der Genehmigungserteilung, für eine selbständige Preisgestaltung ist hier kein Raum.

Nur ausnahmsweise greift das Preisprüfungsverfahren auf das Genehmigungsverfahren über. Wenn im Zwangsversteigerungsverfahren die Preisbehörde den Betrag des höchstzulässigen Gebots gemäß Artikel I § 1 der VO. vom 30. Juni

1941 (RGBl. I S. 354) bestimmt hat, sind nicht nur die Beteiligten und das Vollstreckungsgericht an diesen Preis gebunden, sondern auch die Genehmigungsbehörde, die die Bietungsgenehmigung nicht mit der Maßgabe erteilen darf, daß über einen bestimmten Betrag nicht hinausgeboten werden darf, vgl. 4 zu § 1 der VO. vom 30. Juni 1941. Die Genehmigungsbehörde ist aber nicht gehindert, die Genehmigung zu versagen.

c) Die Stellungnahme der Preisbehörde muß einen klaren Ausspruch enthalten und ausreichend begründet sein. Allgemeine Redewendungen wie z. B. daß einer Erhöhung des Kaufpreises auf x-RM. nicht zugestimmt werden könne — LEHG. Celle DJ. 1941, 167 —, genügen nicht; eine solch unbestimmte Stellungnahme kann auch nicht als eine die Gerichte und Verwaltungsbehörden bindende Anordnung im Sinne des § 6 PBG. angesehen werden, so mit Recht Hopp DJ. 1941, 169. Die Notwendigkeit ausreichender Begründung ergibt sich aus der Möglichkeit der Bindung der Gerichte und Verwaltungsbehörden gemäß § 6, deren Ausmaß nur dann festgestellt werden kann, wenn die Anordnung ausreichend begründet ist. Im einzelnen vgl. Kiefersauer, Deutsche Rechtswissenschaft 1941 S. 337.

d) Die Erklärung der Preisbehörde über die Übereinstimmung einer bestimmten Preisabrede mit der Gesamtordnung des Preisrechts ist grundsätzlich nicht an die engen Möglichkeiten gebunden, die der Genehmigungsbehörde offen stehen. Da die Preisbehörde, abgesehen von dem Ausnahmefall des § 3 PStopV., nicht als Genehmigungsbehörde auftritt, stehen ihr zur Durchführung ihrer Aufgabe andere Mittel zur Verfügung, um ihr Mitwirkungsrecht zur Geltung zu bringen. Diese Mittel sind:

α) Die Geltendmachung von Bedenken. Bedenken sind den Beteiligten sogleich mitzuteilen; dabei ist darauf hinzuweisen, daß das Finanzamt nicht befugt ist, die für die Umschreibung im Grundbuch erforderliche Unbedenklichkeitsbescheinigung nach § 189d RAbgO. auszuhändigen, vgl. Ziff. III Abs. 2 RE. 72/38 und 5 zur VO. über die Sicherung der Preisüberwachung bei Grundstücken vom 8. Juli 1938.

β) Die **Beanstandung** des Preises, wenn er nach Auffassung der Preisbehörde gegen die Preisstopverordnung verstößt. Sie ist im Gegensatz zu der Geltendmachung von Bedenken eine rechtserhebliche Maßnahme. Die Erklärung der Beanstandung durch die Preisbehörde stellt fest, daß die Preisabrede in Widerspruch mit der Preisstopverordnung steht; sie enthält zugleich eine stillschweigende Ablehnung der Erteilung einer gemäß § 3 PStopV. möglichen Ausnahmebewilligung, soweit eine solche Ablehnung nicht ausdrücklich erfolgt. Die Beanstandung beschränkt sich auf das Gebiet der Preisüberwachung, deren wesentliches materielles Recht die Preisstopverordnung darstellt. In Fällen, in denen die Preisbehörde zur Preisbildung übergehen will, genügt nicht die Beanstandung; die Preisbehörde muß vielmehr unmittelbare Eingriffe in die Preisabrede vornehmen, wozu sie der Rechtsgrundlage des § 2 PBG. bedarf. In ihrer Wirkung ist die Beanstandung im Preisprüfungsverfahren der Versagung der Genehmigung im Genehmigungsverfahren gleichzustellen; denn in beiden Fällen wird der Widerspruch des Rechtsgeschäfts mit der Gesamtordnung und damit dessen Nichtigkeit in vollem Umfang festgestellt. In ihrem Wesen unterscheiden sich beide Formen behördlicher Mitwirkung dadurch, daß sich die Genehmigungsbehörde einer Mitwirkung versagt, ohne die der Gesamtakt — Privatrechtsgeschäft und Genehmigung — nicht wirksam werden kann, während die Preisbehörde einem nicht genehmigungsbedürftigen Privatrechtsgeschäft gegenüber hinsichtlich der Preisvereinbarung einen Widerspruch mit der Preisstopverordnung feststellt und damit von der ihr zustehenden

Möglichkeit der „Dispenserteilung" — Brandt ZAkDR. 1941, 190 — keinen Gebrauch macht.

Die Wirkung der Beanstandung der Preisabrede durch die Preisbehörde ist grundsätzlich nach der Regel des § 134 BGB. zu beurteilen; die festgestellte Nichtübereinstimmung der für das Rechtsgeschäft wesentlichen Preisabrede mit der Gesamtordnung macht das Rechtsgeschäft nichtig, soweit die Preisbehörde nicht eine andere Rechtsfolge herbeizuführen wünscht, sich also aus dem Gesetz ein anderes ergibt. Für Waren des täglichen Bedarfs ist die Beschränkung auf den zulässigen Preis im Interesse der Aufrechterhaltung des Warenverkehrs als Regel angenommen worden, vgl. RG. II 185/38 DR. 1939, 1633; RG. VII 240/39 DR. 1940, 1528; OLG. München DR. 1940, 1306. Für Grundstücksverkäufe dagegen ist an der Regel des § 134 BGB. festzuhalten, d. h. die Beanstandung der Preisabrede macht das Rechtsgeschäft in vollem Umfang nichtig, so RG. V 99/40 vom 30. Januar 1941 DJ. 1941, 408 = DR. 1941, 1093 = RGZ. 166, 89. Diese Entscheidung hat z. T. lebhaften Widerspruch gefunden, vgl. Friemann DR. 1941, 1122; Brandt ZAkDR. 1941, 188. Zu der Streitfrage im ganzen vgl. Oehlschläger DR. 1940, 301 und DNotZ. 1941, 278; Friemann DR. 1940, 564; Jeschke DGWR. 1941, 1; Peters ZAkDR. 1941, 17; Vogels DWohnA. 1941, 202 und DR. 1941, 1098; Kiefersauer, Deutsche Rechtswissenschaft 1941, Heft 4.

Wird zugleich mit der Beanstandung die Durchführung des Rechtsgeschäfts verboten, so hat diese Anordnung in jedem Fall die völlige Nichtigkeit des Rechtsgeschäfts zur Folge, auch wenn die Preisbehörde nur den unzulässigen Preis verbieten wollte. Für eine Berichtigung des Kaufpreises ist hier kein Raum; die Beteiligten können nur einen neuen Vertrag abschließen, vgl. Kiefersauer, Deutsche Rechtswissenschaft 1941, 334.

Beanstandung des Preises und Durchführung des Rechtsgeschäfts zu dem herabgesetzten Preis sind nach ihrer Rechtsgrundlage und ihrer Wirkung so grundverschieden, daß sie nicht nebeneinander zur Anwendung gebracht werden können.

γ) Die **Herabsetzung des Preises** unter gleichzeitiger Anordnung der **Durchführung** des Rechtsgeschäfts zu dem herabgesetzten Preis. Die Zulässigkeit dieser Anordnung der Preisbehörde, deren Voraussetzungen in den Erlassen des RfP. vom 16. März 1938/17. März 1941 — 4 zu § 3 — abgegrenzt sind, ist lebhaft umstritten. Obgleich die Entscheidung des RG. V 99/40, RGZ. 166, 89 zu dieser Frage nicht Stellung genommen hat, wird vom Schrifttum — Pritsch DJ. 1941, 408; Vogels DR. 1941, 1098 und DWohnA. 1941, 202; Oehlschläger DNotZ. 1941, 28; Scheuermann GrundE. 1941, 265, 327 und Ronhoff RdRN. 1941, 200 — und auch vom Reichsernährungsminister — vgl. 16 zum RE. 155/37 — die Meinung vertreten, daß aus den Gründen der Entscheidung entnommen werden könne, daß das Reichsgericht die Zulässigkeit einer solchen Anordnung der Preisbehörde im gegebenen Falle verneinen würde. Der RfP. selbst teilt diese Ansicht nicht, wie aus seinem RE. 30/41 vom 17. März 1941 zu entnehmen ist.

Die rechtliche Würdigung ergibt folgendes. Der Erlaß vom 16. März 1938 kommt nur außerhalb eines Genehmigungsverfahrens zur Geltung, vgl. oben b. Nur da, wo die Preisbehörde in einem selbständigen Preisprüfungsverfahren tätig sein kann, kann sie den Erfüllungszwang durchsetzen. Wo ein Genehmigungsverfahren Platz greift, entfällt die Möglichkeit der Anordnung; dies gilt auch dann, wenn die Genehmigungsbehörde gleichzeitig Preisbehörde ist. Damit ist der Geltungsbereich der Maßnahme stark eingeengt.

Hiervon abgesehen sind auch die Voraussetzungen dieser vom RfP. selbst als Ausnahme bezeichneten **Maßnahme eng begrenzt**. Nur beim Vorhandensein eines **öffentlichen Interesses** an dem Eigentumsübergang zu dem herabgesetzten Preis darf die Anordnung getroffen werden. Der Begriff des öffentlichen Interesses schließt die privaten Interessen des Erwerbers aus. Es muß offenbar das Vorhandensein eines erheblichen öffentlichen Interesses daran festgestellt werden, daß gerade dieser Erwerber dieses Grundstück zu Eigentum erwirbt. Andere Rechtsformen, z. B. die Pachtung des Grundstücks, können, wenn sie genügen, die Anordnung entbehrlich machen. Das Vorhandensein eines öffentlichen Interesses führt unmittelbar zu der Frage der Zweckverwendung des Grundstücks, die ihrerseits wiederum für die Zulassung der Preisvereinbarung von ausschlaggebender Bedeutung ist, vgl. 37 zum RE. 155/37. Wendet man außerdem noch die für die Enteignungsentschädigung maßgebenden Grundsätze — 66 zum RE. 155/37 — auf die zwangsweise Durchführung des Rechtsgeschäfts an, so kann sich im Einzelfall meist die Anordnung erübrigen, vgl. Kiefersauer, Deutsche Rechtswissenschaft 1941 Heft 4.

Die Anordnung des Erfüllungszwanges setzt das Vorhandensein eines **rechtsgültigen Veräußerungsvertrages** voraus. Wo der Vertrag aus bürgerlich-rechtlichen Gründen z. B. wegen mangelnder Geschäftsfähigkeit eines Vertragsteiles nichtig oder wegen gesetzlich vorgeschriebener, aber fehlender Genehmigung einer öffentlichen Behörde unwirksam, weil als Gesamtakt unvollständig, ist, da ist die Anordnung ohne rechtliche Wirksamkeit. Sie verpflichtet weder die Beteiligten, noch hat sie eine bindende Wirkung für Gerichte und Verwaltungsbehörden, 1 zu § 6.

Da die Beteiligten die Gestaltung ihrer vertraglichen Beziehungen selbst in der Hand haben, können sie auch vereinbaren, daß der Verkäufer das Recht zum Rücktritt vom Vertrage erhält, wenn die Preisbehörde den Vertragspreis herabsetzt. Da eine solche Vereinbarung den Käufer verpflichtet, ist sie der vertraglichen Auflösung des Vertrages gleichzuachten. Der Vorbehalt des Rücktritts ist daher rechtswirksam; die Preisbehörde ist nicht befugt, die Rücktrittsklausel von sich aus zu streichen, vgl. 23 zum RE. 155/37.

Die Anordnung der Durchführung des Rechtsgeschäftes zu dem herabgesetzten Preis kann sich nur auf die Ermächtigung des § 2 PBG. stützen. Die Bezeichnung dieser Rechtsgrundlage ist den Preisbehörden im RE. 30/41 vom 17. März 1941 nochmals ausdrücklich zur Pflicht gemacht. Die in Abs. 1 des § 2 ausgesprochene **Ermächtigung** des RfP. ist eine weitgehende und entspricht der wirtschaftspolitischen Führungsstellung des RfP. Anders als z. B. im Genehmigungsverfahren ist die Gestaltung des selbständigen Preisprüfungsverfahrens dem RfP. selbst überlassen. Demgemäß bestimmt er — freilich im Rahmen der gegebenen Rechtsordnung — die Mittel, die den Preisbehörden zur Verfügung stehen, um die Übereinstimmung einer Preisabrede mit der Gesamtordnung, die der Sicherung volkswirtschaftlich gerechtfertigter Preise dient, herbeizuführen. Die Abgrenzung der Befugnisse bestimmt die Rechtsordnung nach zwei Richtungen:

1. Soweit ein Genehmigungsverfahren vorgeschrieben ist, entscheidet ausschließlich die Genehmigungsbehörde nach den für sie geltenden Rechtsgrundsätzen; eine selbständige Entscheidungsbefugnis steht der Preisbehörde hier nicht zu.
2. Gegenstand der Entscheidung der Preisbehörde im selbständigen Preisprüfungsverfahren ist immer nur die rechtlich die Parteien verpflichtende Preisabrede; wo diese Verpflichtung nicht besteht oder durch einen Rücktrittsvorbehalt gelockert ist, kann durch die Anordnung der Preisbehörde eine Bindung der Beteiligten auch nach preisrechtlichen Gesichtspunkten nicht geschaffen werden.

Aus der Wirkung preisrechtlicher Anordnungen hinsichtlich des Grundstückskaufs auf ihre Zulässigkeit Schlüsse zu ziehen, erscheint verfehlt, weil unter dem Gesichtspunkt der Enteignung auch die Herabsetzung von vereinbarten Preisen des Warenverkehrs als unzulässig bezeichnet werden könnte. Die Beteiligten eines Rechtsgeschäfts müssen mit der Möglichkeit rechnen, daß das, was sie als „Preis" vereinbaren, von der zuständigen Preisbehörde in Einklang mit der preisrechtlichen Gesamtordnung gebracht wird. Sie können sich durch den Vorbehalt des Rücktritts dem Geschäftsabschluß und damit der effektiven Einordnung entziehen. Unterlassen sie dies, so sind sie zur Verwirklichung der von ihnen beabsichtigten Rechtsänderung nur im Rahmen der Gesamtordnung d. h. zu dem zugelassenen Preis befugt. Nicht der Abschluß eines Zwangsvertrages mit Enteignungscharakter — so KG. vom 19. Juni 1941 unter Zustimmung von Pritsch DJ. 1941, 778; Oehlschläger DNotZ. 1941, 285 und Scheuermann GrundE. 1941, 327 —, sondern die Unterordnung des Willens zur Vertragsgestaltung unter die Gemeinschaftsordnung steht im Vordergrund der rechtlichen Würdigung. Diese Aufgabe des RfP. wird aber durch die Ermächtigung aus § 2 Abs. 1 gedeckt. Wenn man will, kann man hierin Enteignungsmöglichkeiten erblicken, die über den Rahmen der allgemeinen Enteignungsgesetzgebung hinausgehen, so Friemann DR. 1940, 567; vgl. auch Lampe DR. 1941, 647. Entscheidend ist jedenfalls die Tatsache, daß die in § 2 Abs. 1 dem RfP. eingeräumte Befugnis zur Mitgestaltung der Gesamtordnung auf dem Gebiete des Preisrechts nicht ausschließlich unter Gesichtspunkten einer überholten Privatrechtsordnung betrachtet werden darf, die jede staatliche Mitwirkung an der privaten Rechtsgestaltung als Eingriff in die Privatrechtssphäre behandelt. Der Erlaß vom 16. März 1938 ist daher grundsätzlich als rechtsgültig anzusehen, Kiefersauer, Deutsche Rechtswissenschaft 1941, 336; vgl. auch OLG. Stuttgart DR. 1941, 496.

5. Die **Übertragung** der Preisüberwachung und Preisbildung bei Grundstücken auf die unteren Verwaltungsbehörden ist durch die Fünfte Anordnung über die Wahrnehmung der Aufgaben und Befugnisse des RfP. vom 6. Oktober 1937 erfolgt. Die Behandlung von Geboten, die in der Zwangsversteigerung abgegeben werden, ist durch die Verordnung vom 30. Juni 1941 (RGBl. I S. 354) neu geregelt; diese Verordnung ist an die Stelle der VO. über die Zurückweisung von Geboten in der Zwangsversteigerung vom 6. April 1938 getreten. Sie überträgt in § 1 den Preisbehörden die authentische Bestimmung des Betrages des höchstzulässigen Gebots; dieser Betrag ist für das gesamte Versteigerungsverfahren maßgebend, er ist für den Vollstreckungsrichter und die Beteiligten bindend.

## § 3

**Der Reichskommissar schlägt dem Beauftragten für den Vierjahresplan die zur Durchführung dieses Gesetzes erforderlichen Rechtsverordnungen[1 2] und allgemeinen Verwaltungsvorschriften vor[3 4].**

1. Die wichtigste Verordnung ist die Verordnung über das Verbot von Preiserhöhungen vom 26. November 1936 (RGBl. I S. 955). Sie gilt auch während der Dauer des Krieges in vollem Umfang (§ 27 KWVO.) und wird ergänzt durch die in § 22 KWVO. aufgestellte Grundregel der Preisbildung nach den Grundsätzen der kriegsverpflichteten Volkswirtschaft, vgl. Vorbem. II.

2. Vgl. auch die Überleitungsverordnung zum PBG. vom 26. November 1936 (RGBl. I S. 955); nach Art. III dieser VO. ist der RfP. ermächtigt, durch all-

gemeine Verwaltungsvorschriften Abänderungen der bisherigen, noch fortgeltenden organisatorischen und verwaltungsrechtlichen Bestimmungen vorzunehmen.

**3.** Die vom Reichskommissar für die Preisbildung herausgegebenen Runderlasse — veröffentlicht im Mitteilungsblatt des RfP. — schaffen an sich kein materielles Recht, zustimmend RG. V 99/40 vom 30. Januar 1940, RGZ. 166, 89. Da aber die Preisbehörden zu ihrer Beachtung und Anwendung verpflichtet sind, schaffen sie mittelbar eine materielle Rechtsanwendung, die — soweit sich die Anordnung im Rahmen der Zuständigkeit der Preisbehörde hält — der Nachprüfung der Gerichte und Verwaltungsbehörden im Einzelfall entzogen ist, § 6 Abs. 1 PVG. Das gleiche gilt für die sog. grundsätzlichen Entscheidungen des RfP., deren Rechtsinhalt, von der zuständigen Preisbehörde im Einzelfall übernommen, für Gerichte und Verwaltungsbehörden bindend ist, vgl. LG. Berlin DWohnW. 1941, 155 (zu Ziff. 10 RE. 184/37 vom 12. Dezember 1937 unter Berufung auf JW. 1938, 2372 und 1939, 697); ferner LG. Hamburg DR. 1939, 1396 (Scholl).

Die „Grundsätzliche Entscheidung" des RfP. vom 16. März 1938 — unten 4 — ist ihrem Wesen nach eine innerdienstliche Anweisung an die Preisbehörden, die keinerlei unmittelbare Wirkung nach außen erzeugt und deshalb als solche die Gerichte und Verwaltungsbehörden nicht bindet. Diese Auffassung ist wohl unbestritten, vgl. v. Spreckelsen, EHRspr. § 37a REG. Nr. 132; Scheuermann, Preisbildung und Preisüberwachung S. 14; Friemann DR. 1940, 1310, OLG. München DR. 1940, 1306 und Kiefersauer, Deutsche Rechtswissenschaft 1941 Heft 4.

**4.** Die „**Grundsätzliche Entscheidung**" des RfP. vom 16. März 1938 (MittBl. I Nr. 6 S. 7 = JW. 1938, 1084), nach Hedemann — Deutsches Wirtschaftsrecht S. 84 — ein „**zeitgeschichtliches Dokument**", dargestellt in der Deutschen Rechtswissenschaft 1941 Heft 4, hat folgenden Wortlaut:

*Den für die Genehmigung von Grundstücksverkäufen nach dem Wohnsiedlungsgesetz (WSG.) und der Grundstücksverkehrsbekanntmachung (GVB.) zuständigen Behörden stehen auf Grund meiner Anordnung vom 6. Oktober 1937 (RAZ. Nr. 238) gleichzeitig*[a] *die Befugnisse zu, die sich aus § 2 des Preisbildungsgesetzes vom 29. Oktober 1936 ergeben. Diese Behörden sind deshalb befugt, auch in einem der durch das WSG. oder die GVB. vorgeschriebenen Genehmigungsverfahren Maßnahmen zu treffen, die an sich in den beiden erwähnten Gesetzen nicht vorgesehen sind, vorausgesetzt, daß diese Maßnahmen zur Sicherung volkswirtschaftlich gerechtfertigter Preise erforderlich sind.*

*Wenn der Herr Reichsminister für Ernährung und Landwirtschaft in seinem Erlaß vom 7. Februar 1938 — VIII 14 — 207 — 38 — darauf hinweist, daß nach der GVB. die Genehmigung von Grundstücksverträgen unter der Auflage einer Preissenkung unzulässig ist, so würde das an sich nicht ausschließen, daß eine derartige Anordnung auf Grund des Gesetzes vom 29. Oktober 1936 ergeht. Auch die Beschwerdeinstanz, der ebenfalls die Befugnisse aus § 2 des Gesetzes vom 29. Oktober 1936 zustehen, könnte eine derartige Anordnung nicht etwa deshalb aufheben, weil sie in der GVB. nicht vorgesehen ist, sondern nur dann, wenn sie sachlich nicht gerechtfertigt erscheint*[b] *.*

*Andererseits ist folgendes zu berücksichtigen:*

*Wenn bei einem Grundstücksverkauf ein volkswirtschaftlich nicht gerechtfertigter Preis vereinbart wird, so beschränkt sich im Regelfalle das öffentliche Interesse darauf, die Durchführung des Vertrages zu dem beanstandeten Preise zu verhindern. Das geschieht am zweck-*

*mäßigsten dadurch, daß die Genehmigung versagt wird, bzw. daß dort, wo eine Genehmigungspflicht nicht besteht, die Durchführung des Kaufvertrages zu dem unzulässigen Kaufpreis verboten wird. Eine solche Anordnung*[c] *hat die Nichtigkeit des Vertrages zur Folge. Wenn es zweckmäßig erscheint, kann den Parteien gleichzeitig mitgeteilt werden, daß die Behörde voraussichtlich zu einem Kaufpreis bis zu RM.... ihre Zustimmung geben würde.*[d]

*Ausnahmsweise kann es vorkommen, daß das öffentliche Interesse die Herabsetzung des Kaufpreises und trotzdem die Durchführung des Eigentumsüberganges erfordert. Zu denken ist beispielsweise an den Fall, daß einer Ziegelei ein Lehmgrundstück zu einem unangemessen hohen Preis verkauft worden ist, die Ziegelei das Grundstück aber zur Weiterführung des Betriebes benötigt. In einem solchen Falle kann die Behörde den Kaufpreis unmittelbar auf das volkswirtschaftlich gerechtfertigte Maß herabsetzen.*[e] *Eine solche Anordnung beeinträchtigt die Gültigkeit des Vertrages im übrigen nicht und gibt dem Verkäufer auch kein Rücktrittsrecht.*[f] *Sie kommt aber, wie ausdrücklich noch einmal betont sei, nur in besonderen Ausnahmefällen in Betracht.*

*Da eine Preissenkung im Wege der Auflage*[g] *Zweifel darüber aufkommen läßt, welche Rechtswirkung die Behörde erzielen will, empfehlen sich derartige Auflagen nicht. Ich ersuche deshalb, davon Abstand zu nehmen.*

*Anders ist es, wenn auf Grund von Abschnitt II Ziff. 2 Abs. 2 des Runderlasses Nr. 155/37 einem Industrieunternehmen die Auflage gemacht werden soll, einen Teil des Kaufpreises zur Verbilligung gemeinnütziger Siedlungsvorhaben, insbesondere hinsichtlich der Aufschließungskosten, an den Kreis oder die Gemeinde zu zahlen. Eine derartige Anordnung kann nur im Wege der Auflage erfolgen. Sie ist nach dem oben Ausgeführten auch bei Grundstücksverkäufen zulässig, die der Genehmigung nach dem WSG. oder der GVB. unterliegen. Zur Vermeidung rechtlicher Zweifel ist aber regelmäßig § 2 des Gesetzes vom 29. Oktober 1936 als Rechtsgrundlage mit anzuführen.*[h] *Auch in diesem Fall ist im übrigen zunächst zu prüfen, ob nicht dem öffentlichen Interesse durch Versagung der Genehmigung ausreichend Rechnung getragen wird (IV/5 — 250 — 1786 vom 16. 3. 1938).*

*a) Die gleichzeitige Ausübung der Befugnisse als Preisbehörde und als Genehmigungsbehörde erscheint unzulässig, vgl. 3 zu § 2; 26 zum RE. 155/37. Die Verkoppelung das Preisprüfungs- und Genehmigungsverfahrens führt zu unhaltbaren Entscheidungen, wie der Fall KG DJ. 1941, 778 zeigt; hier ist die Entscheidung mit Recht als Versagung der Genehmigung bewertet worden.*

*b) Die Genehmigungsbehörde untersteht der Dienstaufsicht ihrer vorgesetzten Behörde, 16 zum RE. 155/37. Die Beschwerdeinstanz entscheidet ebenso wie die Genehmigungsbehörde im Genehmigungsverfahren ausschließlich nach den für dieses Verfahren geltenden Grundsätzen, 4 zu § 2 PBG.*

*c) Die Versagung der Genehmigung im Genehmigungsverfahren hat ebenso wie die Beanstandung im selbständigen Preisprüfungsverfahren die Nichtigkeit des Rechtsgeschäfts zur Folge. Diese Wirkung tritt bei der Beanstandung auch dann ein, wenn die Durchführung des Rechtsgeschäfts von der Preisbehörde nicht ausdrücklich verboten wird. Die Preisbehörde selbst ist an die Rechtsfolge der Nichtigkeit gebunden; sie kann weder die Beanstandung noch die Rechtsfolge rückgängig machen, sie kann daher auch nicht nachträglich den Preis gemäß § 2 PBG. herabsetzen und die Durchführung des Rechtsgeschäfts erzwingen.*

*d) Da die Beanstandung die Nichtigkeit des Rechtsgeschäfts zur Folge hat, können die Beteiligten nur durch einen Neuabschluß des Kaufvertrags zu einem zugelassenen Preis ihre Rechte und Pflichten wiederherstellen. Für eine bloße „Berichtigung" des Kaufpreises ist kein Raum.*

*Es empfiehlt sich, die Beteiligten unter Mitteilung des zugelassenen Preises vor förmlicher Beanstandung zur befristeten Erklärung aufzufordern, ob sie zur Änderung der Preisvereinbarung* sich entschließen können. Lehnen sie ab oder geben sie keine Erklärung ab, dann kann die Durchführung des Rechtsgeschäfts verboten werden.

e) Die Zulässigkeit der Anordnung ist bestritten; hierüber und über die Voraussetzungen im einzelnen vgl. 4 d γ zu § 2 PBG.

f) Das Rücktrittsrecht kann aber vertraglich vorbehalten werden. Der Vorbehalt ist wirksam, 23 zum RE. 155/37; anders RE. 30/41.

g) Die Genehmigung unter Auflage läßt, wenn nicht eine bedingte Genehmigung erteilt wird, die Rechtsgültigkeit des genehmigten Rechtsgeschäftes unberührt, auch wenn die Auflage nicht erfüllt wird. Die Einbeziehung der Preisvereinbarung erscheint nicht zulässig, vgl. KG. DJ. 1941, 778. Nur die (bestimmte) Verwendung des — im übrigen unbeanstandeten — Kaufpreises kann durch Auflage vorgeschrieben werden, vgl. § 15 EinsatzVO. sowie die Rechtsprechung zu § 37 REG. z. B REHG. RdRN. 1939, 442; OLG. Dresden EHRspr. § 37 a REG. Nr. 141.

h) Der Hinweis auf § 2 PBG. wird den Preisbehörden neuerdings im RE. 30/41 zur Pflicht gemacht.

**Zur Ergänzung** der Grundsätzlichen Entscheidung hat der RfP. aus Anlaß der Entscheidung des Reichsgerichts vom 30. Januar 1941 (RGZ. 166, 89 = DJ. 1941, 408 = ZAkDR. 1941, 194) nachstehenden

**Runderlaß Nr. 30/41 vom 17. März 1941** (MittBl. I S. 166)

erlassen:

*In einem Urteil vom 30. Januar 1941 (V — 99/1940) hat das Reichsgericht den Standpunkt vertreten, daß Grundstückkaufverträge, die gegen die Preisstopverordnung verstoßen, in vollem Umfang nichtig sind. Zur Behebung von Zweifeln weise ich darauf hin, daß diese Entscheidung, wie das Reichsgericht ausdrücklich betont, nicht den Fall betrifft, daß eine Preisbehörde in Verfolg meines Erlasses vom 16. März 1938 (Mitt.-Bl. I Nr. 6 S. 7) auf Grund von § 2 des Preisbildungsgesetzes die Aufrechterhaltung des Kaufvertrags zu einem den gesetzlichen Bestimmungen entsprechenden Preise im öffentlichen Interesse angeordnet hat. Das Reichsgericht begründet seine Ansicht im wesentlichen damit, daß bei Grundstückkaufverträgen im Regelfalle den Erfordernissen der Preispolitik mit einer Verhinderung preisstopwidriger Rechtsgeschäfte ausreichend Rechnung getragen sei. Das entspricht auch dem von mir vertretenen Standpunkt. Die Ausführungen des Reichsgerichts können aber nicht auf solche Fälle übertragen werden, in denen der Preiskommissar oder die Preisbehörden, die zur Entscheidung dieser Frage allein berufen und in der Lage sind, feststellen, daß die Belange der Preispolitik einen Verzicht auf die Durchführung des Kaufvertrages nicht zulassen. Überdies sind Anordnungen der Preisbehörden, welche die Durchführung eines Kaufvertrages zu dem gesetzlich zulässigen Preise anordnen, auf Grund des § 6 des Preisbildungsgesetzes für die Gerichte und Verwaltungsbehörden bindend.*

*Da somit ein Zweifel über die Rechtsgültigkeit derartiger Anordnungen nicht möglich ist, besteht keine Notwendigkeit, die Rechtslage durch eine Verordnung klarzustellen, zumal die bisherige Rechtsprechung sich meinem Standpunkt durchweg angeschlossen hat (vgl. OLG. München DR. 1940, 1306; LEHG. Celle DR. 1940, 662 und DJ. 1941, 167; OLG. Stuttgart DR. 1941, 496).*

*Um jedoch zu vermeiden, daß die Fassung der Entscheidungen zu Zweifeln über ihre rechtliche Tragweite Anlaß geben könnte, ist stets zum Ausdruck zu bringen, daß die Durchführung des Vertrages zu dem von der Preisbehörde festgesetzten Preis auf Grund von § 2 des Preisbildungsgesetzes angeordnet und daß ein für den Fall eines Eingreifens der Preisbehörden vorbehaltener Rücktritt ausgeschlossen ist.*

*Ich weise aber die Preisbehörden erneut an, die Frage, ob die Aufrechterhaltung eines zu einem überhöhten Kaufpreis abgeschlossenen Vertrages im öffentlichen Interesse auch tatsächlich notwendig ist, eingehend zu prüfen und außerdem bei der Ermittlung des zulässigen Preises mit größter Sorgfalt vorzugehen. Um auch unter den durch den Krieg verursachten Personalschwierigkeiten eine genaue Wertermittlung zu gewährleisten, ist stets ein erfahrener und zuverlässiger Sachverständiger — in schwierigen Fällen unter Umständen auch zwei — gutachtlich heranzuziehen, es sei denn, daß es sich um Grundstücke handelt, für die ein Richtpreis festgesetzt worden ist.*

## § 4[1]

(1) Zuwiderhandlungen gegen Anordnungen, die auf Grund dieses Gesetzes erlassen sind, können mit Zuchthaus, Gefängnis, Haft oder Geldstrafe, letztere in unbegrenzter Höhe, oder mit einer oder mehreren dieser Strafen[2] bedroht werden. Dabei kann die Einziehung[3] derjenigen Gegenstände, auf die sich die strafbare Handlung bezieht, sowie die öffentliche Bekanntmachung des Urteils[4] vorgesehen werden. Wegen einer solchen Zuwiderhandlung kann Anklage vor den auf Grund der Verordnung der Reichsregierung vom 21. März 1933 (Reichsgesetzbl. I S. 136) errichteten Sondergerichten erhoben werden[5].

(2) Der Reichskommissar kann Ordnungsstrafen[6] in Geld, deren Höhe unbegrenzt ist, androhen und verhängen[7].

(3) Er ist ermächtigt, bei Zuwiderhandlung gegen seine Anordnungen und Maßnahmen die Schließung von Betrieben, in denen eine Zuwiderhandlung erfolgt ist, zu verfügen oder die Weiterführung des Betriebes von Auflagen abhängig zu machen. Er kann auch Einzelpersonen auf dem Gebiete, auf dem die Zuwiderhandlung erfolgt ist, jede Tätigkeit untersagen oder sie von Auflagen abhängig machen[8].

1. Mit Wirkung vom 1. Juli 1939 ist das gesamte Strafrecht — gerichtliche Strafen, Ordnungsstrafen und sonstige Maßnahmen — zusammenfassend geregelt durch die Verordnung über Strafen und Strafverfahren bei Zuwiderhandlungen gegen Preisvorschriften vom 3. Juni 1939 (RGBl. I S. 999). Die Verordnung ist durch die Verordnung vom 28. August 1941 (RGBl. I S. 539) in einzelnen Bestimmungen geändert und ergänzt worden. Die **Preisstrafrechtsverordnung**, die ein ausgebautes Ordnungsstrafverfahren enthält, erstreckt sich ohne weiteres auf alle Zuwiderhandlungen gegen Preisvorschriften, die in Zukunft erlassen werden, auch wenn diese Strafvorschriften nicht enthalten, vgl. Römer DRW. 1939, 1030; Schütz DJ. 1939, 1226.

Die Preisstrafrechtsverordnung gilt nach Maßgabe der VO. vom 29. Juli 1940 (RGBl. I S. 1057) seit 1. August 1940 auch in den eingegliederten Ostgebieten und in den Gebieten von Eupen, Malmedy und Moresnet.

Der Geltungsbereich der Preisstrafrechtsverordnung ist im einzelnen in den §§ 38, 39 PreisStrVO. abgegrenzt. Sie tritt an die Stelle der vom RfP., vom früheren Reichskommissar für Preisüberwachung und sonstigen ermächtigten Preisstellen bisher in Verordnungen und Anordnungen erlassenen Strafvorschriften. Die in der Reichsnährstandsgesetzgebung bestehenden Strafandrohungen sind zwar mit Rücksicht auf ihre Anwendung bei Verstößen gegen andere als Preisvorschriften nicht außer Kraft gesetzt worden, sie dürfen aber bei Preisverstößen nicht mehr angewendet werden. An die Stelle der aufgehobenen oder nicht mehr anwendbaren Vorschriften sind die Strafvorschriften der PreisStrVO. getreten. Nicht erfaßt von der Neuregelung werden die Vorschriften des Reichskommissars für das Kreditwesen sowie Preisvorschriften, die zum Schutze eines beschränkten Personenkreises erlassen sind, vgl. § 39 PreisStrVO.

Zur Anwendung der PreisStrVO. sind ergangen: der **Runderlaß Nr. 50/39** vom 17. Juni 1939 (MittBl. II S. 141), ergänzt und erweitert durch die Runderlasse Nr. 128/39 vom 14. Dez. 1939 (MittBl. II S. 291), RE. Nr. 32/41 vom 19. März 1941 (MittBl. II S. 79) und RE. Nr. 95/41 vom 21. Nov. 1941 (MittBl. II S. 379).

Aus Anlaß der Ergänzung der PreisStrVO. durch die VO. vom 28. August 1941 ist ein zusammenfassender neuer Runderlaß zur Anwendung der PreisStrVO. zu erwarten, vgl. MittBl. II 1941, 355.

2. Die **Strafverfolgung** durch die Gerichte — in Fällen von größerer Bedeutung gegebenenfalls durch die Sondergerichte (§ 7 PreisStrVO.) — tritt nur **auf Verlangen** der zuständigen Behörde ein, vgl. Ziff. 1, 2 RE. 50/39. Das Verlangen der Strafverfolgung ist unzulässig, wenn wegen derselben Handlung eine Ordnungsstrafe rechtskräftig festgesetzt worden ist. Das Verlangen kann bis zur Rechtskraft des Urteils zurückgenommen werden. Ist das Verlangen auf Strafverfolgung nicht gestellt worden oder ist es zurückgenommen worden, so kann die zuständige Behörde eine Ordnungsstrafe gemäß § 8 Abs. 5 festsetzen.

Die sachliche Zuständigkeit für die Stellung des Strafantrages ergibt sich aus den einschlägigen Anordnungen über die Wahrnehmung der Aufgaben und Befugnisse des Reichskommissars für die Preisbildung, vgl. Ziff. 3, 4 des Organisationserlasses vom 12. Dezember 1936 sowie die Fünfte Anordnung vom 6. Oktober 1937.

Die örtliche Zuständigkeit für das Verlangen auf Strafverfolgung ist in § 6 PreisStrVO. ausschließlich geregelt, vgl. Ziff. 4 RE. 50/39.

3. In dem gerichtlichen Urteil kann ohne Rücksicht auf Eigentumsrechte und sonstige Rechte Dritter auf die **Einziehung** der Gegenstände erkannt werden, auf die sich die strafbare Handlung bezieht oder die durch die strafbare Handlung erlangt sind, § 3 PreisStrVO.

Durch die Abänderungsverordnung vom 28. August 1941 (RGBl. I S. 539) ist die Möglichkeit eingeführt worden, neben der Strafe oder ohne eine Bestrafung die **Abführung des Mehrerlöses** an das Reich im Urteil auszusprechen, wenn der Beschuldigte durch die Handlung Preise erzielt hat, die höher sind als die zulässigen Preise.

4. Das Gericht kann anordnen, daß die Verurteilung auf Kosten des Verurteilten öffentlich bekanntgemacht wird, § 4 PreisStrVO.

5. Die Staatsanwaltschaft kann die Anklage auch ohne Verlangen der zuständigen Behörde auf Strafverfolgung vor dem **Sondergericht** erheben. Ein Antrag auf Erhebung der Anklage vor dem Sondergericht (§ 7 PreisStrVO.) soll von der zuständigen Behörde nur in Fällen von größerer Bedeutung gestellt werden, Ziff. 3 RE. 50/39.

6. Das **Ordnungsstrafrecht** der Preisbehörden ist in den §§ 8—37 PreisStrVO. umfassend geregelt. Das Recht anderer Stellen, wegen Verletzungen

von Preisvorschriften Ordnungsstrafen in Geld zu verhängen oder Maßnahmen der in § 10 bezeichneten Art anzuordnen, ruht, § 26 Abs. 2 PreisStrVO. Dagegen bleibt die Befugnis anderer Stellen unberührt, sonstige nach der PreisStrVO. nicht zulässige Maßnahmen zu treffen; dies gilt auch dann, wenn eine Ordnungsstrafe nach der PreisStrVO. von der zuständigen Preisbehörde verhängt worden ist, § 9 PreisStrVO. Sind die Zuwiderhandlungen gegen preisrechtliche Vorschriften geringfügig, dagegen die Verletzung anderer Ordnungsvorschriften (z. B. Kontingentierungs-, Ablieferungs- oder Kennzeichnungsvorschriften) erheblich, so soll nach Ziff. 8 RE. 50/39 die Bestrafung der für die Ahndung der übrigen Verstöße zuständigen Stelle überlassen werden; in diesem Falle ist das Ermittlungsergebnis dieser Stelle mitzuteilen. Soweit eine Bestrafung durch die andere Stelle erfolgt, ist die Angelegenheit für die Preisbehörde erledigt.

Das Ordnungsstrafrecht der PreisStrVO. umfaßt:

1. Die Befugnis zur Verhängung von Geldstrafen in unbegrenzter Höhe; in Fällen von geringerer Bedeutung kann statt der Ordnungsstrafe eine schriftliche Verwarnung erteilt werden, § 8 Abs. 1, 6;
2. das Recht der Einziehung von Gegenständen, auf die sich die strafbare Handlung bezieht oder die durch die strafbare Handlung erlangt sind, sowie die Befugnis zur Anordnung der Abführung des erzielten Mehrerlöses an das Reich durch den Beschuldigten oder den Inhaber oder einen am Gewinn des Geschäftsbetriebes Beteiligten, § 8 Abs. 4, § 3;
3. das Recht der öffentlichen Bekanntmachung der Bestrafung auf Kosten des Bestraften, § 8 Abs. 4, § 4;
4. die Befugnis zur völligen oder teilweisen Schließung des Betriebes und zur Untersagung der Tätigkeit oder Betriebsführung auf Zeit oder Dauer, § 10.

7. Die Preisstrafrechtsverordnung enthält eingehende Vorschriften über das Ermittlungsverfahren §§ 15 bis 23. Soweit eine eidliche Vernehmung von Zeugen und Sachverständigen notwendig erscheint, ist das zuständige Amtsgericht um eidliche Vernehmung zu ersuchen. Zur vollständigen Klarstellung des Sachverhalts können die Preisbehörden alle öffentlichen Behörden und alle natürlichen und juristischen Personen in Anspruch nehmen; die Vorlage von Gegenständen, die Einsichtnahme in Räume und verschlossene Behältnisse kann gefordert werden §§ 16, 21 PreisStrVO., Ziff. 5, 6 RE. 50/39.

Die Zulassung der Einsichtnahme in Ermittlungsakten durch Rechtsanwälte steht im pflichtgemäßen Ermessen der Preisbehörde, soweit durch die Einsichtnahme eine Verzögerung des Verfahrens nicht zu befürchten ist und besondere Interessen an der Geheimhaltung des Akteninhalts nicht entgegenstehen. Wegen der Übersendung der Akten auf Ersuchen der Zivil- und Strafgerichte vgl. Ziff. 7 RE. 50/39.

Die Festsetzung der Ordnungsstrafe und der übrigen in den §§ 8 und 10 PreisStrVO. vorgesehenen Maßnahmen erfolgt durch schriftlichen Strafbescheid der gemäß §§ 24, 25 dem Betroffenen zuzustellen ist. Wegen der Zuständigkeit zur Festsetzung der Ordnungsstrafen, insbes. der gemäß § 6 geordneten ausschließlichen örtlichen Zuständigkeit vgl. § 26 Abs. 3, 4 und Ziff. 4 RE. 50/39. Der Strafbescheid ist gemäß § 27 zu begründen. Die Höhe der Ordnungsstrafe, die nicht nur gegen die schuldigen Personen, sondern unter Umständen auch gegen den verantwortlichen Leiter des Betriebs, des Geschäfts, der Gesellschaft usw. verhängt werden kann, richtet sich nach der Schwere des Verstoßes, der Bedrohung oder Verletzung der Belange der Volksgemeinschaft, nach den Absichten des Beschuldigten und der Größe der von ihm erwarteten oder erreichten Vermögensvorteile. Das Maß des Verschuldens ist besonders zu beachten, Ziff. 9 RE. 50/39.

Unterwirft sich der Beschuldigte unter Anerkennung seiner Verfehlung der in Aussicht genommenen Ordnungsstrafe, so ist nach § 33 eine Niederschrift aufzunehmen, für die gemäß Ziff. 10 RE. 50/39 — Anlage MittBl. II S. 144 — ein Muster empfohlen wird.

Bis zum Eintritt der Rechtskraft, spätestens aber bis zur Einlegung der Beschwerde kann der Strafbescheid zurückgenommen werden. Nach Einlegung des Rechtsmittels kann der Bescheid von der Preisbehörde selbst nur nach Maßgabe des Beschwerdeantrags abgeändert werden, vgl. Ziff. 13 RE. 50/39.

Gegen den Strafbescheid steht dem Betroffenen das Rechtsmittel der Beschwerde zu, soweit nicht der Reichskommissar für die Preisbildung den Bescheid selbst erlassen hat, § 28. Durch die Abänderungsverordnung vom 28. August 1941 ist das Beschwerderecht gegen Ordnungsstrafbescheide, die im Einzelfalle den Betrag von 20 RM. nicht übersteigen und neben denen Maßnahmen nach §§ 3 oder 10 nicht verfügt worden sind, insofern bis auf weiteres eingeschränkt worden, als die Zulässigkeit der Beschwerde von einer ausdrücklichen Zulassung der Beschwerde durch die festsetzende Behörde abhängig gemacht wird. Die Zulassung darf nur im Hinblick auf die grundsätzliche Bedeutung oder die besonderen Umstände des Einzelfalls erfolgen, § 28 Abs. 2. Hervorzuheben ist, daß der Strafbescheid im Beschwerdeverfahren auch zum Nachteil des Betroffenen geändert werden kann, § 32. Die Beschwerde, die innerhalb einer Woche nach Zustellung des Bescheides einzulegen ist, hat, soweit nicht etwas anderes ausdrücklich verfügt wird, keine aufschiebende Wirkung, §§ 29, 30.

Über die Beschwerde entscheidet die Preisüberwachungsstelle, wenn der Strafbescheid von der unteren Verwaltungsbehörde erlassen war, im übrigen die Preisbildungsstelle, soweit nicht der RfP. selbst für bestimmte Gebiete die Beschwerde an sich gezogen hat. Rechtskräftige Ordnungsstrafbescheide der Preisbehörden kann der RfP. binnen einem Jahr nach Rechtskraft aufheben, wenn der Bescheid wegen eines Fehlers bei der Anwendung des Rechts ungerecht ist, § 31 Abs. 3.

Die Kosten des Ordnungsstrafverfahrens sind gemäß §§ 36, 37 dem Bestraften aufzuerlegen, vgl. auch Ziff. 14 RE. 50/39.

Die Vollstreckung des Strafbescheides erfolgt gemäß § 34 PreisStrVO.; in besonderen Fällen können die Einziehung der Strafe sowie die Maßnahmen des § 10 vor Rechtskraft des Strafbescheids durchgeführt werden, Ziff. 15 RE. 50/39 und RE. 128/39 vom 14. Dezember 1939, MittBl. II S. 291.

8. Die Schließung von Betrieben war bisher schon möglich; vgl. hiezu die VO. vom 8. Dezember 1931 (RGBl. I S. 747). Einschneidend ist die Befugnis des RfP., Einzelpersonen die Ausübung ihrer Berufstätigkeit zu untersagen; auf dem Gebiete des Grundstückverkehrs kommt insbes. die Maklertätigkeit in Frage. Auch die Vermietung von Grundstücken kann bei groben Verstößen des Vermieters insbes. gegen die Verpflichtung zur Hausgemeinschaft — Kiefersauer DWohnA. 1937, 252 — untersagt werden; diese Maßnahme hätte zur Folge, daß der Hausbesitzer sein Haus verkaufen muß (vgl. die ähnliche Rechtslage des Erben nach § 3 DVO. ReichsgrenzSichG.). Die Erzwingung erfolgt hier durch Ordnungsstrafen.

Statt Schließung — auf Zeit oder Dauer, vgl. Ziff. 2 RE. 50/39 — des gewerblichen Betriebes des Schuldigen oder des Betriebs, in dem die Zuwiderhandlung begangen worden ist, kann auch die Weiterführung des Betriebs von der Erfüllung bestimmter Auflagen abhängig gemacht werden. Das gleiche gilt für die Untersagung der Tätigkeit der Betriebsführung. Die Nichterfüllung der Auflage stellt einen Verstoß gegen eine Anordnung der Preisbehörde dar; deshalb ist die Nichterfüllung der Auflage ebenso strafbar wie die Verletzung oder Umgehung des Verbotes des Betriebes oder der Untersagung der Tätigkeit und Betriebsführung, § 14 PreisStrVO. Der Abschluß von Geschäften mit oder für Personen, von denen bekannt ist, daß ihnen die geschäftliche Tätigkeit oder Betriebsführung untersagt oder das Geschäft geschlossen worden ist, ist nach § 14 Abs. 2 unter Strafe gestellt. Die bürgerlich-rechtlichen Folgen der Nichtbeachtung der Strafmaßnahmen gemäß § 10 PreisStrVO. sind in § 13 klargestellt.

Das Verbot der Weiterführung des Betriebs oder die Gestattung der Weiterführung unter Auflagen kann als selbständige Strafmaßnahme von der Preisbehörde ausgesprochen werden. Die Maßnahme ist aber auch zulässig neben einer rechtskräftigen gerichtlichen Bestrafung oder neben der Festsetzung einer Ordnungsstrafe. Über die Zweckmäßigkeit der Geschäftsschließung im allgemeinen vgl. Ziff. 11 RE. 50/39.

Die vorläufige Geschäftsschließung nach § 10 kann in dringenden Fällen auch von der Behörde angeordnet werden, in deren Bezirk eine Zuwiderhandlung begangen worden ist, § 26 Abs. 4 PreisStrVO.

## § 5

Die Verwaltungsbehörden und Gerichte haben dem Reichskommissar Amts- und Rechtshilfe[1] zu leisten.

1. Vgl. § 16 PreisStrVO., 1 zu § 4.

## § 6

(1) Die auf Grund dieses Gesetzes ergehenden Anordnungen[1] sind für die Verwaltungsbehörden und Gerichte bindend[2].

(2) Wegen eines Schadens, der durch eine Anordnung oder Maßnahme auf Grund dieses Gesetzes entsteht, wird eine Entschädigung nicht gewährt[3 4].

1. **Anordnung** im Sinne des § 6 ist nur die klare und eindeutige Stellungnahme, die die Preisbehörde innerhalb ihrer Zuständigkeit im Einzelfall zu der Preisabrede einnimmt. Allgemeine Redewendungen — 4c zu § 2 PBG. — sind ebensowenig hierher zu rechnen wie vorläufige Bescheide und unverbindliche Äußerungen der Preisbehörden über die Zulässigkeit eines ihnen bezeichneten Kaufpreises, die die Beteiligten vor Errichtung der notariellen Urkunde einholen lassen, 24 zum RE. 155/37. Diese Erklärungen verpflichten weder die Beteiligten noch sind sie bindend für Gerichte und Verwaltungsbehörden, Kiefersauer, Deutsche Rechtswissenschaft 1941, 338. Das gleiche gilt von einer auf Grund des Erlasses des RfP. vom 16. März 1938/17. März 1941 — 4 zu § 3 — ergehenden Anordnung der Preisbehörde, wenn sie ein nach allgemeinen Grundsätzen nichtiges oder nicht vollwirksames Rechtsgeschäft betrifft, vgl. 4 d $\gamma$ zu § 2.

Die allgemeinen Erlasse des RfP. haben, auch wenn sie eine bestimmte Rechtsansicht der RfP. erhalten, keine bindende Wirkung im Sinne des § 6. Sie verpflichten als Dienstanweisung nur die Preisbehörden, an die sie gerichtet sind, vgl. 3 zu § 3. Ist die Preisbehörde zugleich Genehmigungsbehörde, so ist sie auch den Anweisungen ihrer vorgesetzten Dienststelle z. B. auf dem Gebiete der GVB. den

Anordnungen des Reichsernährungsministers unterworfen. Über die sich hierbei ergebenden Schwierigkeiten vgl. 4 zu § 2 und 16 zum RE. 155/37.

Im Zwangsversteigerungsverfahren hat die Preisbehörde auf Ersuchen des Vollstreckungsgerichts den Betrag des höchstzulässigen Gebots zu bestimmen, der Betrag ist bindend für das Vollstreckungsgericht und die Beteiligten, 5 zu § 2.

Die Festsetzung von Richtpreisen für Bauland durch die Preisbehörde bindet Gerichte und Verwaltungsbehörden, vgl. Vorbem. V zum RE. 64/41 vom 10. Juni 1941. Diese Bindung gilt insbes. sowohl für die Bemessung der Enteignungsentschädigung — 66 zum RE. 155/37 — als auch für die Einheitsbewertung von Bauland, vgl. Ziffer 2 des GemErl. vom 14. Dez. 1940 (RStBl. 1941, 3).

2. Die Anordnungen des RfP. und der von ihm beauftragten Stellen sind hiernach — auch im Einzelfall — der **Nachprüfung durch andere Behörden,** insbes. durch die Gerichte, in vollem Umfang **entzogen.** Das gilt insbes. auch für die Feststellung, daß ein Verstoß gegen Preisvorschriften nicht vorliegt; der dem § 4 GVB. zugrunde liegende Gedanke gilt in erhöhtem Maße für das Preisbildungsrecht: die Unbedenklichkeitserklärung der Preisbehörde — Lent DJ. 1938, 413 — schließt jede spätere Anfechtung der Preisbildung des Rechtsgeschäfts durch die Parteien und die Nachprüfung der Preisbildung durch andere Behörden aus, Kiefersauer DWohnA. 1938, 185.

3. Eingriffe des RfP. können unter Umständen als Enteignungen, die zur Schadloshaltung verpflichten, anzusehen sein; Abs. 2 schließt auch für diese Fälle jeden Entschädigungsanspruch aus, vgl. § 12 WohnSG., § 10 DVO. ReichsgrenzSichG.; § 4 Abs. 2 StädtebauG., aber auch § 10 SchutzbereichG.

4. Wegen der Ausdehnung des § 6 auf das frühere, aber noch gültige Preisüberwachungsrecht vgl. Ziff. I der ÜberleitungsVO. (2 zu § 3).

## b) Preisüberwachung (PStopV.)

## Verordnung über das Verbot von Preiserhöhungen

Vom 26. November 1936 (RGBl. I S. 955)

### Vorbemerkung

Die Bestimmungen der Preisstopverordnung und alle sonstigen Preisvorschriften sind nicht nur während der Dauer des Krieges in vollem Umfang ausdrücklich aufrecht erhalten worden, sondern haben durch die Vorschriften der §§ 22—28 im Abschnitt IV „Kriegspreise" der Kriegswirtschaftsverordnung vom 4. September 1939 (RGBl. I S. 1609) eine wichtige Ergänzung erfahren. § 22 KWVO. stellt folgenden Grundsatz auf:

*Preise und Entgelte für Güter und Leistungen jeder Art müssen nach den Grundsätzen der kriegsverpflichteten Volkswirtschaft gebildet werden.*

Diese Vorschrift ist — wie in Vorbem. II zum PBG. bereits ausgeführt wurde — als eine neue **Grundregel der Preisbildung** anzusehen, die neben alle sonstigen Preisvorschriften tritt und überall die Geltung beansprucht, wo die bestehenden Preisvorschriften nach oben oder unten einen Spielraum für die Preisbildung lassen. Demgemäß dürfen Mindestpreise nicht unterschritten werden, Höchstpreise dagegen nur gefordert werden, wenn andernfalls die Kostengestaltung einen angemessenen Gewinn nicht mehr gestattet.

Das Preisgrundgesetz des Krieges, wie § 22 KWVO. genannt wird, verpflichtet daher jedermann zur laufenden Nachprüfung der Preisberechnung; es wird nicht nur der unzulässige und der unanständig hohe Preis, sondern jeder Preis verboten und unter Strafe gestellt, der, gemessen an der durch den Krieg für die Gesamtheit des deutschen Volkes geschaffenen Lage, als zu hoch anzusehen ist. Durch den RE. Nr. 135/40 vom 8. November 1940 (MittBl. I S. 805) hat der RfP. auf die Bedeutung der Vorschriften des §§ 22ff. KWVO. nachdrücklich hingewiesen und die Strafbarkeit von Verstößen gegen die hier festgestellten Kriegspflichten in dem Erlaß vom 8. Dezember 1940 (MittBl. I S. 852) besonders hervorgehoben. Vgl. v. Kurnatowski DR. 1941, 290.

Auf Grund des Gesetzes zur Durchführung des Vierjahresplans — Bestellung eines Reichskommissars für die Preisbildung — vom 29. Oktober 1936 (RGBl. I S. 927) wird auf Vorschlag des Reichskommissars für die Preisbildung folgendes verordnet:

## § 1

(1) Preiserhöhungen für Güter und Leistungen jeder Art, insbesondere für alle Bedürfnisse des täglichen Lebens, für die gesamte landwirtschaftliche, gewerbliche und industrielle Erzeugung und für den Verkehr mit den Gütern und Waren jeder Art sowie für sonstige Entgelte sind verboten[1]. Dieses Verbot gilt rückwirkend vom 18. Oktober 1936 ab. Verträge, die von beiden Vertragspartnern erfüllt sind, bleiben von der Rückwirkung unberührt.

(2) Als eine Preiserhöhung ist es auch anzusehen[2], wenn die Zahlungs- und Lieferungsbedingungen zum Nachteil der Abnehmer verändert werden.

1. Das Preiserhöhungsverbot gilt grundsätzlich auch für **Grundstückspreise.** Der RJM. hat durch AV. vom 14. Juni 1937 (DJ. 1937, 954 = JW. 1937, 1766) ausdrücklich darauf hingewiesen mit dem Beifügen, daß die Gerichte und Notare die Beurkundung von Grundstücksveräußerungsgeschäften abzulehnen haben, wenn sie erkennbar einen Verstoß gegen die PStopV. enthalten.

Das Preiserhöhungsverbot gilt auch für die Festsetzung der Enteignungsentschädigung, vgl. 66 zum RE. 155/37; 5 zu § 10 StädtebauG.

Die Ermittlung des **Stichtagpreises** für Grundstücke wird in der Regel auf Schwierigkeiten stoßen, soweit nicht ausnahmsweise ein Stoppreis zahlenmäßig feststeht. In erster Linie ist der Stoppreis aus den beim Verkauf anderer Grundstücke in den letzten Jahren erzielten Verkaufspreisen zu ermitteln, soweit nicht für das Grundstück selbst ein Verkaufspreis für die Zeit vor dem 17. Oktober 1936 vorliegt. Wegen der möglichen Fehlerquellen, die bei der Vergleichung von Verkaufserlösen entstehen, vgl. 1 zu § 10 StädtebauG. Der Stoppreis für Grundstücke entspricht daher regelmäßig dem **Verkehrswert** des Grundstücks, also dem gemeinen Wert im Sinne des § 10 RBewG., vgl. 2 zu § 2 PBG.; nur ausnahmsweise, z. B. für landwirtschaftliche Grundstücke, wird dem Stoppreis der **Ertragswert** des Grundstücks zugrunde liegen.

Daraus folgt, daß der **Stoppreis** für Grundstücke, soweit er der liberalistischen Wirtschaftsauffassung vom Handelswert des Grund und Bodens entsprungen ist, dem **angemessenen Grundstückspreis** in der Regel **nicht entspricht**. Deshalb ist bei der Würdigung des Stoppreises weiter zu berücksichtigen, ob dieser Preis als volkswirtschaftlich gerechtfertigt angesehen werden darf oder nicht, RG. V 12/38 DJ. 1938, 1563. Für eine gewisse Übergangszeit wird man sich mit der Beschneidung spekulativer Auswüchse des Verkehrspreises begnügen müssen, vgl. 2, 5, 6, zum RE. 155/37.

Wegen der unterschiedlichen Bedeutung des **Einheitswertes** aus dem Jahre 1935 vgl. 9, 32, 37, 43, 57 zum RE. 155/37; 7 zu § 10 StädtebauG. Über die Verpflichtung der Finanzämter zur Auskunfterteilung über Einheitswerte s. die Runderlasse des Reichsfinanzministers vom 1. August und 29. Oktober 1938 (RStBl. S. 763, 962) und vom 20. Mai 1939 (RStBl. S. 701).

Der hiernach festzustellende Stichtagpreis darf nicht überschritten werden; dies gilt auch dann, wenn etwa aus besonderen Gründen, die oft gerade auf dem Grundstücksmarkt eine besondere Rolle spielen, der Stichtagpreis mehr oder weniger erheblich **unter** dem volkswirtschaftlich gerechtfertigten Preis (§ 2 PBG.) liegt. Im Einzelfall kann gemäß § 3 die Angleichung des Grundstückspreises an den volkswirtschaftlich gerechtfertigten Preis genehmigt werden.

Auch die **Veräußerung von Hypotheken oder Grundschulden** fällt unter die PStopV., wenn sich der Erwerb — infolge der Belastung des Grundstücks über den wirklichen Wert hinaus — **wirtschaftlich** als **Erwerb des Grundstücks** darstellt, z. B. wenn ein Grundstück zum Stichtagwert von 250000 RM. mit 350000 RM. Hypotheken (Grundschulden) belastet ist. Hier darf die Hypothek (Grundschuld) ohne Genehmigung nach § 3 nur zum Höchstbetrag von 250000 RM. veräußert werden, also unter dem Nominalwert von 350000 RM., Bosch JW. 1938, 1151; vgl. dazu auch Stuckert JW. 1938, 1692.

2. Das Preiserhöhungsverbot umfaßt **alle Vereinbarungen**, die auf die Höhe des Entgelts von Einfluß sind. Jede mittelbare oder unmittelbare **Umgehung des Verbots** ist durch § 2 ausdrücklich untersagt; auch die Nichterfüllung vertraglicher Verpflichtungen, durch die auf Kosten des anderen Vertragsteiles Ausgaben erspart werden sollen, ist als Verstoß gegen § 1 anzusehen, z. B. Nichterfüllung der Instandsetzungspflicht durch den Vermieter. Das gleiche gilt für die Absicht, Vertragsverpflichtungen aufzulösen, um bessere Preisbedingungen zu erzielen, z. B. Kündigung von Mietverhältnissen zum Zwecke der Mietzinssteigerung.

Zur Frage der Einwirkung der PStopV. auf die Rechtsprechung vgl. nunmehr RG. V 49/40 und V 99/40, RGZ. 165, 385 und 166, 89; Kiefersauer, Deutsche Rechtswissenschaft 1941 Heft 4; 2 zur Fünften OrgAO.

Schwierig zu beurteilen ist die Frage, inwieweit das Fordern überhöhter Preise für **Grundstücke** unter § 2 fällt. Das **Angebot von Grundstücken** zu überhöhtem Preise ist jedenfalls dann eine Umgehung im Sinne des § 2, wenn damit ein nach § 1 verbotener Vertragsabschluß bezweckt wird. In der Erklärung, das Grundstück nur zu einem bestimmten — überhöhten — Preis verkaufen zu wollen, wird jedenfalls dann eine strafbare Handlung erblickt werden müssen, wenn der **geforderte Preis** den Stoppreis für Grundstücke — 1 zu § 1 — **offensichtlich übersteigt**. Die Einhaltung des durch die PStopV. erzwungenen Preisniveaus muß unter allen Umständen gefordert und deshalb jeder — auch nur gesinnungsmäßige — Versuch der Aufblähung der Bodenwerte unterdrückt werden. Zu dieser strengen Auffassung — vgl. 11 zum RE. 155/37 — zwingt der Gedanke, daß die Erziehung des Volkes zur nationalsozialistischen Anschauung von der Bedeutung des Grund und Bodens — 2 zu § 2 PBG. und Vorbem. zum RE. 155/37 — nicht möglich ist, wenn die landläufige Meinung gebilligt wird, daß der Grundstückseigentümer den Boden nur zu den von ihm festgesetzten Bedingungen abzugeben verpflichtet ist. Solche Einstellung ist der verbotenen Zurückhaltung von Waren zum Zwecke der Preissteigerung gleichzustellen und deshalb strafbar. Die Abgrenzung der Voraussetzungen der Strafbarkeit des Angebots im Einzelfall wird sorgfältiger Prüfung bedürfen. Insbesondere darf die Erhöhung des Preises über ein früheres Angebot hinaus nicht ohne weiteres als verbotene Preiserhöhung angesehen werden, sondern nur dann, wenn dieses frühere Angebot dem volkswirtschaftlich gerechtfertigten Preis tatsächlich entsprochen hat, vgl. Friemann JW. 1938, 3177.

## § 2

Es ist verboten, Handlungen vorzunehmen, durch die mittelbar oder unmittelbar die Vorschriften des § 1 umgangen werden oder umgangen werden sollen[1].

1. Vgl. 2 zu § 1. Die Strafandrohung des § 1 und die Strafmaßnahmen der §§ 8, 10 PreisStrVO. sind ausdrücklich auf die Umgehung des Preisstopverbots ausgedehnt, § 1 Abs. 3, 4 PreisStrVO.

## § 3[1]

Soweit[2] aus volkswirtschaftlichen Gründen oder zur Vermeidung besonderer Härten eine Ausnahme dringend erforderlich erscheint, können der Reichskommissar für die Preisbildung oder die von ihm beauftragten Stellen[3] Ausnahmen[4] zulassen oder anordnen[5].

1. Die ausnahmslose Durchführung des Preiserhöhungsverbots (§§ 1, 2) würde zu einer unerträglichen Erstarrung des Wirtschaftslebens führen. § 3 läßt daher in engbegrenztem Rahmen Ausnahmebewilligungen zu. Der RfP. kann diese Ausnahmebewilligung allgemein oder für den Einzelfall erteilen; für Grundstückspreise ist die untere Verwaltungsbehörde zuständig.

Die Erteilung einer **Ausnahmebewilligung** nach § 3 setzt voraus, daß das Grundstücksgeschäft gegen das Preiserhöhungsverbot mittelbar (§ 2) oder unmittelbar (§ 1) verstößt. Die Feststellung dieses Verstoßes im Einzelfall ist ausschließlich Aufgabe der Preisbehörde; insoweit gelten die Grundsätze des § 4 GVB. auch für das Preisüberwachungsverfahren. Nur wenn und soweit die Preisbehörde einen Verstoß gegen die PStopV. authentisch feststellt, liegt eine durch den RE. 155/37 für Grundstücke „gebotene Rechtsanwendung" vor, wie RG. V 99/40, RGZ. 166, 89 zutreffend feststellt, ohne freilich daraus die einzig mögliche Folgerung zu ziehen, daß nicht die Preisüberschreitung als solche, sondern erst die in der Beanstandung durch die Preisbehörde liegende Feststellung der Preisüberschreitung den Grund für die Nichtigkeit des Grundstückveräußerungsvertrages darstellt, vgl. 4a zu § 2 PBG. Nur die Anerkennung der notwendigen Einschaltung der zuständigen Preisbehörde entspricht der wirtschaftspolitischen Führungsstellung des RfP. und seiner Behörden und nur in diesem Fall wird eine Rechtsunsicherheit vermieden, die die Entscheidung RG. V 99/40 mindestens für die Vergangenheit gebracht hat, vgl. 2 zur Fünften OrgAO.

Die Entscheidung der Preisbehörde ist für Gerichte und Verwaltungsbehörden bindend, mag es sich um eine positive oder negative Feststellung handeln.

Durch die sog. Unbedenklichkeitserklärung stellt die Preisbehörde fest, daß ein Verstoß gegen die PStopV. nicht vorliegt; diese Feststellung hat zur Folge, daß die Gültigkeit der Preisvereinbarung unter dem Gesichtspunkt der Preisbestimmungen weder von den Vertragsteilen noch sonst (von einer Behörde) in Zweifel gezogen werden kann, vgl. Lent DJ. 1938, 413; Kiefersauer DWohnA. 1938, 185.

Stellt die Preisbehörde dagegen einen Verstoß gegen die §§ 1, 2 fest, so kann sie die Ausnahmebewilligung entweder erteilen oder ablehnen. Die Rechtswirkung der Entscheidung ist in beiden Fällen eine verschiedene. Da die Entscheidung darüber, ob ein solcher Verstoß vorliegt, ausschließlich in die Hände der Preisbehörde gelegt ist — anders RG. V 99/40, RGZ. 166, 89; vgl. 2 zur Fünften OrgAO. —, empfiehlt es sich für den beurkundenden Notar oder die sonst zur Beurkundung zuständige Stelle (Vorstand der Vermessungsbehörde, § 1 des Gesetzes vom 15. November 1937, RGBl. I S. 1257) im Interesse der Rechtssicherheit des Grundstücksverkehrs, alle Grundstücksgeschäfte dieser Behörde vorzulegen, Kiefersauer DWohnA. 1938, 185; 24 zum RE. 155/37. Über Zuständigkeiten bei der Beurkundung im Grundstücksverkehr Witte DWohnA. 1939, 173.

Die **Erteilung** der Ausnahmebewilligung macht das Rechtsgeschäft vollwirksam. Diese Wirksamkeit gilt rückwirkend auf den Zeitpunkt des Abschlusses des Rechtsgeschäfts. Die **Versagung** der Ausnahmebewilligung stellt die Verbotswidrigkeit des Rechtsgeschäfts endgültig fest, beendet einen Schwebezustand, aber in negativem Sinn: das Rechtsgeschäft ist zufolge der **Beanstandung** der Preisbehörde — vgl. 4 d $\beta$ zu § 2 PBG. — in vollem Umfang und zwar von Anfang an nichtig; die Nichtigkeit ist eine absolute im Sinne des § 134 BGB. Die zu der früheren Preistreibereiverordnung entwickelten Gesichtspunkte, daß die Nichtigkeit nur die über dem Stichtagpreis liegende Preisvereinbarung erfaßt, im übrigen aber die Gültigkeit des Rechtsgeschäfts unberührt läßt — vgl. Staudinger-Riezler 21 zu § 134 — können hier bei Grundstücken, die nicht als Gegenstände des regelmäßigen Handelsverkehrs anzusehen sind — 1 zu § 2 PBG. —, nicht zur Anwendung kommen, vgl. Lent, DJ. 1938, 412; Kiefersauer DWohnA. 1938, 188; LG. Berlin GrundE. 1938, 305; a. M. Scholl, Preisrecht S. 36; LG. Berlin GrundE. 1938, 306; LG. Königsberg JW. 1938, 3176. Wie hier anscheinend Hopp (gegen LEHG. Celle) DJ. 1941, 167 und vor allem RG. V 99/40 vom 30. Januar 1941, RGZ. 166, 89 unter Mißbilligung von Brandt ZAkDR. 1941, 188 und Friemann DR. 1941, 1122.

2. Die Voraussetzungen für die Erteilung der Ausnahmebewilligung sind eng begrenzt, weil eine möglichst umfassende Aufrechterhaltung der geltenden Preisgrundlage im Interesse der Durchführung des Vierjahresplanes gelegen ist. Die Ziele der Preiserhöhung auf Grund des § 3 haben mit der Festsetzung des volkswirtschaftlich gerechtfertigten Preises im Sinne des § 2 PBG. grundsätzlich nichts zu tun. Der Ausnahmepreis des § 3 darf diesen Preis nicht überschreiten, 2 zu § 2 PBG.

Im Rahmen der VO. über die Behandlung von Geboten in der Zwangsversteigerung vom 30. Juni 1941 (RGBl. I S. 354) ist es der Preisbehörde bei der Bestimmung des Betrages des höchstzulässigen Gebots (§ 1) gestattet, in engbegrenzten Fällen den Stoppreis zu überschreiten, vgl. 4 Buchst. d zu § 1 dieser VO.

3. Die Ausnahmebewilligung nach § 3 **gilt** als **erteilt**, wenn und soweit eine solche erforderlich ist

a) sobald die Genehmigungsbehörde nach der GVB. und dem WohnSG. die Genehmigung nach diesen Gesetzen erteilt hat — 17 zum RE. 155/37 —;
b) sobald die Unbedenklichkeitsbescheinigung nach § 189d der Reichsabgabenordnung ausgehändigt ist — 29 zum RE. 155/37 —.

Die Ausnahmebewilligung, die an sich nach § 3 PStopV. der Preisbehörde zusteht, wird im Falle a durch die Genehmigung der unteren Verwaltungsbehörde, die nach den Grundsätzen des Genehmigungsverfahrens nach der GVB. und dem WohnSG.

entscheidet, verbraucht. Im Falle b tritt die gleiche Rechtswirkung durch die bloße Tatsache der Aushändigung der Unbedenklichkeitsbescheinigung durch das Finanzamt ein, gleichviel, ob diese unter Berücksichtigung mit oder ohne Beachtung der von der Preisbehörde etwa erhobenen Bedenken erfolgt. In beiden Fällen wird der Preisbehörde die Entscheidung über die erforderliche Ausnahmebewilligung mit dem Abmaße entzogen, daß diese Bewilligung als erteilt gilt.

Noch weitergehend ist die durch § 9 EinsatzVO. und § 23 LandbewSichDV. getroffene Regelung, wonach die dort vorgesehene Erteilung der Genehmigung durch die zuständige Behörde die etwa erforderliche Ausnahmebewilligung nach § 3 PStopV. grundsätzlich ersetzt, so daß ein Eingreifen der Preisbehörde überhaupt nicht möglich ist.

Neuerdings macht sich dagegen das Bestreben geltend, die Zuständigkeit der Preisbehörde stärker zu betonen. Neben der Anordnung des Pachtamtes auf Grund der Reichspachtschutzordnung ist z. B. die Zuständigkeit der Preisbehörde gemäß § 3 PStopV. durch § 8 Abs. 2 Satz 2 RPO. ausdrücklich aufrecht erhalten.

4. Vgl. den Runderlaß Nr. 60/39 vom 29. Juni 1939 betr. Behandlung von Ausnahmeanträgen nach § 3 der Verordnung über das Verbot von Preiserhöhungen, der unter Aufhebung der Runderlasse Nr. 14/36 und 15/36 allgemeine Anweisungen hinsichtlich der Zuständigkeit, des Verfahrens sowie der formellen und sachlichen Behandlung von Ausnahmeanträgen gibt (MittBl. II S. 254).

Im Rahmen der Kriegswirtschaft wird das Verbot der Preiserhöhung nicht nur aufrechterhalten, sondern durch ein besonderes Preisgrundgesetz des Krieges — § 22 KWVO. — ergänzt und verschärft, vgl. Vorbem. Auch die Handhabung der Ausnahmeanträge gemäß § 3 PStopV. ist diesen neuen Gesichtspunkten anzupassen, vgl. den Einführungserlaß des RfP. vom 21. November 1940 (MittBl. I S. 801).

5. Die Befugnis zur **Anordnung** preispolitischer Maßnahmen ist über den Rahmen der PStopV. hinaus durch den Erlaß vom 16. März 1938/17. März 1941 — 4 zu § 3 PBG. — dahin erweitert worden, daß die Preisbehörde ausnahmsweise im öffentlichen Interesse den Kaufpreis herabsetzen und die Durchführung des Rechtsgeschäfts zu dem herabgesetzten Preis anordnen kann. Eine solche Anordnung ist nur auf der Rechtsgrundlage des § 2 PBG. möglich, vgl. 4 zu § 2 PBG. Über die Zulässigkeit einer solchen Anordnung liegt eine Entscheidung des Reichsgerichts noch nicht vor; aus den Gründen der Entscheidung V 99/40, RGZ. 166, 89, die Auffassung entnehmen zu wollen, daß die Zulässigkeit vom obersten Gerichtshof verneint werden würde, erscheint verfrüht, vgl. 4 d $\gamma$ zu § 2 PBG.

## § 4[1]

(1) *Wer den Bestimmungen dieser Verordnung oder den zu ihrer Durchführung erlassenen Anordnungen vorsätzlich oder fahrlässig zuwiderhandelt, wird mit Gefängnis und Geldstrafe, letztere in unbegrenzter Höhe, oder mit einer dieser Strafen bestraft. Dabei kann die Einziehung des erzielten Entgeltes und der Gegenstände, auf die sich die strafbare Handlung bezieht, sowie die öffentliche Bekanntmachung des Urteils verfügt werden.*

(2) *Die Strafverfolgung tritt nur auf Antrag ein.*

(3) *Die Bestimmungen der §§ 14, 15, 16 (mit Ausnahme von Abs. 2 Satz 2) und § 17 der Verordnung über Preisüberwachung vom 11. Dezember 1934 (Reichsgesetzbl. I S. 1245) finden entsprechende An-*

*wendung; jedoch kann die im § 15 der Verordnung vom 11. Dezember 1934 angedrohte Ordnungsstrafe in unbegrenzter Höhe verhängt werden. Über die Beschwerden gegen die Festsetzung von Ordnungsstrafen entscheidet der Reichskommissar für die Preisbildung oder die von ihm bestimmten Stellen endgültig.*

**1.** Seit 1. Juli 1939 außer Kraft und ersetzt durch die Preisstrafrechtsverordnung vom 3. Juni 1939 (§ 38 Abs. 2), 1 zu § 4 PBG.

## § 5[1]

*Bei Zuwiderhandlungen gegen die Bestimmungen dieser Verordnung kann die Schließung von Betrieben, in denen die Zuwiderhandlung begangen worden ist, auf Zeit oder auf Dauer verfügt oder die Weiterführung des Betriebes von Auflagen abhängig gemacht werden. Auch kann den schuldigen Einzelpersonen auf dem Gebiete, auf dem die Zuwiderhandlung erfolgt ist, jede Tätigkeit untersagt oder die weitere Tätigkeit von Auflagen abhängig gemacht werden.*

**1.** Seit 1. Juli 1939 außer Kraft und ersetzt durch die Preisstrafrechtsverordnung vom 3. Juni 1939 (§ 38 Abs. 2), 1 zu § 4 PBG.

## § 6

Diese Verordnung[1] tritt mit dem Tage ihrer Verkündung[2] in Kraft.

**1.** Für das Land **Österreich** sowie für den **Reichsgau Sudetenland** gelten die der PStopV. nachgebildeten Verordnungen vom 29. März 1938 (RGBl. I S. 340) und 22. Mai 1939 (RGBl. I S. 959), abgedruckt unten 2.

In den Gebieten von Eupen, Malmedy und Moresnet ist die PStopV. am 1. September 1940 mit der Maßgabe in Kraft getreten, daß im § 1 PStopV. an die Stelle des 18. Oktober 1936 der 31. August 1940 getreten ist, VO. über die Einführung des Preisrechts in diesen Gebieten vom 26. August 1940 (RGBl. I S. 1184).

Für die eingegliederten Ostgebiete und für das Gebiet der bisherigen Freien Stadt Danzig gilt die Verordnung über das Verbot von Preiserhöhungen in den eingegliederten Ostgebieten vom 12. Dezember 1940 (RGBl. I S. 1584), die eine selbständige Regelung darstellt; vgl. dazu den RE. Nr. 12/41 vom 7. Februar 1941 (MittBl. I S. 91).

**2.** D. i. den 1. Dez. 1936.

### a) Verordnung über das Verbot von Preiserhöhungen im Lande Österreich.

Vom 29. März 1938 (RGBl. I S. 340).

*Auf Grund der zweiten Verordnung zur Einführung des Vierjahresplans im Lande Österreich vom 27. März 1938 (Reichsgesetzbl. I S. 315) wird folgendes verordnet:*

*§ 1*

(1) *Erhöhungen von Preisen und Entgelten aller Art, insbesondere für alle Bedürfnisse des täglichen Lebens, für die gesamte landwirtschaftliche, gewerbliche und industrielle Erzeugung und für den Ver-*

*kehr mit Gütern und Waren jeder Art sind innerhalb des Landes Österreich und im Verkehr von Österreich nach dem übrigen Reichsgebiet verboten.*

(2) *Dieses Verbot gilt rückwirkend vom Beginn des 18. März 1938 ab. An Stelle des Preises vom 18. März 1938 kann für bestimmte Gegenstände oder Leistungen ein Durchschnittspreis zugelassen werden. Verträge, die von beiden Vertragspartnern erfüllt sind, bleiben von der Rückwirkung unberührt.*

*§ 2*

(1) *Es ist verboten, Handlungen vorzunehmen, durch die mittelbar oder unmittelbar die Vorschriften des § 1 umgangen werden oder umgangen werden sollen.*

(2) *Als Erhöhungen von Preisen und Entgelten ist auch jede unmittelbare oder mittelbare Verschlechterung der Gegenleistung, insbesondere der Zahlungs- und Lieferungsbedingungen, sowie die ungerechtfertigte Weigerung, Waren herzustellen oder zu liefern, anzusehen.*

*§ 3*

*Soweit aus volkswirtschaftlichen Gründen oder zur Vermeidung von Härten eine Erhöhung von Preisen und Entgelten erforderlich ist, kann der Reichskommissar für die Preisbildung oder die von ihm beauftragte Stelle Ausnahmen zulassen oder anordnen.*

*§ 4*

(1) *Wer den Vorschriften dieser Verordnung oder den zu ihrer Durchführung erlassenen Vorschriften und Anordnungen zuwiderhandelt, wird mit Kerkerstrafen bis zu fünf Jahren und mit Geldstrafen in unbegrenzter Höhe oder einer dieser Strafen bestraft. Dabei kann die Einziehung des erzielten Entgeltes und der Gegenstände, auf die sich die strafbare Handlung bezieht, sowie die öffentliche Bekanntgabe des Urteils verfügt werden.*

(2) *Die Strafverfolgung tritt nur auf Antrag ein. Zur Stellung des Strafantrags sind der Reichskommissar für die Preisbildung und die mit der Durchführung der Preisüberwachung von ihm beauftragten Stellen berechtigt. Der Strafantrag kann zurückgenommen werden.*

(3) *Wird der Antrag auf Strafverfolgung nicht gestellt oder zurückgenommen, so können die im Abs. 2 genannten Stellen gegen die Unternehmung, in deren Geschäftsbetrieb eine Zuwiderhandlung begangen worden ist, und gegen die schuldigen Personen Ordnungsstrafen in unbegrenzter Höhe festsetzen.*

(4) *Gegen die festgesetzten Ordnungsstrafen steht den Betroffenen die Beschwerde zu. Sie ist bei der Stelle, welche die Strafe verhängt hat, innerhalb einer Woche nach Zustellung des Strafbescheides schriftlich einzulegen. Erachtet diese Stelle die Beschwerde als begründet, so hat sie ihr abzuhelfen. Andernfalls hat sie die Beschwerde an den Reichskommissar für die Preisbildung oder die von ihm beauftragte Stelle zur Entscheidung weiterzugeben; die Entscheidung auf die Beschwerde ist endgültig.*

(5) *Die Ordnungsstrafe wird von den mit der Preisüberwachung beauftragten Stellen nach den landesrechtlichen Vorschriften beigetrieben.*

§ 5

(1) *Bei Zuwiderhandlung gegen die Vorschriften dieser Verordnung oder der zu ihrer Durchführung erlassenen Vorschriften und Anordnungen kann die Schließung von Betrieben, in denen die Zuwiderhandlung begangen worden ist, auf Zeit oder auf Dauer verfügt oder die Weiterführung des Betriebes von Auflagen abhängig gemacht werden. Auch kann den schuldigen Einzelpersonen auf dem Gebiet, auf dem die Zuwiderhandlung erfolgt ist, jede Tätigkeit untersagt oder die weitere Tätigkeit von Auflagen abhängig gemacht werden.*

(2) *Zuständig für die Verhängung der im Abs. 1 genannten Maßnahmen sind der Reichskommissar für die Preisbildung und die von ihm mit der Durchführung der Preisüberwachung beauftragten Stellen.*

(3) *Die Bestimmungen des § 4 Abs. 4 über die Beschwerde gelten entsprechend.*

§ 6.

*Die Verordnung tritt mit dem Tage der Verkündung in Kraft.*

## b) Verordnung über das Verbot von Preiserhöhungen im Reichsgau Sudetenland

Vom 22. Mai 1939 (RGBl. I S. 959).

*Auf Grund der Verordnung über die Aufgaben des Reichskommissars für die Preisbildung in den sudetendeutschen Gebieten vom 18. Oktober 1938 (Reichsgesetzbl. I S. 1444) in Verbindung mit § 2 des Gesetzes zur Durchführung des Vierjahresplans — Bestellung eines Reichskommissars für die Preisbildung — vom 29. Oktober 1936 (Reichsgesetzbl. I S. 927) wird mit Zustimmung des Beauftragten für den Vierjahresplan verordnet:*

§ 1

(1) *Preise und Entgelte jeder Art dürfen im Reichsgau Sudetenland nicht erhöht werden. Dieses Verbot gilt rückwirkend vom 3. Mai 1939.*

(2) *Beiderseitig erfüllte Verträge bleiben von der Rückwirkung unberührt.*

§ 2

(1) *Es ist verboten, Handlungen vorzunehmen, durch die die Bestimmungen dieser Verordnung umgangen werden oder umgangen werden sollen.*

(2) *Als Erhöhung von Preisen und Entgelten ist auch jede Verschlechterung der Gegenleistung und der Zahlungs- und Lieferungsbedingungen sowie die ungerechtfertigte Weigerung anzusehen, Waren herzustellen oder zu liefern.*

§ 3

*Der Reichsstatthalter im Sudetengau kann in volkswirtschaftlich begründeten Fällen oder zum Ausgleich unbilliger Härten Ausnahmen von den Vorschriften dieser Verordnung zulassen oder anordnen.*

§ 4

(1) *Wer den Bestimmungen dieser Verordnung vorsätzlich oder fahrlässig zuwiderhandelt, wird mit Gefängnis und Geldstrafe, letztere*

*in unbegrenzter Höhe, oder mit einer dieser Strafen bestraft. Dabei kann die Einziehung des erzielten Entgelts und der Gegenstände, auf die sich die strafbare Handlung bezieht, sowie die öffentliche Bekanntmachung des Urteils verfügt werden.*

(2) *Die Strafverfolgung tritt nur auf Antrag ein; der Strafantrag kann zurückgenommen werden.*

(3) *Wird ein Strafantrag nicht gestellt oder wird er zurückgenommen, so kann die örtlich zuständige Preisüberwachungsstelle gegen das Unternehmen und gegen die schuldigen Personen Geldstrafe in unbegrenzter Höhe festsetzen. Daneben kann die Schließung des Betriebes, in dem die Zuwiderhandlung begangen worden ist, auf Zeit oder Dauer verfügt oder seine Weiterführung von Auflagen abhängig gemacht werden. Auch kann den schuldigen Einzelpersonen auf dem Gebiete, auf dem die Zuwiderhandlung begangen worden ist, jede Tätigkeit untersagt oder ihre weitere Tätigkeit von Auflagen abhängig gemacht werden.*

(4) *Ist jemand im gerichtlichen Verfahren rechtskräftig zu einer Strafe verurteilt oder ist gegen ihn eine Ordnungsstrafe festgesetzt worden, so kann ihm die Preisüberwachungsstelle auferlegen, die Kosten, die durch die Ermittlung der Zuwiderhandlung erwachsen sind, der die Untersuchung führenden Stelle zu erstatten. Mehrere Verpflichtete haften als Gesamtschuldner.*

*§ 5*

*Die Vorschriften dieser Verordnung gelten nicht, soweit vom Reichskommissar für die Preisbildung oder den von ihm beauftragten Stellen in anderen Vorschriften, Anordnungen oder Ausnahmebewilligungen Preise festgesetzt worden sind oder werden.*

*§ 6*

*Die Verordnung über die Preisbildung in den sudetendeutschen Gebieten vom 22. Oktober 1938 (Reichsgesetzbl. I S. 1456) wird für das Gebiet des Reichsgaues Sudetenland aufgehoben.*

*§ 7*

*Die Verordnung tritt mit dem Tage der Verkündung in Kraft.*

## c) Verordnung über das Verbot von Preiserhöhungen in den eingegliederten Ostgebieten.

Vom 12. Dezember 1940 (RGBl. I S. 1584).

*§ 1. Grundsatz der Preisbildung*

*Das Fordern und Gewähren volkswirtschaftlich nicht gerechtfertigter Preise und sonstiger Entgelte für Güter und Leistungen jeder Art ist verboten.*

*§ 2. Preiserhöhungsverbot*

(1) *Preise und sonstige Entgelte für Güter und Leistungen jeder Art dürfen nicht erhöht werden. Dieses Verbot gilt rückwirkend vom 1. Oktober 1940 ab.*

*(2) Beiderseitig erfüllte Verträge bleiben von der Rückwirkung des Preiserhöhungsverbots unberührt.*

*(3) Unter das Verbot der Ziffer 1 fällt auch jede Verschlechterung der Leistungen, der Zahlungs- und Lieferungsbedingungen sowie die ungerechtfertigte Weigerung, Waren zu dem bisherigen Preise zu liefern.*

*§ 3. Oberste Preisgrenze*

*Preise und sonstige Entgelte jeder Art dürfen die Preise oder sonstigen Entgelte für vergleichbare Güter und Leistungen der benachbarten Teile des Altreichs nicht übersteigen.*

*§ 4. Ausnahmegenehmigungen*

*Der Reichskommissar für die Preisbildung oder die von ihm bestimmten Stellen können aus volkswirtschaftlichen Gründen oder zum Ausgleich unbilliger Härten in Einzelfällen oder allgemein Ausnahmen von den Vorschriften dieser Verordnung zulassen oder anordnen.*

*§ 5. Sonderrecht*

*Die Vorschriften der §§ 2 und 3 gelten nicht, soweit vom Reichskommissar für die Preisbildung oder den von ihm beauftragten Stellen in anderen Vorschriften, Anordnungen oder Ausnahmebewilligungen Preise festgesetzt worden sind oder werden*

*§ 6. Durchführungsvorschriften*

*Der Reichskommissar für die Preisbildung oder die von ihm beauftragten Stellen erlassen die zur Durchführung und Ergänzung dieser Verordnung erforderlichen Rechts- und Verwaltungsvorschriften.*

*§ 7. Geltungsbereich und Inkrafttreten*

*(1) Die Verordnung gilt in den eingegliederten Ostgebieten und dem Gebiet der bisherigen Freien Stadt Danzig.*

*(2) Die Verordnung tritt am Tage der Verkündung in Kraft.*

## 2. Verordnung über Strafen und Strafverfahren bei Zuwiderhandlungen gegen Preisvorschriften

### (Preisstrafrechtsverordnung)

Vom 3. Juni 1939 (RGBl. I S. 999) und vom 28. August 1941 (RGBl. I S. 539).

### Vorbemerkung

Die Preisstrafrechtsverordnung hat durch die Verordnung zur Änderung der Verordnung über Strafen und Strafverfahren bei Zuwiderhandlungen gegen Preisvorschriften vom 28. August 1941 (RGBl. I S. 539) in den §§ 3, 5, 6, 8, 12, 16, 18, 23, 26, 28, 31, 34, 37 und 41 Änderungen erfahren, die bei den einzelnen Vorschriften berücksichtigt sind.

Die Neuregelung ist gemäß § 3 Abs. 1 der AbändVO. grundsätzlich am 8. September 1941 in Kraft getreten. Die durch die Neufassung der § 3 Abs. 6 und § 8 Abs. 4 getroffene Neuregelung der Abführung von Mehrerlösen gilt jedoch gemäß

§ 3 Abs. 2 AbändVO. auch für die vor dem Inkrafttreten dieser Verordnung erzielten Mehrerlöse.

Eine zusammenfassende Darstellung der PreisStrVO. findet sich in den Erläuterungen zu § 4 PVG.

---

Auf Grund des Gesetzes zur Durchführung des Vierjahresplans — Bestellung eines Reichskommissars für die Preisbildung — vom 29. Oktober 1936 (Reichsgesetzblatt I S. 927) in Verbindung mit der Zweiten Verordnung zur Einführung des Vierjahresplans im Lande Österreich vom 27. März 1938 (Reichsgesetzbl. I S. 315) und der Verordnung über die Aufgaben des Reichskommissars für die Preisbildung in den sudetendeutschen Gebieten vom 18. Oktober 1938 (Reichsgesetzbl. I S. 1444) wird mit Zustimmung des Beauftragten für den Vierjahresplan verordnet:

## Allgemeines Strafrecht

### § 1

(1) Wer den Vorschriften der Anordnungen des Reichskommissars für die Preisbildung oder der von ihm mit der Preisbildung beauftragten Stellen vorsätzlich oder fahrlässig zuwiderhandelt, wird mit Gefängnis oder Geldstrafe oder mit einer dieser Strafen bestraft. Das Höchstmaß der Geldstrafe ist unbeschränkt.

(2) Die gleiche Strafe trifft denjenigen, der den Vorschriften oder Anordnungen anderer staatlicher oder staatlich ermächtigter Stellen über Preise, Preisspannen, Zuschläge oder Abschläge, Zahlungsbedingungen, Preisauszeichnungen, Preisbindungen oder andere der Preisbildung oder dem Preisschutz dienende Maßnahmen vorsätzlich oder fahrlässig zuwiderhandelt.

(3) Als Zuwiderhandlung gilt jede Handlung, durch die die Vorschriften oder Anordnungen unmittelbar oder mittelbar umgangen werden.

(4) Der Versuch ist strafbar.

(5) Hat der Täter wissentlich und gewissenlos aus grobem Eigennutz gehandelt oder ist er vor Begehung der neuen vorsätzlichen Tat schon einmal wegen vorsätzlichen Vergehens gegen die in den Abs. 1 und 2 bezeichneten Vorschriften rechtskräftig verurteilt worden, so kann an Stelle der Gefängnisstrafe auf Zuchthaus bis zu zehn Jahren erkannt werden.

### § 2

Verletzt dieselbe Handlung die Vorschriften des § 1 und andere Strafgesetze, so kann auch neben der Freiheitsstrafe aus dem anderen Strafgesetz auf die nach § 1 zulässige Geldstrafe erkannt werden.

### § 3*)

(1) In dem Urteil kann ohne Rücksicht auf Eigentumsverhältnisse und sonstige Rechte Dritter auf Einziehung der Gegenstände erkannt werden, auf die sich die strafbare Handlung bezieht oder die durch die strafbare Handlung erlangt sind.

(2) Die Einziehung unterbleibt, wenn der von ihr Betroffene nachweist, daß er von der Straftat weder Kenntnis hatte noch haben konnte und daß er von der

---

*) § 1 Ziff. 1 der AbänderungsVO. vom 28. August 1941 ist sinngemäß dahin zu ergänzen, daß der bisherige Absatz 2 des § 3 aufgehoben und durch den neuen Absatz 7 ersetzt wird. Nur dadurch ist die angeordnete Änderung der bisherigen Absätze 3 bis 6 in Abs. 2 bis 5 möglich.

Straftat auch keinen Vorteil gehabt hat. Rechte eines anderen an eingezogenen Gegenständen bleiben insoweit bestehen, als diese Voraussetzungen in seiner Person vorliegen.

(3) Macht ein anderer als der Beschuldigte an einem der Einziehung unterliegenden Gegenstande Rechte geltend, oder liegen Tatsachen vor, aus denen zu schließen ist, daß solche Rechte bestehen, so soll dem anderen Gelegenheit gegeben werden, nachzuweisen, daß die Voraussetzungen für die Einziehung nicht vorliegen oder ihm Rechte an dem der Einziehung unterliegenden Gegenstande zustehen. Der Nachweis kann bis zum Ausspruch der Einziehung geführt werden. Erfolgt der Nachweis erst nach Erlaß der die Einziehung aussprechenden Entscheidung, so kann das Gericht den Ausspruch über die Einziehung aufheben oder einschränken.

(4) Im übrigen gehen das Eigentum und sonstige Rechte an den eingezogenen Gegenständen mit der Rechtskraft der Entscheidung auf das Reich über.

(5) Für einen Rechtserwerb, der nach der Rechtskraft der Entscheidung eintritt, gelten die Vorschriften des bürgerlichen Rechtes zugunsten derer, die Rechte von einem Nichtberechtigten herleiten.

(6) Hat der Beschuldigte durch die strafbare Handlung Preise erzielt, die höher sind als die zulässigen Preise, so ist in dem Urteil auszusprechen, daß er den Mehrerlös an das Reich abzuführen hat. Die Höhe des Mehrerlöses ist ziffernmäßig zu bestimmen; sie kann geschätzt werden. Die Abführung des Mehrerlöses kann dem Täter auch auferlegt werden, wenn der äußere Tatbestand einer Straftat nach § 1 vorliegt, ein Verschulden jedoch nicht nachzuweisen ist oder eine Bestrafung aus anderen Gründen nicht erfolgen kann. Die Abführung des Mehrerlöses kann dem Täter nicht mehr auferlegt oder der Abführungsanspruch kann nicht mehr vollstreckt werden, wenn die Straftat oder die Vollstreckung einer dafür erkannten Strafe verjährt ist oder, falls eine Bestrafung nicht erfolgt ist, die Vollstreckung einer Geldstrafe in gleicher Höhe verjährt wäre.

(7) Ist der Beschuldigte abwesend oder kann keine bestimmte Person verfolgt oder verurteilt werden, so kann auf Antrag der Staatsanwaltschaft die Einziehung oder die Anordnung über die Abführung des Mehrerlöses durch Beschluß des Gerichts ausgesprochen werden. Gegen den Beschluß findet die sofortige Beschwerde nach Maßgabe der Strafprozeßordnung statt.

## § 4

Das Gericht kann anordnen, daß die Verurteilung auf Kosten des Verurteilten öffentlich bekannt gemacht wird. Die Art der Bekanntmachung sowie die Frist, innerhalb deren sie zu erfolgen hat, sind in dem Urteil zu bestimmen.

## § 5

(1) Die Strafverfolgung tritt nur auf Verlangen des Reichskommissars für die Preisbildung oder der von ihm oder mit seiner Zustimmung hierzu ermächtigten Behörden ein. Das Verlangen ist unzulässig, wenn wegen derselben Handlung eine Ordnungsstrafe rechtskräftig festgesetzt worden ist.

(2) Das Verlangen kann bis zur Rechtskraft des Urteils zurückgenommen werden.

## § 6

(1) Örtlich zuständig für das Verlangen der Strafverfolgung ist die Behörde, in deren Bezirk der Täter seinen Wohnsitz oder in Ermangelung eines Wohnsitzes einen dauernden Aufenthalt hat.

(2) Ist die Zuwiderhandlung im Geschäftsbetrieb einer Handelsgesellschaft, einer juristischen Person oder sonstigen Personenvereinigung begangen worden, so ist die Behörde zuständig, in deren Bezirk das Unternehmen seinen Sitz hat. Richtet sich die Strafverfolgung lediglich gegen Leiter oder Angestellte einer Zweigniederlassung oder eines sonstigen Zweigbetriebes, so ist die Behörde zuständig, in deren Bezirk sich die Zweigniederlassung oder der Zweigbetrieb befindet; das gleiche gilt, wenn das Unternehmen seinen Sitz im Ausland hat.

(3) Ist die Zuwiderhandlung bei der Veräußerung oder Verpachtung von Grundstücken oder bei der Vermietung oder Verpachtung von Räumen begangen, so ist die Behörde zuständig, in deren Bezirk die Grundstücke oder Räume gelegen sind.

(4) Bei zusammenhängenden Zuwiderhandlungen, welche einzeln zur Zuständigkeit verschiedener Behörden gehören würden, ist jede dieser Behörden sowie die Behörde zuständig, in deren Bezirk die strafbare Handlung begangen worden ist.

(5) Ist hiernach eine Zuständigkeit nicht oder mehrfach begründet, so ist die Behörde zuständig, die zuerst mit der Sache befaßt worden ist. Sie kann die Sache an die andere zuständige Behörde abgeben, wenn dies zweckmäßig erscheint. In Zweifelsfällen bestimmt die gemeinsame höhere Behörde (Preisüberwachungs- oder Preisbildungsstelle) die zuständige Behörde. Der Reichskommissar für die Preisbildung kann in besonderen Fällen die Zuständigkeit abweichend bestimmen.

## § 7

Die Anklage kann vor den auf Grund der Verordnung der Reichsregierung vom 21. März 1933 (Reichsgesetzbl. I S. 136) errichteten Sondergerichten erhoben werdeu.

## Ordnungsstrafrecht

### Strafmaßnahmen

## § 8

(1) Bei Zuwiderhandlungen der im § 1 bezeichneten Art können die im § 26 genannten Behörden gegen die schuldigen Personen (Täter und Teilnehmer) Ordnungsstrafen in Geld festzusetzen. Wird die Zuwiderhandlung in einem Geschäftsbetrieb begangen, so können außerdem gegen die Inhaber oder Leiter des Geschäftsbetriebes Ordnungsstrafen in Geld festgesetzt werden, wenn sie nicht nachweisen, daß sie die im Verkehr erforderliche Sorgfalt zur Verhütung der strafbaren Handlung angewandt haben.

(2) Ist Inhaber des Geschäftsbetriebes eine Handelsgesellschaft, eine juristische Person oder sonstige Personenvereinigung, so ist der Nachweis an Stelle des Inhabers von den zur gesetzlichen Vertretung befugten Personen zu führen.

(3) Das Höchstmaß der Geldstrafe ist unbeschränkt.

(4) Die Einziehung von Gegenständen, die Abführung des Mehrerlöses und die öffentliche Bekanntmachung der Bestrafung kann entsprechend den Vorschriften der §§ 3 und 4 bestimmt werden. Die Abführung des Mehrerlöses kann auch dem Inhaber oder einem am Gewinn des Geschäftsbetriebes Beteiligten ganz oder teilweise auferlegt werden.

(5) Die Festsetzung der Ordnungsstrafe ist nur zulässig, wenn ein Verlangen auf Strafverfolgung nach § 5 nicht gestellt oder zurückgenommen worden ist.

(6) In Fällen von geringerer Bedeutung kann statt der Ordnungsstrafe eine schriftliche Verwarnung erteilt werden. Sie ist gebührenpflichtig. Eine Anfechtung findet nicht statt.

## § 9

(1) Verstößt eine nach § 8 strafbare Handlung zugleich gegen andere Vorschriften über Ordnungsstrafen, so erfolgt die Festsetzung von Ordnungsstrafen und Maßnahmen der im § 10 genannten Art nur nach den Vorschriften dieser Verordnung. Dies gilt nicht, wenn die im § 26 bezeichneten Behörden im Einzelfall von der Festsetzung einer Strafe absehen. Erfolgt die Festsetzung der Ordnungsstrafe nach den Vorschriften dieser Verordnung, so bleiben die nach anderen Vorschriften bestehenden Befugnisse anderer Stellen, sonstige nach dieser Verordnung nicht zulässige Maßnahmen zu verhängen, unberührt.

(2) Die zur Festsetzung von Strafmaßnahmen wegen Verletzung anderer Vorschriften zuständigen Stellen haben die im § 26 bezeichneten Behörden über die von ihnen ermittelten Verletzungen dieser Verordnung zu unterrichten.

## § 10

(1) Allein oder neben der Ordnungsstrafe oder einer rechtskräftigen gerichtlichen Bestrafung kann die völlige oder teilweise Schließung des gewerblichen Betriebes des Schuldigen oder des Betriebes, in dem die Zuwiderhandlung begangen worden ist, auf Zeit oder Dauer verfügt oder seine Weiterführung von Auflagen abhängig gemacht werden.

(2) In gleicher Weise kann den schuldigen Personen auf dem Gebiet, auf dem die Zuwiderhandlung erfolgt ist, die Tätigkeit oder Betriebsführung auf Zeit oder Dauer ganz oder teilweise untersagt oder die weitere Tätigkeit oder Betriebsführung von Auflagen abhängig gemacht werden.

(3) Die Maßnahmen können nach Rechtskraft der Entscheidung auf Kosten der Betroffenen öffentlich bekanntgemacht werden.

## § 11

Ist dem Betroffenen oder seinem Beauftragten für den untersagten Betrieb oder die untersagte Tätigkeit eine behördliche Erlaubnis (Wandergewerbeschein, Legitimationskarte, Konzessionsurkunde oder ein ähnliches Ausweispapier) erteilt, so hat die Betriebsschließung und die Tätigkeitsuntersagung den Verlust oder die Einschränkung der Erlaubnis zur Folge.

### Verjährung

## § 12

Die Vorschriften des Strafgesetzbuchs über die Verjährung der Strafverfolgung und Strafvollstreckung von Vergehen finden auf das Ordnungsstrafverfahren sinngemäß mit der Maßgabe Anwendung, daß die Strafverfolgung in fünf Jahren und die Strafvollstreckung bei Ordnungsstrafen bis 150 Reichsmark in zwei Jahren, im übrigen in fünf Jahren verjährt. Einer Handlung, die nach dem Strafgesetzbuch die Verjährung unterbricht, stehen entsprechende Handlungen der mit der Festsetzung oder der Vollstreckung von Ordnungsstrafen beauftragten Behörden gleich.

### Nichtbeachtung von Strafmaßnahmen

## § 13

Rechtsgeschäfte, die von den Betroffenen entgegen der Vorschrift des § 10 oder in Umgehung dieser Vorschrfit, insbesondere durch vorgeschobene Personen vorgenommen werden, sind nichtig. Für Verfügungen dieser Art gelten die Vorschriften des bürgerlichen Rechts zugunsten derer, die Rechte von einem Nichtberechtigten herleiten, entsprechend. Im übrigen wirkt die Nichtigkeit nicht zum Nachteil dessen, der die Betriebsschließung oder die Tätigkeitsuntersagung ohne grobe Fahrlässigkeit nicht kannte.

§ 14

(1) Wer entgegen einem nach § 10 ausgesprochenen Verbot selbst oder durch eine vorgeschobene Person Geschäfte betreibt oder die ihm untersagte Tätigkeit oder Betriebsführung ausübt, wird mit Gefängnis bis zu zwei Jahren und mit Geldstrafe oder mit einer dieser Strafen bestraft.

(2) Dieselbe Strafe trifft denjenigen, der mit diesen oder für diese Personen ein Geschäft abschließt, obwohl ihm bekannt war, daß ihnen die geschäftliche Tätigkeit oder Betriebsführung untersagt oder das Geschäft geschlossen worden ist.

(3) Neben der Strafe kann auf Einziehung der Gegenstände, auf die sich der unzulässige Betrieb oder die unzulässige Tätigkeit bezieht, und der zur Fortführung des Betriebes oder der Tätigkeit bestimmten oder verwendeten Gegenstände und Einrichtungen erkannt werden, wenn diese Gegenstände dem Täter oder einem Teilnehmer gehören.

(4) Die Vorschriften des § 3 Abs. 2, 5 und 6 finden entsprechende Anwendung.

## Ermittlungsverfahren

§ 15

(1) Die Behörden und Beamten der Polizei haben Verstöße gegen die Preisvorschriften zu erforschen und alle keinen Aufschub gestattenden Anordnungen zu treffen, um die Verdunklung der Sache zu verhüten.

(2) Sie übersenden ihre Verhandlungen ohne Verzug der für die Anordnung von Ordnungsstrafen zuständigen Behörde.

§ 16

(1) Die mit der Preisüberwachung beauftragten Behörden können von allen öffentlichen Behörden, von Berufsvertretungen sowie natürlichen und juristischen Personen (Auskunftspersonen) Auskünfte verlangen, soweit dies zur Überwachung der Preisgestaltung erforderlich ist. Sie können ferner Ermittlungen jeder Art mit Ausschluß von eidlichen Vernehmungen, Beschlagnahmen und Durchsuchungen entweder selbst vornehmen oder durch die Behörden und Beamten der Polizei vornehmen lassen. Diese sind verpflichtet, dem Ersuchen der mit der Preisüberwachung beauftragten Behörden zu genügen.

(2) Die Gerichte sind gleichfalls zur Amts- und Rechtshilfe verpflichtet.

(3) Ist zu befürchten, daß der Beschuldigte in Erwartung eines Ordnungsstrafbescheids Vermögenswerte beiseite schafft, so können die mit der Preisüberwachung beauftragten Behörden ihm die Verfügung über einzelne Vermögensstücke einstweilen untersagen. Das Verbot ist dem Beschuldigten zuzustellen. Dritte, denen das Verbot zugestellt worden ist, oder die auf andere Weise sichere Kenntnis davon erlangt haben, dürfen nicht zu seinen Gunsten über die Vermögensstücke verfügen oder Anweisungen befolgen, die der Beschuldigte entgegen dem Verbot erteilt hat. Bei Zuwiderhandlungen gegen das Verfügungsverbot gelten die §§ 13 und 14 sinngemäß.

§ 17

(1) Vor der Festsetzung einer Ordnungsstrafe ist der Beschuldigte über die ihm zur Last gelegte Zuwiderhandlung und seine persönlichen Verhältnisse zu vernehmen.

Ihm ist Gelegenheit zu geben, die gegen ihn vorliegenden Verdachtsgründe zu beseitigen.

(2) Leistet der Beschuldigte der Vorladung zur Vernehmung keine Folge, so kann die zwangsweise Vorführung angeordnet werden. Sie erfolgt durch die zuständige Polizeibehörde.

## § 18

(1) Über die Vernehmung der Beschuldigten und Zeugen soll eine Niederschrift aufgenommen werden, die vom Untersuchungsführer und, wenn ein Urkundsbeamter zugezogen ist, auch von diesem zu unterschreiben ist. Die Niederschrift soll Ort und Tag der Verhandlung sowie die Namen der mitwirkenden und beteiligten Personen ersehen lassen.

(2) Die Niederschrift ist den Beteiligten, soweit sie davon betroffen werden, zur Genehmigung vorzulesen oder zur eigenen Durchsicht vorzulegen. Die erfolgte Genehmigung ist zu vermerken und die Niederschrift von den Beteiligten entweder zu unterschreiben oder darin anzugeben, weshalb die Unterschrift unterblieben ist.

(3) Die Niederschrift über die Angaben des Beschuldigten ist nicht erforderlich, wenn der Beschuldigte darauf verzichtet. In diesem Falle sind die Angaben des Beschuldigten inhaltlich in den Akten zu vermerken.

## § 19

(1) Bei der Vernehmung von Zeugen und Sachverständigen sind die Vorschriften der Strafprozeßordnung über das Aussageverweigerungsrecht sinngemäß anzuwenden.

(2) Auf die Erteilung und Einholung von Auskünften finden die gleichen Vorschriften sinngemäß Anwendung.

(3) Eidliche Vernehmungen von Zeugen und Sachverständigen können durch die zuständigen Amtsgerichte nach den für sie gültigen Strafverfahrensvorschriften vorgenommen werden.

## § 20

(1) Jeder Zeuge hat nach den für die vernehmende Behörde geltenden Vorschriften Anspruch auf eine Entschädigung für notwendige Auslagen und Zeitversäumnisse aus der Staatskasse.

(2) Sachverständigen kann neben dem Ersatz der notwendigen Auslagen eine angemessene Vergütung gewährt werden.

## § 21

(1) Wer Auskunft zu erteilen hat, ist verpflichtet, der ersuchenden Behörde auf Verlangen diejenigen Gegenstände, insbesondere Urkunden und Schriftstücke einschließlich der einschlägigen Stellen seiner Geschäftsbücher zur Einsicht oder Nachprüfung vorzulegen, die sich auf bestimmt zu bezeichnende Vorgänge beziehen. Unter den gleichen Voraussetzungen hat er Einsicht in Räume und verschlossene Behältnisse zu gewähren, die er dem Zuwiderhandelnden überlassen hat. § 19 Abs. 1 und 2 finden keine Anwendung.

(2) In dringenden Fällen kann die Vorlegung unmittelbar erzwungen werden.

## § 22

(1) Verweigern Zeugen, Sachverständige oder private Auskunftspersonen vor den mit der Preisüberwachung beauftragten Behörden ohne einen nach § 19 Abs. 1 oder 2 zulässigen Grund ihr Zeugnis, das Gutachten oder die verlangte Aus-

kunft oder verweigern sie die im § 21 geregelte Vorlegung oder leisten sie der nach § 24 Abs. 2 Satz 1 zugestellten Ladung nicht Folge, so können der Reichskommissar für die Preisbildung oder die Preisüberwachungsstellen und im Beschwerdeverfahren die Beschwerdebehörden gegen sie Ordnungsstrafen bis zu 100000 Reichsmark festsetzen. Zugleich können ihnen die durch ihre Weigerung oder ihr Ausbleiben verursachten Kosten auferlegt werden.

(2) Beim Ausbleiben eines Zeugen oder Sachverständigen kann die Vorführung durch die zuständige Polizeibehörde angeordnet werden. Die Polizeibehörde hat dem Ersuchen stattzugeben.

(3) Diese Maßnahmen sind mit der Beschwerde anfechtbar; die Vorschriften der §§ 28 bis 31 und 32 Abs. 2 sind entsprechend anzuwenden.

(4) Entschuldigt ein ausgebliebener Zeuge oder Sachverständiger sich nachträglich genügend, so sind die getroffenen Maßnahmen wieder aufzuheben. Die Einziehung der festgesetzten Ordnungsstrafen und Kosten erfolgt nach § 34 Abs. 1 und 3.

### § 23

(1) Der Sachverständige hat über das, was ihm durch seine Tätigkeit bekannt wird, Verschwiegenheit zu bewahren. Insbesondere ist ihm die unbefugte Verwertung von Betriebs- und Geschäftsgeheimnissen untersagt. Er ist hierauf besonders zu verpflichten.

(2) Zuwiderhandlungen werden mit Gefängnis bis zu zwei Jahren bestraft.

(3) Die Strafverfolgung tritt nur auf Antrag des Verletzten oder auf Verlangen der im § 5 bezeichneten Behörden ein.

(4) Die Abs. 2 und 3 finden keine Anwendung, sofern nach anderen Vorschriften eine höhere Strafe verwirkt ist.

## Zustellung, Fristen

### § 24

(1) Strafbescheide sind den Betroffenen zuzustellen.

(2) Auf das Verfahren bei der Zustellung finden die Vorschriften der Zivilprozeßordnung über Zustellungen von Amts wegen mit Ausnahme der §§ 189, 203 bis 207, 210a und 212a entsprechende Anwendung. Ist die Zustellung in der vorgeschriebenen Weise nicht ausführbar, so gilt sie als erfolgt, wenn der entscheidende Teil des Strafbescheides im Deutschen Reichs- und Preußischen Staatsanzeiger bekanntgemacht worden ist und seit dem Erscheinen des Blattes zwei Wochen verflossen sind.

(3) Die gebührenpflichtige Verwarnung kann durch eingeschriebenen Brief oder Übergabe an den Beschuldigten gegen Empfangsbekenntnis zugestellt werden.

### § 25

(1) Für die Berechnung der Fristen finden §§ 42 und 43 der Strafprozeßordnung und bei Versäumung einer Frist die §§ 44 bis 47 der Strafprozeßordnung entsprechende Anwendung.

(2) Gegen die Verweigerung der Wiedereinsetzung ist die Beschwerde zulässig; die §§ 28 bis 31 und 32 Abs. 2 sind entsprechend anzuwenden.

## Festsetzung der Strafe

### § 26

(1) Die Festsetzung von Ordnungsstrafen und der übrigen in den §§ 8 und 10 vorgesehenen Maßnahmen erfolgt durch den Reichskommissar für die Preisbildung oder die von ihm oder mit seiner Zustimmung hierzu ermächtigten Behörden.

(2) Das Recht anderer Stellen, wegen Verletzung der im § 1 Abs. 2 bezeichneten Vorschriften und Anordnungen Ordnungsstrafen in Geld zu verhängen oder Maßnahmen nach § 10 anzuordnen, ruht.

(3) Örtlich zuständig sind die Behörden, die nach § 6 für das Verlangen der Strafverfolgung zuständig sind. Die gebührenpflichtige Verwarnung kann auch von der Behörde erteilt werden, in deren Bezirk sich der Ort der Zuwiderhandlung befindet; § 6 Abs. 5 ist entsprechend anzuwenden.

(4) Ist die Behörde, in deren Bezirk eine Zuwiderhandlung begangen worden ist, für die Festsetzung der Ordnungsstrafe nicht örtlich zuständig, so hat sie die erforderlichen Ermittlungen zu treffen und ihre Vorgänge der zuständigen Behörde weiterzuleiten; sie kann in dringenden Fällen für ihren Bezirk auch vorläufige Maßnahmen nach § 10 treffen.

### § 27

Der Strafbescheid über die Ordnungsstrafe oder die Maßnahmen nach § 8 Abs. 4 und § 10 sind zu begründen. In der Begründung sind die strafbare Handlung, die verletzten Vorschriften, die Beweismittel und die Rechtsmittel anzugeben.

## Rechtsmittel

### § 28

(1) Gegen den Strafbescheid steht den Betroffenen die Beschwerde zu. Dies gilt nicht, wenn der Reichskommissar für die Preisbildung den Strafbescheid selbst erlassen hat.

(2) Strafbescheide über Ordnungsstrafen, die im Einzelfalle den Betrag von 20 Reichsmark nicht übersteigen und neben denen Maßnahmen nach §§ 3 oder 10 nicht verfügt worden sind, sind nur anfechtbar, wenn die festsetzende Behörde die Beschwerde im Hinblick auf die grundsätzliche Bedeutung oder die besonderen Umstände des Einzelfalls ausdrücklich zugelassen hat. Der Reichskommissar für die Preisbildung bestimmt den Zeitpunkt, in dem diese Vorschrift außer Kraft tritt.

### § 29

(1) Die Beschwerde ist innerhalb einer Woche nach der Zustellung des Strafbescheides bei der Behörde, die den Strafbescheid erlassen hat, schriftlich einzureichen oder mündlich zur Niederschrift zu erklären. Durch die Einlegung bei der Beschwerdebehörde wird die Frist gewahrt.

(2) Erachtet die Behörde, deren Bescheid angefochten worden ist, die Beschwerde für begründet, so hat sie ihr abzuhelfen; andernfalls hat sie die Beschwerde an die Beschwerdebehörde weiterzuleiten.

### § 30

Die Beschwerde hat keine aufschiebende Wirkung; die Beschwerdebehörde kann jedoch anordnen, daß die Vollstreckung des angefochtenen Bescheides auszusetzen ist.

### § 31

(1) Über die Beschwerde entscheidet, wenn sie gegen den Strafbescheid der unteren Verwaltungsbehörde gerichtet ist, die Preisüberwachungsstelle, in den übrigen Fällen die Preisbildungsstelle. In Berlin entscheidet statt des Stadtpräsidenten der Polizeipräsident persönlich oder sein allgemeiner Vertreter oder eine vom Polizeipräsidenten einzurichtende Beschwerdestelle.

(2) Der Reichskommissar für die Preisbildung kann durch Verwaltungsanweisung für bestimmte Gebiete die Entscheidung über die Beschwerde an sich ziehen.

(3) Der Reichskommissar für die Preisbildung kann rechtskräftige Ordnungsstrafbescheide der nachgeordneten Preisbehörden binnen einem Jahr nach Eintritt der Rechtskraft aufheben, wenn der Ordnungsstrafbescheid wegen eines Fehlers bei der Anwendung des Rechts ungerecht ist.

§ 32

(1) Der Strafbescheid kann im Beschwerdeverfahren auch zum Nachteil des Betroffenen geändert werden.

(2) Die Entscheidung der Beschwerdebehörde ist endgültig.

(3) § 27 findet entsprechende Anwendung.

Unterwerfungsverfahren

§ 33

Räumt der Beschuldigte die Zuwiderhandlung ein, so kann er sich in einer die wesentlichen Tatumstände und verletzten Vorschriften enthaltenden Niederschrift einer zugleich festzusetzenden Ordnungsstrafe unterwerfen. Die Unterwerfung steht der rechtskräftigen Festsetzung einer Ordnungsstrafe gleich.

Vollstreckung

§ 34

(1) Die Vollstreckung des Strafbescheides erfolgt mit Ausnahme der im § 10 vorgesehenen Maßnahmen nach den landesrechtlichen Vorschriften im Verwaltungszwangsverfahren.

(2) Die Maßnahmen nach § 10 hat die Behörde durchzuführen, welche die Maßnahmen im ersten Rechtszug angeordnet hat. Diese Behörde ist auch zuständig für die Bewilligung von Teilzahlungen und Zahlungsfristen. Teilzahlungen werden zunächst auf die Strafe und dann auf den abzuführenden Mehrerlös angerechnet.

(3) In den Nachlaß kann nur vollstreckt werden, wenn der Strafbescheid bei Lebzeiten des Bestraften rechtskräftig geworden ist.

§ 35

(1) Sind Warenvorräte der durch Anordnungen nach § 10 betroffenen Betriebe während der Dauer der Schließung des Betriebes dem Verderb oder einer wesentlichen Wertminderung ausgesetzt, so kann die für die Anordnung nach § 10 zuständige Behörde die für die rechtzeitige Verwertung der Vorräte notwendigen Maßnahmen treffen. Die Durchführung der Maßnahmen geschieht auf Rechnung und Gefahr des Betriebsinhabers.

(2) Streitigkeiten über die Notwendigkeit oder die Art der Maßnahmen entscheidet unter Ausschluß des Rechtsweges die Behörde, die nach § 31 über Beschwerden gegen die Anordnungen zu entscheiden hat. Hat der Reichskommissar für die Preisbildung die Maßnahmen getroffen, so entscheidet er selbst. Diese Entscheidungen sind endgültig.

Kosten des Verfahrens

§ 36

Die Kosten des Ordnungsstrafverfahrens sind dem Bestraften aufzuerlegen. Mehrere wegen derselben Zuwiderhandlung Bestrafte haften für die Auslagen als Gesamtschuldner; dies gilt nicht für die durch die Vollstreckung entstandenen Auslagen.

## § 37*)

(1) Die Gebühr für den Erlaß jedes Strafbescheides beträgt 5 vom Hundert des Betrages der auferlegten Geldstrafe und des Wertes der sonstigen Maßnahmen, mindestens aber eine und höchstens zehntausend Reichsmark. Für eine erfolglose Beschwerde gegen den Strafbescheid wird dieselbe Gebühr erhoben; sie kann jedoch ermäßigt werden, wenn die Beschwerde teilweisen Erfolg hatte. Der Wert der sonstigen Maßnahmen wird nach freiem Ermessen bestimmt.

(2) An Auslagen werden erhoben:

1. Telegraphische Gebühren und im Fernverkehr zu entrichtende Fernsprechgebühren,
2. Kosten von Zustellungen und öffentlichen Bekanntmachungen,
3. Entschädigungen, die an Zeugen und Sachverständige gezahlt sind,
4. Reisekosten der Beamten bei Geschäften außerhalb des Dienstsitzes,
5. Auslagen anderer Behörden,
6. Kosten der Erhaltung beschlagnahmter Sachen und der Beförderung von Personen oder Sachen,
7. Haftkosten.

(3) Die Vollstreckungskosten werden nach den landesgesetzlichen Vorschriften erhoben.

(4) Für gebührenpflichtige Verwarnungen beträgt die Gebühr eine bis drei Reichsmark. Die Festsetzung erfolgt zugleich mit der Erteilung der Verwarnung und ist nicht anfechtbar. Auslagen werden nicht erhoben.

## Schlußvorschriften

## § 38

(1) Die Verordnung tritt am 1. Juli 1939 in Kraft.

(2) Zugleich treten die Straf- und Strafverfahrensvorschriften außer Kraft, die der Reichskommissar für die Preisbildung oder die von ihm mit der Preisbildung beauftragten Stellen früher erlassen haben oder die in den im § 1 Abs. 2 erwähnten Vorschriften und Anordnungen enthalten oder im Zusammenhang damit erlassen worden sind. Dies gilt nicht für die Straf- und Strafverfahrensvorschriften, die vom Reichskommissar für die Preisbildung zugleich mit anderen Obersten Reichsbehörden, vom Reischnährstand, dessen Zusammenschlüssen oder von dem Reichsminister für Ernährung und Landwirtschaft für Verstöße gegen Vorschriften des Reichsnährstandes und seiner Zusammenschlüsse oder von dem Reichsforstmeister auf Grund des Gesetzes über die Marktordnung auf dem Gebiete der Forst- und Holzwirtschaft vom 16. Oktober 1935 (Reichsgesetzbl. I S. 1239) oder von der Marktvereinigung der deutschen Forst- und Holzwirtschaft erlassen worden sind; diese Straf- und Strafverfahrenvorschriften finden jedoch, soweit die Vorschriften dieser Verordnung gelten, bis auf weiteres keine Anwendung.

(3) Insbesondere treten hiernach außer Kraft:

*(hier nicht abgedruckt)*.

---

*) Nach § 2 der AbänderungsVO. vom 28. August 1941 kann der RfP. den Zeitpunkt für das Außerkrafttreten der Erhöhung der Gebühr in Abs. 4 Satz 1 (eine bis drei Reichsmark) unter Wiederherstellung des bisherigen Rechtszustandes („eine Reichsmark") bestimmen.

§ 39

Unberührt von den Vorschriften dieser Verordnung bleiben:
*(hier nicht abgedruckt)*.

§ 40

Anhängige Beschwerdeverfahren werden nach den bisherigen Vorschriften durchgeführt. Im übrigen gelten vom Inkrafttreten dieser Verordnung an nur die darin vorgesehenen Verfahrensvorschriften.

§ 41

(1) Soweit Vorschriften dieser Verordnung in der Ostmark oder in den sudetendeutschen Gebieten nicht unmittelbar angewandt werden können, sind sie sinngemäß anzuwenden:

(2) Für die Ostmark gilt außerdem folgendes:

a) Stellt die zuständige Behörde ein nach dieser Verordnung zulässiges Verlangen (§ 5), so verfolgt der Staatsanwalt die Zuwiderhandlung. Auf die Stellung des Strafantrags des Verletzten nach § 23 Abs. 3 und dessen Zurücknahme sind die §§ 61 bis 64 des Strafgesetzbuchs für das Deutsche Reich und § 158 der Reichsstrafprozeßordnung anzuwenden.

b) Gegen den Beschluß, der über die Einziehung oder über die Abführung des Mehrerlöses (§ 3 Abs. 7) ergeht, kann binnen drei Tagen Beschwerde bei dem Oberlandesgericht eingelegt werden.

c) Die Vorschriften des § 9 Abs. 1 finden in der Ostmark auch dann entsprechende Anwendung, wenn die nach § 8 strafbare Handlung zugleich den Tatbestand einer Verwaltungsübertretung bildet.

d) Es sind anzuwenden an Stelle der im § 24 genannten Vorschriften der Zivilprozeßordnung die §§ 21 bis 28, 30 und 31 des Allgemeinen Verwaltungsverfahrensgesetzes (BGBl. Nr. 274/1925) und an Stelle der im § 25 genannten §§ 42 bis 47 der Strafprozeßordnung die §§ 32, 33, 71 und 72 des Allgemeinen Verwaltungsverfahrensgesetzes.

e) Die Strafverfolgung der in dieser Verordnung mit Strafe bedrohten Zuwiderhandlungen, die im Sinne des österreichischen Rechts Vergehen sind, verjährt in fünf Jahren.

(3) Die Zuständigkeit des Sondergerichts nimmt in der Ostmark das Oberlandesgericht wahr (Artikel II der Verordnung über die Erweiterung der Zuständigkeit der Sondergerichte vom 20. November 1938 — Reichsgesetzbl. I S. 1632).

§ 42

Der Reichskommissar für die Preisbildung erläßt im Einvernehmen mit den beteiligten Reichsministern die zur Durchführung oder Ergänzung dieser Verordnung erforderlichen Rechts- und Verwaltungsvorschriften.

Der Reichskommissar für die Preisbildung

Der Reichsminister der Justiz

Der Reichsminister des Innern.

## 3. Die Zuständigkeit der Preisbehörden bei Grundstücken

### Fünfte Anordnung über die Wahrnehmung der Aufgaben und Befugnisse des Reichskommissars für die Preisbildung

Vom 6. Oktober 1937 (Deutscher Reichsanzeiger Nr. 238)

Auf Grund des Absatzes III der Überleitungsverordnung zum Gesetz zur Durchführung des Vierjahresplans — Bestellung eines Reichskommissars für die Preisbildung — vom 26. November 1936 (RGBl. S. 955) wird folgendes bestimmt:

Die in Ziffer 1 Abs. 2 der Ersten Anordnung über die Wahrnehmung der Aufgaben und Befugnisse des Reichskommissars für die Preisbildung vom 12. Dezember 1936 (Reichsanzeiger Nr. 291) bezeichneten Befugnisse[1] sowie die Erteilung von Ausnahmebewilligungen auf Grund von § 3 der Verordnung über das Verbot von Preiserhöhungen vom 26. November 1936 (RGBl. S. 955)[2] werden bei Grundstücken[3] den unteren Verwaltungsbehörden[4] — in Preußen den Landräten und Oberbürgermeistern, in den anderen Ländern den entsprechenden Behörden — übertragen[5 6 7 8].

Gegen die Entscheidungen dieser Behörden ist binnen zwei Wochen[9] die Beschwerde[10] an die[11] Aufsichtsbehörde — im Siedlungsverband Ruhrkohlenbezirk an den Verbandspräsidenten — zulässig.

1. Es handelt sich um die Festsetzung von Preisen für einen räumlich begrenzten Bezirk, also um Aufgaben der Preisbildung im Sinne des § 2 PBG., die bei Grundstücken in jedem Fall räumlich begrenzte Wirkung haben. Zur Auslegung der Ermächtigungsvorschrift des § 2 vgl. 4 zu § 2 PBG.

2. Neben der Preisbildung ist auch die Preisüberwachung der Preisbehörde übertragen.

Die Grundsätze, nach denen die Preisbehörden ihre Befugnisse auszuüben haben, sind in dem RE. 155/37 samt Ergänzungen — 3 zu § 2 PBG. — näher bestimmt. Die Bestimmungen enthalten insbes. für die Anwendung der Preisstopverordnung die „für Grundstücke gebotene Rechtsanwendung". Erst die vorstehende Organisationsanordnung (OrgAO.) und der RE. 155/37 ermöglichte die Durchführung der PStopV. Mit Recht stellt RG. V 49/40 vom 19. Dezember 1940 (DR. 1941, 643) fest, daß aus dem in der PStopV. enthaltenen Verbot einer Preiserhöhung für Grundstücke vor der Einführung dieses Gesichtspunktes durch den RE. 155/37 in die Übung der Verwaltungsbehörden und damit in das Rechtsleben kein gesetzliches Verbot eines unangemessenen Preises entnommen werden könnte. Diese, der wirtschaftspolitischen Führungsstellung des RfP. — so Brandt ZAkDR. 1941, 190 — allein entsprechende Auffassung, die die Feststellung des Grundstücksstoppreises als authentische Begriffsbestimmung durch den RfP. und seine Behörden anerkennt — Lampe DR. 1941, 647 —, hat das Reichsgericht leider in der Entscheidung V 99/40 vom 30. Januar 1941 (DR. 1941, 1093) offenbar aufgegeben, wenn dort ausgeführt wird, daß Grundstücksgeschäfte mit unzulässiger Preisvereinbarung — Verstoß gegen PBG. und PStopV. — gemäß der Regel des § 134 BGB. in vollem Umfang nichtig sind und daß „die Ermittlung und ihr Ergebnis, Genehmigung und Versagung (nur) zur Feststellung dessen führen, was von Anfang an Rechtens war". Eine solche Auffassung würde „der durch den RE. 155/37 für Grundstücke gebotenen Rechtsanwendung" insoweit nicht gerecht werden, als die Stellungnahme der dazu berufenen Preisbehörde nicht die vom Gesetzgeber gewünschte Beachtung findet. Es wäre die Klärung der Frage wünschenswert, ob das Reichsgericht den Nichtigkeitsgrund in der Preisüberschreitung als solchen oder in der Beanstandung des Verstoßes gegen die PStopV. durch die Preisbehörde erblickt, vgl. 4 d zu § 2 PBG.

3. **Grundstücke** aller Art, bebaute und unbebaute Grundstücke, ohne Rücksicht auf ihre Größe und die Art ihrer Bewirtschaftung kommen für die Preisbildung und Preisüberwachung in Betracht. Bei der Bestimmung des Betrags des höchstzulässigen Gebots durch die Preisbehörde nach § 1 der VO. über die Behandlung von Geboten in der Zwangsversteigerung vom 30. Juni 1941 (RGBl. I S. 354) ist bei landwirtschaftlichen Grundstücken den Dienststellen des Reichsnährstandes eine besondere Einflußnahme eingeräumt, vgl. 4 Buchst. c zu § 1 dieser VO. Baulandgrundstücke sind nach dem RE. 64/41 vom 10. Juni 1941 zu bewerten.

Die Zuständigkeit der Preisbehörde beschränkt sich auf Rechtsgeschäfte, die ein Grundstück zum Gegenstand haben (Kauf, Tausch); sie erstreckt sich nicht auf Betriebe im ganzen — Handelsbetriebe, Gewerbebetriebe, land- und forstwirtschaftliche Betriebe —. Wenn daher z. B. die zu einem Metzgereibetrieb gehörenden Grundstücke ohne Betriebsinventar gemäß § 313 BGB. veräußert, das Betriebsinventar selbst aber durch private Abmachung überlassen wird, so kann die Preisbehörde nicht auf Grund der Fünften Anordnung die Vorlage der Vereinbarung über das Betriebsinventar verlangen, es sei denn, daß es sich um wesentliche Bestandteile des Grundstücks handelt. Die Eigenschaft als Zubehör des Grundstücks (§ 98 BGB.) rechtfertigt nicht die Ausdehnung der Zuständigkeit der Preisbehörde auf die Zubehörstücke. Wegen der Preisüberwachung bei Veräußerung von Gewerbebetrieben im Rahmen besonderer Genehmigungsverfahren vgl. § 1 AnmeldeAO., §§ 1, 5, 9 EinsatzVO.; 65 zum RE. 155/37.

Die **Nutzungsentgelte** für Grundstücke (Miete, Pacht) sind gesondert geregelt: für landwirtschaftliche Pachten und Fischereien gilt der RE. Nr. 95/37 vom 22. Mai 1937 — abgedruckt unten S. 133 — und für Mieten bei Wohn- und Geschäftsräumen der RE. 184/37 vom 12. Dezember 1937, erl. bei Kiefersauer, Reichsmietengesetz, 6. Aufl. S. 131.

Die Grundstückspreisüberwachung beschränkt sich nicht auf den rechtsgeschäftlichen Verkehr mit Grundstücken, sie gilt vielmehr auch für das Enteignungsverfahren, vgl. 66 zum RE. 155/37. Für das Zwangsversteigerungsverfahren ist eine besondere Mitwirkung der Preisbehörde in der VO. über die Behandlung von Geboten in der Zwangsversteigerung vom 30. Juni 1941 (RGBl. I S. 354) vorgesehen; hier hat die Preisbehörde die Aufgabe, den Betrag des höchstzulässigen Gebots zu bestimmen, das die Grundlage für das Zwangsversteigerungsverfahren bildet, vgl. 4 zu § 1 der VO.

4. Die unteren Verwaltungsbehörden sind **Preisbehörden**; es sind die gleichen Behörden, die für das Genehmigungsverfahren nach der GVB. und dem WohnSG. zuständig sind. In Bayern wie in Preußen sind die Landräte, in Stadtkreisen die Oberbürgermeister zuständig, vgl. Fünfte bayer. Anordnung vom 21. Oktober 1937 (GVBl. S. 295), Bekm. vom 29. September 1940 (GVBl. S. 203);

die bisher kreisunmittelbaren Städte in Bayern sind nicht mehr Preisbehörden, Bay. Bekm. vom 20. September 1940 (GVBl. S. 103).

In der Ostmark ist die Preisbildung bei der Übereignung von Grundstücken grundsätzlich ebenfalls den Stadt- und Landkreisen — in Wien der Gemeindeverwaltung des Reichsgaues Wien — übertragen, § 2 der Dritten Anordnung über die Wahrnehmung der Aufgaben und Befugnisse des Reichskommissars in der Ostmark vom 5. August 1939 (MittBl. I S. 319). Die Preisüberwachung kann ihnen nach § 3 Abs. 2 übertragen werden.

An Stelle der unteren Verwaltungsbehörde tritt die höhere Verwaltungsbehörde, wenn im Einzelfall der Stadt- oder Landkreis selbst am Verfahren beteiligt ist, vgl. den Erl. des RfP. vom 17. Juni 1941 (MittBl. I S. 364), wiederholt im Erl. vom 12. August 1941 (MittBl. II S. 258). Vgl. auch die entsprechende gesetzliche Regelung für das Genehmigungsverfahren in § 9a Abs. 2 ReichsgrenzSichDV. i. d. F. vom 5. Juni 1941 (RGBl. I S. 301).

Wegen der Ermächtigung der Preisüberwachungsstellen, die unteren Preisbehörden zur Verhängung von Ordnungsstrafen bis zu 500 RM. zu ermächtigen, vgl. 63 und 64 zum RE. 155/37, sowie für Bayern die Neunte und Zehnte Bek. über Preisfestsetzung und Preisüberwachung vom 11. Februar und 19. Juni 1939 (GVBl. S. 39, 237).

Örtlich zuständig ist, soweit die Preisüberwachung nicht im Rahmen eines Genehmigungsverfahrens erfolgt (vgl. 6 zu § 2 GVB.; 6 zu § 4 WohnSG.), die Preisbehörde, in deren Bezirk das Grundstück liegt (Grunds. Entscheidungen vom 5. Februar 1938 MittBl. 1938 I Nr. 1 S. 7). Liegt eine oder mehrere der zu einem Grundstück gehörenden Flächen in den Bezirken mehrerer Preisbehörden, so ist die Behörde zuständig, in deren Bezirk der größte Teil des Grundstücks gelegen ist. In Zweifelsfällen wird sie von der gemeinsamen höheren Preisbehörde bestimmt.

5. Das **Verfahren** vor der Preisbehörde ist, soweit nicht ein Genehmigungsverfahren z. B. nach der GVB., nach dem WohnSG. in Frage kommt, kein Parteiverfahren. Der Antragsgegner hat nicht die Stellung einer Partei; dennoch empfiehlt es sich, ihn vor der Entscheidung zu hören. Im Gegensatz zu dem auf dem Parteibetrieb beruhenden Parteiverfahren kann und darf die übereinstimmende Erklärung der Vertragsteile für die Entscheidung der Behörde nicht maßgebend sein, da es Aufgabe der Preisbehörde ist, über die Parteiinteressen hinaus die volkswirtschaftlich gerechtfertigten Preise zu ermitteln und sicherzustellen. Deshalb ist auch das Vorbringen des Antragstellers (tatsächlicher und rechtlicher Art) für die Genehmigungsbehörde nicht maßgebend.

6. Die **Entscheidung** der Preisbehörde richtet sich nach den Anordnungen des RfP., vgl. 3, 4 zu § 2 PBG. Sie ist für Gerichte und Verwaltungsbehörden nur insoweit bindend, als sie die Grenzen ihrer Zuständigkeit nicht überschreitet, 1 zu § 6 PBG.

Die ablehnende oder abändernde Entscheidung der Preisbehörde ist nach allgemeinen Verwaltungsgrundsätzen zu begründen, mit einer Rechtsmittelbelehrung zu versehen und dem Antragsteller zuzustellen, vgl. 2 zu § 7 GVB.; der RfP. hat auf diese Pflicht ausdrücklich hingewiesen, vgl. den Erlaß vom 12. April 1938 (MittBl. I Nr. 7 S. 4). Die Begründung muß erkennen lassen, welche Erwägungen zu der getroffenen Entscheidung geführt haben; sie muß so eingehend sein, daß den Beteiligten die Möglichkeit einer Nachprüfung gegeben ist, ob sie Aufsichtsbeschwerde einlegen wollen oder nicht. Die bloße Bezugnahme auf ein eingeholtes Gutachten genügt nicht; es müssen vielmehr die Tatsachen, auf denen die Entscheidung beruht, im einzelnen angegeben werden, vgl. den für Mietentscheidungen ergangenen Erlaß des RfP. vom 6. August 1938 (MittBl. II Nr. 13 S. 3). Der Bescheid der Preisbehörde, durch den sie gemäß Artikel I § 1 der VO. über die Behandlung von Geboten in der Zwangsversteigerung — oben 3 — den Betrag des höchstzulässigen Gebots bestimmt, bedarf nicht der Begründung.

Mangelnde Beschwerdebelehrung verhindert den Eintritt der Rechtskraft; dies gilt auch für die Beschwerdebelehrung, die das Vollstreckungsgericht hinsichtlich des Bescheides der Preisbehörde in die Terminsbestimmung aufzunehmen hat, vgl. Ziff. 4 des GemErl. vom 15. September 1941 (MittBl. I S. 548).

7. Die Tätigkeit der Preisbehörden ist gebührenpflichtig. Seit 17. Februar 1941 gilt einheitlich für das Reichsgebiet die **Kostenordnung für Preisangelegenheiten** vom 6. Januar 1941 (RGBl. I S. 29). Die Kosten umfassen Gebühren und Auslagen; sie fließen der Kasse zu, aus der die Verwaltungskosten der Behörde hausshaltsmäßig bestritten werden. Gebührenpflichtig sind die Erteilung oder Ablehnung einer Ausnahmebewilligung, die auf Antrag erfolgt, ferner die Prüfung des zulässigen Preises für Grundstücke, soweit die Prüfung auf Antrag oder aus Anlaß eines Eigentumswechsels am Grundstück auch ohne Antrag von Amts wegen erfolgt, § 2 Abs. 1 Buchst. a und c KO. Die Gebühr ist bei Grundstücksgeschäften nach § 2 Abs. 1 Buchst. c nach dem vereinbarten Preis zu berechnen; sie beträgt 1 vom Tausend, § 10 KO. Ist kein Preis vereinbart, so richtet sich die Gebühr nach dem ermittelten Wert. Bei Erteilung von Ausnahmebewilligungen gemäß § 2 Abs. 1 Buchst. a wird die Gebühr innerhalb des Rahmens von 3 bis 25000 RM. gemäß § 8 KO. von der Behörde festgesetzt; vgl. hierzu den Erlaß des RfP. vom 6. Januar 1941 (MittBl. II S. 80). Die Erstattung von Auslagen ist in §§ 6 Abs. 2, 13 geregelt. Von der Zahlung der Gebühren sind das Reich, die Länder (Reichsgaue), die NSDAP. samt ihren Gliederungen sowie besondere öffentliche Anstalten und Kassen befreit. Die Gemeinden genießen keine allgemeine Gebührenfreiheit; doch läßt es der Erlaß des RfP. vom 12. August 1941 (MittBl. II S. 258) zu, daß von der Erhebung von Gebühren abgesehen wird, wenn in Fällen, in denen die Stadt- und Landkreise selbst als Preisbehörden tätig werden — oben 1 —, als Gebührenschuldner der entscheidende Gemeindeverband selbst oder eine kreisangehörige Gemeinde in Betracht kommt. Zur Anwendung der Kostenordnung im einzelnen vgl. den RE. 16/41 vom 13. Februar 1941 (MittBl. II S. 37).

8. Die Heranziehung nicht beamteter **Sachverständiger** ist den Preisbehörden in allen Fällen vorgeschrieben, in denen die Preisbehörde auf Grund des Erlasses vom 16. März 1938/17. März 1941 — 4 zu § 3 PBG. — die Erfüllung des Vertrages zu dem herabgesetzten Preis erzwingen will. Sie hat weiterhin regelmäßig bei der Bestimmung des höchstzulässigen Gebots gemäß Art. I § 1 der VO. vom 30. Juni 1941 (RGBl. I S. 354) zu geschehen, Ziff. 11 des GemErl. vom 15. September 1941 (MittBl. I S. 548). Darüber hinaus soll nach dem RE. 57/41 vom 6. Mai 1941 (MittBl. II S. 140) die Mitwirkung von Sachverständigen auch bei gutachtlicher Tätigkeit und bei der Beanstandung von Grundstückspreisen in Höhe von mindestens 50000 RM. erfolgen. Die Heranziehung von Sachverständigen ist nicht erforderlich bei Verkäufen von Bauparzellen, für die Richtpreise festgesetzt sind; sie kann nach pflichtgemäßem Ermessen der Preisbehörde unterbleiben bei landwirtschaftlichen Grundstücken, wenn die Begutachtung durch die Dienststelle des Reichsnährstandes eine zuverlässige Bewertung ermöglicht. Über die Auswahl der Sachverständigen und über die Auswertung der Gutachten für die Entscheidung enthält der RE. 57/41 nähere Bestimmungen.

9. Die Frist von zwei Wochen beginnt mit der Zustellung des Bescheids durch die Preisbehörde zu laufen, sofern dieser ordnungsgemäß — oben 6 — erteilt ist.

Ausnahmsweise wird aber die Beschwerdefrist durch die Zustellung einer anderen Behörde in Lauf gesetzt; nach Ziff. 4 Abs. 2 des GemErl. vom 15. September 1941 (MittBl. I S. 548) hat im Rahmen des Zwangsversteigerungsverfahrens das Vollstreckungsgericht den Bescheid der Preisbehörde über den Betrag des höchstzulässigen Gebots in die Terminsbestimmung aufzunehmen und mit dieser den Beteiligten unter Beschwerdebelehrung zuzustellen. Beschwerdeberechtigt sind alle am Vollstreckungsverfahren Beteiligten.

**10.** Das Rechtsmittel der befristeten **Beschwerde**, das sonst dem Preisbildungsrecht fremd ist, ist dem Genehmigungsverfahren nachgebildet, vgl. 7 GVB., § 8 WohnSG. Aufsichtsbehörden sind — abgesehen von Berlin — die **Preisüberwachungsstellen,** d. h. in Preußen, Bayern, Sachsen die Regierungspräsidenten (Dritte Verordnung über den Neuaufbau des Reichs vom 28. November 1938, RGBl. I S. 1675), in der Ostmark die Reichsstatthalter — in Wien der Polizeipräsident — (Dritte Anordnung vom 5. August 1939, MittBl. I S. 319), im übrigen meist die obersten Landesbehörden.

Beschwerden gegen die Bestimmung des höchstzulässigen Gebots in der Zwangsversteigerung können nur darauf gestützt werden, daß das Höchstgebot zu niedrig festgesetzt worden ist, vgl. 4 zur VO. über die Behandlung von Geboten in der Zwangsversteigerung vom 30. Juni 1941 (RGBl. I S. 354).

Soweit im Genehmigungsverfahren nach der GVB. und dem WohnSG. andere Behörden über Beschwerden entscheiden, haben sie mit den Preisüberwachungsstellen enge Fühlung zu halten, vgl. aber 16, 20 zum RE. 155/37.

Wird die Zweiwochenfrist versäumt, so braucht sich die Beschwerdestelle mit der sachlichen Prüfung der Beschwerde nicht zu befassen; sie kann die Beschwerde als unzulässig zurückweisen. Die Entscheidung der Beschwerdestelle ist aber grundsätzlich — Ausnahme: Ziffer 7 des GemErl. vom 15. September 1941 (MittBl. I S. 548) — nicht „endgültig"; vielmehr ist nach allgemeinen Verwaltungsgrundsätzen gegen die Entscheidung jeder Verwaltungsbehörde die an keine Frist gebundene **Dienstaufsichtsbeschwerde** an die vorgesetzte Aufsichtsbehörde, also gegenüber der Preisüberwachungsstelle an den RfP. selbst, zulässig. Das Nachprüfungsrecht des RfP. ist unbeschränkt.

Die Dienstaufsichtsbeschwerde ist *kein Rechtsmittel* in dem Sinne, daß der Beschwerdeberechtigte einen Anspruch auf eine sachliche Entscheidung durch die Aufsichtsbehörde hätte; diese kann vielmehr nach freiem Ermessen darüber befinden, ob sie Veranlassung hat, das Verfahren auf Grund des Beschwerdevorbringens einer sachlichen Nachprüfung zu unterziehen. Die Aufsichtsbehörde kann ohne sachliche Prüfung die Beschwerde zurückweisen. Weil die Dienstaufsichtsbeschwerde kein Rechtsmittel mit dem Recht auf sachliche Entscheidung durch die Beschwerdebehörde ist, findet auch der Führer-Erlaß über die Vereinfachung der Verwaltung vom 28. August 1939 (RGBl. I S. 1535) auf die Dienstaufsichtsbeschwerde keine Anwendung; hier hat es die Aufsichtsbehörde bereits in der Hand, durch Ablehnung der sachlichen Nachprüfung das Verfahren von sich aus zu vereinfachen.

**11.** Die *örtliche* Zuständigkeit der *Preisüberwachungsstellen* richtet sich gemäß grundsätzlicher Entscheidung vom 5. Februar 1935 (MittBl. 1938 I Nr. 1 S. 7) nach dem *Wohnsitz* des Eigentümers (Verkäufers), also nicht nach dem Ort des Grundstücks (oben 4). Liegt gleichzeitig ein Verstoß des Käufers vor, dann ist für *beide* Verstöße die *zuerst damit befaßte* Preisüberwachungsstelle zuständig. Im Rahmen des Genehmigungsverfahrens richtet sich die Zuständigkeit nach den hierfür geltenden Bestimmungen. Vgl. nunmehr § 6 Abs. 4, 5 PreisStrVO.

## 4. Der Runderlaß Nr. 155/37 des Reichskommissars für die Preisbildung vom 6. Oktober 1937

### Preisbildung und Preisüberwachung bei Grundstücken

#### Vorbemerkung

Der RE. 155/37 stellt den ersten Versuch dar, die verschiedenen Arten von Grundstücken nach ihren volkswirtschaftlich bedeutsamen Merkmalen zu unterscheiden. Vier Gruppen werden unterschieden: land- und forstwirtschaftlich genutzte Grundstücke; bebaute und unbebaute Grundstücke, die industriellen Zwecken dienen sollen; Miethausgrundstücke (Wohnhäuser, Geschäftshäuser) und Baulandgrundstücke. Die in Abschnitt II Ziff. 4 über die Preisbildung und Preisüberwachung bei Bauland getroffenen Bestimmungen sind im Zusammenhang mit der Anordnung über die Festsetzung von Richtpreisen für Bauland durch Ziff. 28 des Runderlasses Nr. 64/41 vom 10. Juni 1941 (MittBl. I S. 350) aufgehoben worden, so daß der RE. Nr. 155/37 tatsächlich nur mehr drei Gruppen von Grundstücken unterscheidet.

Beachtenswert ist, daß der Zweckverwendung des Grundstücks nicht nur bei den von vornherein anderen als land- und forstwirtschaftlichen Zwecken zugedachten Baulandgrundstücken, sondern auch bei Grundstücken, die industriellen Zwekken dienen sollen, eine besondere, preisrechtlich erhebliche Bedeutung zugemessen wird. Während aber die begriffliche Abgrenzung „Bauland" in Übereinstimmung mit den bisher vom Reichsarbeitsminister veröffentlichten Auffassung und im Einklang mit der Rechtsprechung des Reichsfinanzhofs bestimmten Einschränkungen unterworfen wird, ist die Bestimmung als „Industrieland" ausschließlich der Vereinbarung der Vertragsteile überlassen, wobei auch bebaute Grundstücke in die preisrechtliche Sonderstellung einbezogen werden. Die Zweckverwendung des Grundstücks ist von der Preisbehörde auch dann in Betracht zu ziehen, wenn für das Grundstück ein Richtpreis festgesetzt ist, Ziff. 21 RE. 64/41 und Vorbem. IV hierzu.

Der Gedanke, daß der Zweckbestimmung des Grundstücks eine besondere Stellung einzuräumen ist, erfährt im künftigen Preisrecht eine bedeutsame Erweiterung: entscheidend für die Angemessenheit des Grundstückspreises ist künftig die **Aufgabe,** die vom Standpunkt der Volksgemeinschaft aus **dem Boden zugewiesen** ist — vgl. 1 und 2 zu § 2 PBG. — und zwar als allgemeine Ernährungsgrundlage des ganzen Volkes und als Lebensgrundlage der einzelnen Familie. Demgemäß kann auf die Dauer im Interesse der Lebenshaltung des deutschen Volkes nur eine Preisentwicklung für Grundstücke zugelassen werden, die die wirtschaftliche Schaffung und Erhaltung der Lebensgrundlage für den Bauern im Rahmen der ernährungswirtschaftlichen Aufgaben des Reichsnährstandes, für den Handwerker und Einzelhändler als Betriebs- und Wohnstätte und für jede deutsche Familie als Wohnstätte — Eigenheim, Mietwohnung — sicherstellt. Auf die tatsächliche wirtschaftliche Verbundenheit zwischen dem Volksgenossen und seiner Familie und dem Boden als Lebensgrundlage, also auf die lebensnahe Verbindung von Blut und Boden, wird entscheidendes Gewicht gelegt, vgl. Knoll DV. 1939, 455. Soweit der Boden seiner Größe nach über die notwendige wesentliche Grundlage der Lebenshaltung des Eigentümers hinausgeht, setzt der nationalsozialistische Staat seinen Einfluß auf die Preisgestaltung insoweit ein, als auf diesem größeren Grundbesitz die Lebensgrundlage der mit dem Boden rechtlich verbundenen Familien — Pächter landwirtschaftlicher Betriebe, Mieter in Miethäusern — gesichert werden muß.

Eine volkswirtschaftlich und nationalpolitische und damit preispolitisch bevorzugte Stellung nehmen daher ein

1. die Grundstücke eines landwirtschaftlichen Betriebs; in Betracht kommen nicht nur landwirtschaftliche Betriebe, die nur einer Familie die Ernährungsgrundlage geben, sondern im Interesse der Ernährungswirtschaft des ganzen Volkes, vor allem auch der mittlere bäuerliche Besitz, auch soweit er über den Umfang eines Erbhofs hinausreicht;
2. der Grundstücksbesitz eines Handelsbetriebs oder eines gewerblichen Betriebes, soweit das Grundstück zum Betrieb notwendig ist und der Betrieb selbst die Lebensgrundlage einer Familie nicht wesentlich übersteigt;
3. der Miethausbesitz und zwar ohne Rücksicht auf seine Größe, soweit er deutschen Familien, die auf fremde Räume angewiesen sind, die Wohngrundlage vermittelt.

Die preisrechtlichen Bestimmungen des RE. 155/37 gelten grundsätzlich auch für die Bestimmung des Betrags des höchstzulässigen Gebots durch die Preisbehörde nach § 1 der VO. über die Behandlung von Geboten in der Zwangsversteigerung vom 30. Juni 1941 (RGBl. I S. 354). Doch läßt der GemErl. vom 15. September 1941 (MittBl. I S. 548) in Ziff. 12—14 in bestimmten Grenzen eine Überschreitung des Stoppreises bis zur vollen Deckung des Gläubigers zu, 4 Buchst. d zur VO. vom 30. Juni 1941.

## I.

1. Die mir durch das Gesetz zur Durchführung des Vierjahresplans — Bestellung eines Reichskommissars für die Preisbildung — vom 29. Oktober 1936 (RGBl. I S: 927) übertragenen Befugnisse umfassen auch die Preisbildung für bebaute und unbebaute Grundstücke[1]. Insbesondere gilt also die Verordnung über das Verbot von Preiserhöhungen vom 26. November 1936 (RGBl. I S. 955) auch für alle Grundstückspreise[2]. Da der Boden die Grundlage[3] jeder gewerblichen und landwirtschaftlichen Produktion sowie des Wohnungsbaues[4] ist, muß nicht nur jede weitere ungerechtfertigte Erhöhung der Bodenpreise verhindert[2], sondern es muß auch dort, wo die Bodenpreise bereits am 17. Oktober 1936 als überhöht anzusehen waren, versucht werden, sie nach Möglichkeit wieder auf eine volkswirtschaftlich gerechtfertigte Höhe[5] zurückzuführen.

**1.** Die Preisbildung in diesem Sinne umfaßt die Überwachung und die Gestaltung der Grundstückspreise. Wegen der Einteilung der Grundstücke in verschiedene Gruppen s. Vorbem.

**2.** Die Verhinderung ungerechtfertigter Steigerung der Bodenpreise ist die nächstliegende Aufgabe der Preisbehörden. Wegen der Bedeutung des Stichtagpreises für Grundstücke vgl. 1 zu § 1 PStopV.

**3.** Wegen der Sonderstellung, die der Grund und Boden nach nationalsozialistischer Auffassung im Rechts- und Wirtschaftsleben einnimmt, s. 2 zu § 2 PBG.

**4.** Soweit der Boden im wesentlichen die Lebensgrundlage seines Besitzers bildet, wie z. B. der Erbhof, der mittlere Bauernhof, die Heimstätte, das mittlere

Miethaus, das mittlere Geschäftshaus, die mittlere Betriebsstätte, bedarf die Preisgestaltung eines besonderen Schutzes, s. Vorbem. Über den privatwirtschaftlichen Interessen an hohen Verkaufspreisen steht die Verpflichtung der Staatsführung, den Boden als Lebensgrundlage des Volkes und der Familie zu sichern und aus Gründen des öffentlichen Wohles in die bisherige, auf liberalistischer Wirtschaftsauffassung beruhende Bodenpreisentwicklung ordnend einzugreifen.

5. Überhöhte Stichtagpreise für Grundstücke müssen auf ihre volkswirtschaftlich gerechtfertigte Höhe, d. h. auf den **angemessenen Preis** zurückgeführt werden. Dabei ist zunächst die allgemeine Preisentwicklung auf dem Grundstücksmarkt zu berücksichtigen, Lampe JW. 1937, 2343. Von den gegebenen Verhältnissen hat insbes. auch die Preisbildung für Bauland auszugehen, Vorbem. I zum RE. 64/41.

Die selbständige Preisgestaltung, d. h. die Angleichung des Verkehrswertes an den angemessenen Preis, ist die wichtigste Aufgabe der Preisbehörden, deren Lösung aber erst nach Überwindung der Übergangsschwierigkeiten — 2 zu § 2 PBG. — möglich ist.

Auf der anderen Seite ist aber die Überwachung und Regelung der Grundstückspreise nicht Selbstzweck[6], sondern erfolgt in erster Linie zur Vermeidung von Rückwirkungen auf das Preisniveau und vor allem auf die Höhe der Mieten[7]. Sie darf deshalb nicht weiter ausgedehnt werden, als es mit Rücksicht auf diesen Zweck erforderlich ist. Insbesondere kann es also nicht Aufgabe[8] der mit der Preisprüfung beauftragten Behörden sein, in jedem Falle eingehende Ermittlungen über den wirklichen Wert[9] eines verkauften Grundstückes anzustellen oder ihre eigenen Wertschätzungen an die Stelle[10] derjenigen der Vertragsparteien zu setzen. Es kommt vielmehr vor allem darauf an, zu verhindern[2], daß die Grundstückspreise durch spekulative oder anderweitig wirtschaftlich anormale, den Interessen der Allgemeinheit abträgliche Beweggründe[7] in die Höhe getrieben werden. Auf eine laufende und sorgfältige Beobachtung[11] des Grundstücksmarktes ist deshalb der allergrößte Wert zu legen. Zeigen sich unbegründete Auftriebstendenzen, so muß die Preisüberwachung schärfer gehandhabt werden, als es sonst notwendig ist.

6. Eine selbständige Bodenpreispolitik scheitert augenblicklich an den Schwierigkeiten, die die Loslösung der Preisentwicklung aus der liberalistischen Auffassung vom Verkehrswert des Grundstücks bereitet. Die Preisbildung als Selbstzweck würde auch die vom Reichskommissar für die Preisbildung bisher abgelehnte Einführung eines förmlichen Genehmigungsverfahrens — unten 26 — voraussetzen. **Das Ziel** nationalsozialistischer Bodenpreispolitik, die bisherigen Verkehrswerte durch angemessene Grundstückspreise auch im freien Verkehr zu ersetzen, bleibt bestehen, vgl. Knoll DV. 1939, 456, 458 und unten 56.

7. Die Höhe der Bodenpreise beeinflußt weitgehend — insbes. in Verbindung mit der Möglichkeit der baulichen Ausnutzung des Baugeländes — die Ertragsmöglichkeit des Bodens. Für die Landwirtschaft ist entscheidend der Ertrag, für die Wohnwirtschaft sind die Mieten, bei Eigennutzung die Lasten der Nutzung maßgebend.

Dieser natürliche Einfluß des Bodenwertes als Kostenelement der landwirtschaftlichen Betriebsführung und der Raumwirtschaft (Siedlung, Wohnungsbau) wurde in den letzten Jahrzehnten durch unsachliche Beweggründe, insbes. durch spekulative Absichten, in ungerechtfertigter Weise verstärkt und damit dem Bodenpreis eine Rolle zugeteilt, die ihm weder im natürlichen Wirtschaftsablauf noch im nationalpolitischen Interesse zukommt. Diese Aufblähung des Bodenwertes führte zum Zusammenbruch landwirtschaftlicher Betriebe und — durch Vorwegnahme überhöhter Mieterträgnisse — zu unerträglichen Verkehrswerten für Baugelände, die ihrerseits wiederum vielfach unwürdige Wohnverhältnisse bei ungemessen hohen Mieten führten. Aus dieser Überbewertung des Bodens entstanden die Wohnhöhlen, deren Beseitigung gerade wegen ihres wirtschaftlichen Verkehrswertes so große Schwierigkeiten bereitet, Knoll DV. 1939, 457.

Die Verhinderung überhöhter Bodenwerte beseitigt also sicherlich eine der Ursachen überhöhter Mieten. Da aber gerade in den wichtigsten Fällen die Vorwegnahme hoher Mietpreise den Erwerber des Grundstücks zur Abgabe überhöhter Angebote bestimmt, erscheint es wichtiger die Mietpreise zu stabilisieren, d. h. durch eine nach objektiven Merkmalen der Raumnutzung bestimmte Methode die **Nutzungswerte** der Räume **festzustellen.** Erst wenn die Mietpreisbildung aus dem in Zeiten der Raumnot — diese wird uns wohl noch Jahre belasten — besonders gefährlichen Wechselspiel von Angebot und Nachfrage losgelöst worden ist, werden spekulative Hoffnungen auf steigende Bodenpreise beim Verkäufer und auf hohe Mieten beim Erwerber des Grundstücks endgültig zerstört. Dabei wird die Nutzungswertfeststellung gerade bei bestehenden Mietverhältnissen, die im liberalistischen Zeitalter dem Dogma von Angebot und Nachfrage ihre Entstehung verdanken, erhebliche Wertänderungen durchsetzen und dabei mit bisher unantastbaren Nutzungswerten aufräumen müssen. Ohne — vielfach erhebliche — wirtschaftliche Opfer der Beteiligten ist dieser notwendige Gesundungsprozeß auf dem Gebiete der Mietpreispolitik nicht möglich. Vgl. hierher auch 2 zu § 2 PBG.

**8.** Die Beschränkung des Aufgabenkreises der Preisbildungsbehörden bedeutet zugleich eine Konzentration auf die wichtigste Aufgabe, die Bekämpfung der Bodenspekulation.

Die durch den RE. 155/37 angebahnte Einflußnahme der Preisbehörden auf die Gestaltung der Grundstückspreise zwingt aber die Preisbehörden immer mehr zur selbständigen Prüfung der Angemessenheit der Grundstückspreise. Eingehende Ermittlungen lassen sich hierbei nicht vermeiden.

**9.** Die Feststellung des wirklichen **Wertes** eines — bebauten oder unbebauten — Grundstücks ist eine ungemein schwierige Aufgabe. Über die Begriffe Verkehrswert, gemeiner Wert und Ertragswert vgl. 2 zu § 2 PBG. Gewisse Anhaltspunkte geben auch die Brandversicherungs(Feuerkassen)werte bebauter Grundstücke; zur Heranziehung der Feuerversicherungswerte für die Ermittlung von Teilwerten vgl. RE. d. RFM. vom 17. September 1940, RStBl. 1940, 843. Auch der Wehrbeitragswert kann zur Beurteilung des Werts bebauter und unbebauter Grundstücke — vgl. Vorbem. III zum RE. 64/41 betr. Baulandpreisfestsetzung — herangezogen werden. Die Erfahrung zeigt, daß städtische Rentenhäuser einen Jetztwert von 40 bis 45 v. H. des Wehrbeitragswerts, in günstigen Fällen von 50 v. H. besitzen; nur bei Zweckkäufen oder bei Wertsteigerung durch Um- oder Einbauten werden 60 bis 65 v. H. des Wehrbeitragswertes erreicht, vgl. Stark DRW. 1939, 294.

Auf dem Gebiete des Steuerrechts wird das land- und forstwirtschaftliche Vermögen (einschl. Weinbau und Gartenbetrieb) vom sonstigen Grundvermögen getrennt und hinsichtlich der Bewertung den besonderen Bestimmungen der §§ 28—49 RBewG. unterworfen, die hinsichtlich der landwirtschaftlich genutzten Flächen durch die Vorschriften des Bodenschätzungsgesetzes vom 16. Oktober 1934 (RGBl. I S. 1050) ergänzt werden, vgl. unten 32. Das übrige Grundvermögen, zu dem nach § 51 Abs. 2 RBewG. auch das Bau- und Industriegelände zählt, wird für die Bewertung in unbebaute Grundstücke, die gemäß §§ 10, 53 nach dem gemeinen Wert zu bewerten sind, und in bebaute und im Bau befindliche Grundstücke geteilt. Letztere Grundstücke werden in fünf Grundstückshauptgruppen ausgeschieden, deren Bewertung teils nach dem gemeinen Wert, teils nach einem Vielfachen der Jahresrohmiete erfolgt, §§ 32—37 RBewDV. (RGBl. 1939 I S. 2271), abgedruckt unten 43. Hinsichtlich der Bewertung der Fabrikgrundstücke, Hotelgrundstücke und Warenhausgrundstücke hat der RdF. besondere Richtlinien erlassen — das sog. Weilsche Verfahren — RErlasse vom 23. Februar, 13. Juli und 24. Dezember 1935 (RStBl. S. 350, 1011 und 1559). Die Richtlinien regeln die Bewertung abschließend, ohne daß die Möglichkeit besteht, davon abzuweichen, RFH. RStBl. 1939, 684. Auf Bürohausgrundstücke sind diese Bewertungsgrundsätze entsprechend anzuwenden, RFH. RStBl. 1940, 507. Auf vermietete Grundstücke läßt sich das Weilsche Verfahren nur beschränkt anwenden, vgl. RFH. RStBl. 1939, 686 und 1940, 612. Zur Abgrenzung der Betriebsvorrichtungen vom Grundvermögen bei der Bewertung von Fabrikgrundstücken vgl. RE. d. RdF. vom 4. Mai 1940, RStBl. 1940, 497 und RFH. RStBl. 1940, 320. Zu den Warenhausgrundstücken gehören auch Kaufhäuser, d. s. Warenhäuser ohne Lebensmittelabteilung, RFH. RStBl. 1940, 822. Zur Einführung der Richtlinien in der Ostmark und im Sudetengau vgl. die Runderlasse des RdF. RStBl. 1940, 17, 441 und 705.

Wegen Einzelheiten hinsichtlich der Ermittlung des steuerlichen Einheitswertes vgl. unten 32, 37, 43, 57. Der steuerliche Einheitswert ist vom Standpunkt der Preisüberwachung nicht etwa eine obere Grenze. Überhöhte Mieten führen zu überhöhten Einheitswerten, wenn die Einheitswertermittlung wie z. B. bei Mietwohngrundstücken (§ 33 RBewDV, unten 43) auf der Jahresrohmiete aufgebaut ist. Überhöhte Einheitswerte führen zu überhöhten Verkaufspreisen; deshalb sind zuweilen Grundstückseigentümer bestrebt, Einfluß auf die Erhöhung des Einheitswertes geltend zu machen, ohne Rücksicht auf die dadurch eintretende Erhöhung der Grundsteuerbelastung. Auf der anderen Seite liegen aber vielfach die Verhältnisse so, daß der Einheitswert auch bei Mietwohngrundstücken erheblich hinter dem Ertrags- oder Verkehrswert zurückbleibt. Insbes. zeigt sich dies beim Vergleich mit dem Wehrbeitragswert, Vorbem. III zum RE. 64/41 betr. Baulandpreise.

**10.** Die Möglichkeit der unmittelbaren Gestaltung der Grundstückspreise, die sich zunächst nur auf Ausnahmefälle beschränken sollte — vgl. unten 23 —, wird künftig zur Regel werden, vgl. oben 6.

**11.** Die bloße Beobachtung des Grundstücksmarktes genügt erfahrungsgemäß nicht mehr; die Preisbehörde muß entschlossen durchgreifen, wenn unangemessene Preise gefordert oder zugebilligt werden, vgl. unten 51.

2. Eine Überwachung der bei den Grundstücksverkäufen gezahlten Preise auf ihre volkswirtschaftliche Berechtigung besteht schon jetzt für den größten Teil[12] der land- und forstwirtschaftlich genutzten Grundstücke auf Grund der Grundstücksverkehrsbekanntmachung vom 26. Januar 1937 (RGBl. I S. 35). Nach § 5 Abs. 1 Ziff. 5 dieses Gesetzes kann die Genehmigung eines über ein Grundstück abgeschlossenen Kaufvertrages versagt werden, wenn der vereinbarte

Kaufpreis in einem groben Mißverhältnis zum Wert des Grundstückes steht[13]. Statt der Verweigerung der Genehmigung ist nach § 2 Abs. 4 a. a. O. auch die Erteilung der Genehmigung unter einer Auflage zulässig, die sich auch auf den Preis beziehen kann. Eine ähnliche Regelung besteht ohne Beschränkung auf die Art des Grundstücks in allen denjenigen Gebieten, die auf Grund des Gesetzes vom 22. September 1933 (RGBl. I S. 659) zu Wohnsiedlungsgebieten erklärt worden sind oder noch in Zukunft dazu erklärt werden. Hier sieht § 7 Abs. 2 des Wohnsiedlungsgesetzes die Möglichkeit vor, die Genehmigung eines Grundstücksgeschäfts unter der Auflage zu erteilen, daß bei der Veräußerung oder Überlassung des Grundstücks ein bestimmter Preis nicht überschritten werden darf[14]. Zuständig für die hiernach[15] zu treffenden Entscheidungen ist sowohl nach der Grundstücksverkehrsbekanntmachung wie auch nach dem Wohnsiedlungsgesetz die untere Verwaltungsbehörde, gegen deren Entscheidung binnen zwei Wochen die Beschwerde an die Aufsichtsbehörde erhoben werden kann.

12. Wegen des Geltungsbereichs der GVB. vgl. 4 zu § 1 GVB. Nur Grundstücke (Teilgrundstücke) von einer bestimmten Mindestgröße werden von dem Genehmigungsverfahren der GVB. erfaßt. Wegen der Ausdehnung der Preisüberwachung auch auf kleinste Grundstücke s. unten 35.

13. Vgl. 6 zu § 5 GVB. Wegen der Möglichkeit der Erteilung der Genehmigung unter Auflagen s. 9 zu § 2 GVB. Über die Bedeutung der Genehmigung unter Auflage überhaupt vgl. unten 23.

14. Soweit Wohnsiedlungsgebiete bestimmt sind, wird das Genehmigungsverfahren auf alle im Wohnsiedlungsgebiet gelegenen Grundstücke ausgedehnt, vgl. 3 zu § 7 WohnSG.

15. Auch außerhalb des Geltungsbereiches der GVB. und des WohnSG. ist der Verkehr mit Grundstücken in weitgehendem Maße einem Genehmigungsverfahren unterworfen. Reichsrechtlich z. B. bedarf — vgl. die Zusammenstellung bei von Spreckelsen DJ. 1939, 1061 — der Genehmigung:

1. Die Veräußerung von Grundstücken

a) soweit sie zum Erbhof gehören. Der Erbhof ist grundsätzlich unveräußerlich und unbelastbar; das Anerbengericht darf die Veräußerung — soweit nicht eine Hofübergabe in Frage steht — nur genehmigen, wenn ein wichtiger Grund vorliegt, § 37 Abs. 2 REG. Das gleiche gilt für die Verpachtung von Erbhofgrundstücken, § 30 EHRV.;

b) im Geltungsbereich der Veräußerungsverordnung für Grundstücke, für die im Grundbuch ein Entschuldigungsvermerk eingetragen ist, vgl. 1 zu Art. 1 der Veräußerungsverordnung, Hauptband S. 156;

c) in den Städten, in denen der Führer und Reichskanzler die Durchführung besonderer städtebaulicher Maßnahmen angeordnet hat — vgl. 2 zu § 1; 6, 7 zu § 4 StädtebauG. —, nach Maßgabe der hierzu erlassenen Verordnungen, Hauptband S. 334;

d) im Geltungsbereich des ReichsgrenzSichG. gemäß § 2 der Ersten DurchfVO.;

die Veräußerung von Grundstücksanteilen unterliegt den gleichen Beschränkungen, vgl. 4 zu § 2 Erste DurchfVO. ReichsgrenzSichG., Hauptband S. 204;

e) nach Maßgabe der deutschen Judengesetzgebung: § 1 AnmeldeA. (Veräußerung eines gewerblichen Betriebs an oder durch Juden), § 8 EinsatzVO. (Veräußerung von Grundstücken durch Juden); Juden können zur Veräußerung von Grundstücken angehalten werden, § 6 EinsatzVO. Die Genehmigung gemäß § 8 EinsatzVO. ersetzt die Genehmigung der Preisbehörde sowie die Genehmigungen nach der GVB., WohnSG. und ReichsgrenzSichG., § 9 EinsatzVO., Hauptband S. 257;

f) durch die Gemeinden gemäß § 62 Abs. 2 der Deutschen Gemeindeordnung, soweit nicht Ausnahmen bestehen gemäß §§ 23, 24 der 1. DVO. vom 22. März 1935 (RGBl. I S. 396), § 5 der 2. DVO. vom 25. März 1936 (RGBl. I S. 272), § 1 der 4. DVO. vom 20. August 1937 (RGBl. I S. 911). Diese Vorschriften gelten grundsätzlich auch für Zweckverbände, § 6 des Zweckverbandesgesetzes vom 7. Juni 1939 (RGBl. I S. 979);

g) durch den amtlich bestellten Treuhänder. Der Treuhänder kann für einen schlecht wirtschaftenden Nutzungsberechtigten nach § 12 der DurchfVO. zur Verordnung zur Sicherung der Landbewirtschaftung vom 22. April 1937 (RGBl. I S. 535) bestellt werden; zur Verfügung über Grundstücke bedarf er der Genehmigung des Amtsgerichts (§ 15 Abs. 1 Satz 4 DurchfVO.). Zur einstweiligen Fortführung eines jüdischen Gewerbebetriebs und zur Veräußerung oder Abwicklung eines solchen Betriebs kann nach § 2 der Verordnung über den Einsatz des jüdischen Vermögens vom 3. Dezember 1938 (RGBl. I S. 1709) ein Treuhänder eingesetzt werden; die Veräußerung des Betriebs oder eines Grundstücks durch den Treuhänder bedarf der Genehmigung der höheren Verwaltungsbehörde (§ 5, § 8 Abs. 1 Satz 3 EinsatzVO., § 1 AnmeldeAO.);

h) durch einen Inländer, wenn das Grundstück im Ausland liegt oder wenn über das im Inland gelegene Grundstück zugunsten eines Ausländers verfügt wird (§§ 39, 41 des Gesetzes über die Devisenbewirtschaftung vom 12. Dezember 1938, RGBl. I S. 1733). Der Ausländer bedarf der Genehmigung zur Veräußerung eines im Inland gelegenen Grundstücks (§ 40 a. a. O.). Über die Grundsätze für die Erteilung der Genehmigung vgl. II 68—70 der Richtlinienverordnung zur Devisenbewirtschaftung vom 22. Dezember 1938 (RGBl. I S. 1851).

2. Der Erwerb von Grundstücken im Wege der Zwangsversteigerung. Wegen der Behandlung des Erbschafts- und Gesamtvermögenserwerbs im Geltungsbereich des ReichsgrenzSichG. vgl. 2 zu § 5 DurchfVO.ReichsgrenzSichG. Juden ist der Erwerb von Grundstücken grundsätzlich untersagt; Gebote von Juden bei der Zwangsversteigerung von Grundstücken sind zurückzuweisen, § 7 EinsatzVO.

Keiner Genehmigung bedarf der Erwerb eines Grundstücks im Wege der Zwangsversteigerung in Wohnsiedlungsgebieten — § 7 AusfVO.WohnSG.; 4 zu § 4 WohnSG. —, und in den Bereichen der städtebaulichen Maßnahmen bestimmter Städte — § 8 Berliner VO. (2 zu § 4 StädtebauG.), § 6 Nürnberger VO., § 7 Münchener VO., Hauptband S. 334 ff. —.

Bei der Zwangsversteigerung von Grundstücken gilt folgendes:

a) In zahlreichen Gesetzen und Verordnungen ist für die Abgabe von Geboten die Einholung einer behördlichen Genehmigung vorgeschrieben, s. unten. Gebote ohne Genehmigung sind in diesen Fällen vom Vollstreckungsgericht zurückzuweisen. Darüber hinaus ist bestimmt, daß in den Fällen des § 81 Abs. 2 und 3 ZVG. der Zuschlag an einen anderen als den Meistbietenden nur erteilt werden darf, wenn dieser andere die Genehmigung beigebracht hat, vgl. § 2 Abs. 3 Satz 3 GVB., § 2 Abs. 4 Satz 3 ReichsgrenzSichDV., § 8 Abs. 4 Satz 2 EinsatzVO.; §§ 43 Satz 4, 106 DevG.; vgl. auch Art. 4 Abs. 2 Satz 4 VeräußVO.

b) Das Vollstreckungsgericht hat Gebote zurückzuweisen

α) wenn das Gebot den von der Preisbehörde bestimmten Betrag des höchstzulässigen Gebots übersteigt, § 2 der VO. über die Behandlung von Geboten in der Zwangsversteigerung vom 30. Juni 1941 (RGBl. I S. 354);

β) wenn Anlaß zu der Annahme besteht, daß der Bieter Jude ist, § 7 Abs. 3—5 EinsatzVO.;

γ) wenn der Bieter die erforderliche Genehmigung zur Abgabe des Gebots nicht sofort nachweisen kann

1. bei landwirtschaftlichen Grundstücken gemäß § 2 Abs. 3 GVB.;
2. bei Grundstücken aller Art im Grenzzonengebiet gemäß § 2 Abs. 4 ReichsgrenzSichDV. i. d. F. vom 5. Juni 1941 (RGBl. I S. 301);
3. bei Grundstücken aller Art, die Juden gehören, § 8 Abs. 4 EinsatzVO.;
4. bei inländischen Grundstücken eines Ausländers sowie beim Erwerb inländischer Grundstücke durch einen Ausländer, §§ 43, 106 DevG.

δ) wenn im Rahmen der Veräußerungsverordnung der Reichsernährungsminister nach Mitteilung der Terminsbestimmung das Vollstreckungsgericht um die Beschränkung der Zulassung von Geboten ersucht hat, Art. 4 Abs. 2 und 3 VeräußV.

Im Interesse der Einheitlichkeit der Verwaltung ist es geboten, mit der sich aus dem Gesetz vom 29. Oktober 1936 und der Preisstopverordnung ergebenden Überwachung und Gestaltung der Grundstückspreise dieselben Behörden zu betrauen. Durch die in Abschrift beigefügte 5. Anordnung über die Wahrnehmung der Aufgaben und Befugnisse des Reichskommissars für die Preisbildung habe ich deshalb den Landräten und Oberbürgermeistern insoweit die Aufgaben und Befugnisse der Preisbildungsstelle übertragen einschließlich des Rechtes, Ausnahmebewilligungen auf Grund von § 3 der Preisstopverordnung zu erteilen[16]. Eine auf Grund der Grundstücksverkehrsbekanntmachung und des Wohnsiedlungsgesetzes erteilte Genehmigung gilt[17] nunmehr gleichzeitig als Ausnahmebewilligung nach § 3 der Preisstopverordnung für den Fall, daß diese erforderlich sein sollte. Mit der vorstehend getroffenen Regelung sind, wie ich zur Klarstellung bemerke, die in dem Erlaß des Herrn Reichs- und Preußischen Wirtschaftsministers vom 27. Juni 1934 (Reichsarbeitsblatt I S. 161) hinsichtlich der Anwendung des § 7 Abs. 2 des Wohnsiedlungsgesetzes gemachten Einschränkungen[18] für die von mir mit der Preisbildung betrauten Behörden im Augenblick gegenstandslos.

**16.** Die Betreuung der unteren Verwaltungsbehörden mit der Aufgabe der Preisbildung und Preisüberwachung bei Grundstücken erscheint zweckmäßig, vorausgesetzt, daß die Verwaltungsbehörde entsprechend besetzt werden kann. Die Zusammenfassung der Zuständigkeit für das Genehmigungs- und das Preisprüfungsverfahren kann freilich nicht zu einer Vermengung der für jedes Verfahren bestehenden Grundsätze führen, vgl. 4 zu § 2 PVG. Maßgebend bleiben für die

Genehmigungsverfahren die hierfür geltenden Grundsätze z. B. der nationalen Bodenordnung, der Rassegesetzgebung usw.; auch das Recht der Dienstanweisung bleibt der vorgesetzten Dienstbehörde gewahrt, vgl. unten 20.

Deshalb konnte z. B. der Reichsernährungsminister den Landrat als Genehmigungsbehörde im Verfahren nach der GVB. anweisen, bei Grundstücksgeschäften, in denen die vereinbarten Preise nicht angemessen sind, den Parteien anheimzugeben, den vereinbarten Preis entsprechend zu ändern und bei Ablehnung die Genehmigung nach der GVB. zu versagen. Der RE. vom 19. Mai 1941 — VIII B 14759 — (LwRMBl. S. 387) fährt fort: „Eine Verbindung der Genehmigung nach der GVB. mit Herabsetzungsmaßnahmen nach der PStopV. untersage ich hiermit ausdrücklich. Auch eine der Genehmigung nach der GVB. vorausgehende Herabsetzung des Kaufpreises mit Bindung der Parteien an den Vertrag auf Grund der PStopV. bietet, abgesehen von den rechtlichen Bedenken, keine Grundlage für die Erteilung der Genehmigung nach der GVB., da in der Herabsetzung des Kaufpreises unter gleichzeitiger Bindung der Parteien an den Kaufvertrag in der Regel eine schwere Schädigung des Verkäufers und damit eine erhebliche Verletzung des öffentlichen Interesses zu sehen ist." Der Reichsernährungsminister hält die vom RfP. in den Erlassen vom 16. März 1938/17. März 1941 vertretene Auffassung über die Durchführung des Vertrages zu dem herabgesetzten Preis für unzulässig und gibt der Meinung Ausdruck, daß das Reichsgericht, wie aus den Gründen der Entscheidung V 99/40, RGZ. 166, 89, zu entnehmen sei, diese Frage im gegebenen Falle verneinen werde, Ronhoff RdRN. 1941, 200; vgl. aber auch 4 Buchst. d zu § 2 PBG.

**17.** Die Fiktion, daß die Erteilung der Genehmigung nach der GVB. oder dem WohnSG. als Erteilung der Ausnahmegenehmigung nach § 3 PStop.-V. gilt, wenn eine solche in Frage kommen sollte, bedeutet, daß mit der Erteilung der Genehmigung durch die zuständige Genehmigungsbehörde jeder Einwand hinsichtlich eines Verstoßes gegen die PStopV. abgeschnitten wird, gleichviel von welcher Seite ein solcher Einwand erhoben wird. Die Genehmigungsbehörde hat deshalb in jedem Falle zu prüfen, ob die Gestaltung der Preisbestimmungen mit den Vorschriften der PStopV. in Einklang steht, vgl. 7 zu § 4 WohnSG. Unterläßt die Genehmigungsbehörde die Prüfung, so verletzt sie zwar ihre Amtspflicht, die Genehmigung schließt aber gleichwohl jede spätere Einwendung wegen Verletzung von Preisvorschriften aus, vgl. 1 zu § 3 PStopV.

Über die Aushändigung der Unbedenklichkeitsbescheinigung vgl. unten 29.

Die Verpflichtung der Genehmigungsbehörde, preisrechtliche Vorschriften zur Geltung zu bringen, gilt auch für alle anderen Behörden, insbesondere auch für die Gemeindeaufsichtsbehörden beim Vollzug des § 62 DGO. Mit der ordnungsgemäßen Zustellung des Genehmigungsbescheids entstehen für die Beteiligten Rechte und Pflichten; die Behörde kann alsdann den Bescheid nicht mehr abändern und zurücknehmen, vgl. 4 zu § 2 GVB. Die Bindung der Genehmigungsbehörde besteht ohne Rücksicht auf den Zeitpunkt der Grundbucheintragung, ebenso KG. vom 5. Juni 1941 DR. 1941, 1901.

Im Geltungsbereich der Verordnung über den Einsatz jüdischen Vermögens vom 3. Dezember 1938 (RGBl. I S. 1709) wird gemäß § 9 EinsatzVO. durch die Genehmigung nach § 8 EinsatzVO. jede nach preisrechtlichen Vorschriften erforderliche Genehmigung ersetzt.

**18.** Gemeint sind offenbar die Ausführungen des Runderlasses Ziff. 4 — abgedruckt Hauptband S. 326 —, daß Auflagen zur Erreichung anderer als siedlungspolitischer Ziele (Aufschließung von Wohnsiedlungsgebieten oder Schutz der Siedler) auf Grund des § 7 Abs. 2 WohnSG. nicht gemacht werden dürfen. Der RfP. will hier offenbar im Wege der Auflage preispolitische Ziele verfolgen; im Erlaß vom 16. März 1938 — 4 zu § 3 PBG. — ersucht er aber von der Auflagenerteilung Abstand zu nehmen, vgl. unten 23. Tatsächlich erscheint es auch im Rahmen des Genehmigungsverfahrens unter Umständen zweckmäßiger, die Genehmigung zu versagen, wenn die Vertragsteile es ablehnen, die Preisvereinbarung entsprechend den Wünschen der Genehmigungsbehörde abzuändern, vgl. 3 zu § 7 WohnSG.

Das Beschwerderecht ist ebenso geregelt wie in der Grundstücksverkehrsbekanntmachung und im Wohnsiedlungsgesetz[19]. Soweit die über die Beschwerde entscheidenden Behörden nicht gleichzeitig mit der Preisüberwachung betraut sind[20], haben sie mit den Preisüberwachungsstellen enge Fühlung zu halten. Bei Meinungsverschiedenheiten ist meine Entscheidung einzuholen.

**19.** Vgl. § 7 GVB., § 8 WohnSG.

**20.** Genehmigungs- und Preisprüfungsverfahren sind selbständige Verfahrensarten, für die grundsätzlich nur die gleichsam arteigenen Vorschriften gelten. Eine Vermengung beider Verfahren darf auch in dem Fall nicht Platz greifen, in dem wie hier die Genehmigungsbehörde gleichzeitig Preisbehörde ist, vgl. 4 b zu § 2 PBG.

Dem steht nicht entgegen, daß auch die Genehmigungsbehörden die Grundsätze des Preisrechts zu beachten und die Entscheidungen der Preisbehörden im Rahmen der ihnen als Genehmigungsbehörden zustehenden Aufgabe zu berücksichtigen haben. Die Form der Entscheidung hat aber stets den für das Genehmigungsverfahren maßgebenden Vorschriften zu entsprechen, wie auch die Dienstaufsicht der Genehmigungsbehörde unberührt bleibt, oben 16.

3. Wenn die Vereinbarung eines Grundstückspreises gegen das öffentliche Interesse[21] verstößt, so sehen, wie bereits erwähnt, die Grundstücksverkehrsbekanntmachung und das Wohnsiedlungsgesetz die Möglichkeit[22] vor, die Genehmigung des Vertrages zu versagen oder nur unter einer bestimmten Auflage zu erteilen. Auch für die nicht unter diese Bestimmung fallenden Grundstücke werden in erster Linie dieselben[23] Maßnahmen in Frage kommen. Darüber hinaus ist es aber auch zulässig, aus besonderen Gründen auf Antrag einer Partei den im Höchstfall zulässigen Preis schon vor Abschluß eines Vertrages zu bestimmen[24] (vgl. II, 2) oder allgemeine Richtpreise[25] für bestimmte Grundstücke festzusetzen (vgl. II, 4). Da ich nach Möglichkeit vermeiden möchte, eine allgemeine Genehmigungspflicht[26] für alle Grundstücksgeschäfte, wie sie in der Inflationszeit in fast allen deutschen Ländern bestand, wieder einzuführen, haben die unteren Verwaltungsbehörden die Überprüfung der nicht genehmigungspflichtigen Grundstücksverkäufe auf Grund der ihnen in ihrer Eigenschaft als Grunderwerbsteuerstellen[27] gemäß § 189b AO. zugehenden Anzeigen vorzunehmen. Falls der vereinbarte Kaufpreis zu Beanstandungen Anlaß bietet, ist die Unbedenklichkeitsbescheinigung[28] gemäß § 189d AO. bis zur endgültigen Erledigung der An-

gelegenheit zurückzuhalten, um zu vermeiden, daß etwa der Erwerber, solange das Beanstandungsverfahren noch schwebt, im Grundbuch als Eigentümer eingetragen wird. Findet sich nichts zu beanstanden oder sind die erhobenen Beanstandungen erledigt, ist die Unbedenklichkeitsbescheinigung auszuhändigen. Sie gilt[29] dann gleichzeitig als Ausnahmebewilligung gemäß § 3 der Preisstopverordnung für den Fall, daß eine solche erforderlich sein sollte. In denjenigen Ländern[30], in denen die Grunderwerbsteuer nicht von den unteren Verwaltungsbehörden veranlagt wird, ersuche ich die Obersten Landesbehörden, in ihrer Eigenschaft als Preisbildungsstellen Anordnungen zu treffen, die eine ausreichende Überwachung aller Grundpreise sicherstellen. Diese Anordnungen sind mir vor Erlaß zur Zustimmung vorzulegen.

**21.** Der Grundsatz, daß auch Privatrechtsgeschäfte nicht gegen das öffentliche Interesse verstoßen dürfen, findet im Grundstückverkehrsrecht immer mehr positivrechtliche Anerkennung, vgl. die Neufassung des § 6 WohnSG. Der Verstoß gegen das öffentliche Interesse muß in jedem Falle ein erheblicher sein. Über die Grenzen der Verwirklichung des öffentlichen Interesses vgl. unten 23.

**22.** Die Abwehr unerwünschter Preisvereinbarungen durch Versagung der Genehmigung entspricht dem Grundgedanken der meisten Sondergesetze, die ein Genehmigungsverfahren vorgesehen haben, vgl. unten 23. Vom Standpunkt der Gestaltung der Grundstückspreise aus erscheint aber eine **positive Beeinflussung** der Preisbildung in steigendem Maße wünschenswert. Im Zusammenhang mit dieser Entwicklung auf preisrechtlichem Gebiet steht die fortschreitende Neigung des Gesetzgebers, im Wege der **Auflage** — zu der ausweitenden Anwendung dieses Begriffs vgl. unten 41 und 4 zu § 7 SchutzbereichG. — staatspolitische Ziele auch durch Einzelmaßnahmen zu erreichen, vgl. § 15 EinsatzVO. Die Entwicklung eines zu positiven Maßnahmen fähigen und erzwingbaren Rechts der Auflage bahnt sich mehr und mehr an, vgl. Kiefersauer DJ. 1939, 1275; vgl. aber 26. Die Auferlegung von Ausgleichszahlungen — unten 40, 42 — dürfte in der Übergangszeit — 2 zu § 2 PBG. — eine bedeutsame Rolle spielen, vgl. 2 zu § 15 EinsatzVO.

**23.** Diese Maßnahmen sind: Versagung der Genehmigung und Genehmigung unter Auflage. Der Versagung der Genehmigung entspricht auf dem Gebiete der Preisbildung und Preisüberwachung in der Regel die Beanstandung (2 zu § 2 PBG.) und die Versagung der Ausnahmebewilligung nach § 3 PStopV. (1 zu § 3 PStopV.).

Da die Auflage die Rechtswirksamkeit der Genehmigung nicht berührt, ihre Nichterfüllung also den beanstandeten Preis nicht beeinflußt, erscheint die Genehmigung unter Auflage nicht zweckmäßig, 9 zu § 2; 6 zu § 5 GVB. Der RfP. hat deshalb auch in dem Erlaß vom 16. März 1938 — 4 zu § 3 PBG. — ersucht, von der Erteilung von Auflagen — ausgenommen den Fall II Ziff. 2 Abs. 2, unten 41 — Abstand zu nehmen, vgl. auch den Bescheid des RfP. vom 18. April 1939 DR. 1940, 301.

Unmittelbare Eingriffe in das Vertragsrecht sind im Rahmen des Genehmigungsverfahrens nach der GVB. (9 zu § 2; 6 zu § 5) und dem WohnSG. nicht zulässig, vgl. Kiefersauer, Grundstücksmiete II, 228. Wenn RE. 155/37 dieselben Maßnahmen zur Anwendung bringen will, so dürfte dieser Grundsatz in aller Regel auch für die Durchführung dieses RE. gelten, vgl. 3 zu § 2 PBG.; ferner Brandt ZAkDR. 1941, 188.

Der Erlaß vom 16. März 1938 läßt es aber in Ausnahmefällen zu, daß die Preisbehörde „den Kaufpreis unmittelbar auf das volkswirtschaftlich gerechtfertigte Maß" herabsetzt; das Recht des Rücktritts wird den Vertragsteilen aberkannt. Aus dieser Stellungnahme des RfP. folgert Cochems, GrundE. 1939, 450, daß auch die vertragliche Vereinbarung eines Rücktritts — **Rücktrittsvorbehalt** — für den Fall der Herabsetzung des Kaufpreises rechtsunwirksam sei; ebenso RE. 30/41 vom 17. März 1941 — 4 zu § 3 PBG. —. Demgegenüber ist darauf hinzuweisen, daß das öffentliche Interesse an der Einhaltung angemessener Preise nicht unter allen Umständen die Aufrechterhaltung des Vertragsabschlusses zu dem (herabgesetzten) angemessenen Preis erfordert, selbst wenn man mit RG. IV 131/39 RGZ. 161, 267 (RG. V 23/40 DR. 1940, 2169) davon ausgeht, daß die amtliche Preisregelung das Wirtschaftsleben auf gesunder preisrechtlicher Grundlage aufrechterhalten und beleben soll. Nur bei sonst vorliegender Bindung der Vertragsteile befreit die preisrechtliche Minderung der Gegenleistung nicht von der Vertragserfüllung; ist aber die Bindung durch Vorbehalt gelockert, so bleibt das Recht aus dem Vorbehalt durch preisrechtliche Maßnahmen unberührt, vgl. Kiefersauer, Deutsche Rechtswissenschaft 1941 Heft 4. Der vertragliche Rücktrittsvorbehalt ist daher zulässig und rechtswirksam, wie hier Scheuermann, Uhrlandt, GrundE. 1939, 528; Oehlschläger DR. 1940, 304 u. DNotZ. 1941, 286; Peters ZAkDR. 1941, 17; Jeschke, DGWR. 1941, 1; KG. bei Weber DWohnA. 1941, 2; 4 d $\gamma$ zu § 2 PBG., a. M. Friemann DR. 1940, 567. Die Preisbehörde kann auch nicht etwa auf Grund des § 2 PBG. die Rücktrittsklausel streichen, wie dies in der Stellungnahme des RfP. vom 18. April 1939 — DR. 1940, 301 — zum Ausdruck gebracht wird; denn § 2 deckt nur Maßnahmen, die der Sicherung volkswirtschaftlich gerechtfertigter Preise dienen, nicht aber die Beseitigung von Vertragsabreden, die sich lediglich auf das Verfügungsrecht des Grundstückseigentümers beziehen und mit einer Verletzung oder Gefährdung preisrechtlicher Vorschriften nichts zu tun haben, wie hier Oehlschläger DR. 1940, 304 u. DNotZ. 1940, 268; a. M. Friemann DR. 1940, 567 u. Lampe DR. 1941, 647. Die Streichung der Rücktrittsklausel durch die Preisbehörde unterliegt der Nachprüfung durch die ordentlichen Gerichte.

**24.** Abweichend von der Regelung im Genehmigungsverfahren (5 zu § 2 GVB.) kann ausnahmsweise bereits vor Abschluß des Vertrages die Bestimmung des höchstzulässigen Preises beantragt werden; die „besonderen Gründe" liegen immer vor, wenn ein ernsthafter Wille zum Vertragsabschluß besteht. Die Vorlage eines Entwurfs des Vertrages durch den Urkundbeamten empfehlen Friemann DWohnA. 1940, 402; Vogels DWohnA. 1941, 204 und Oehlschläger DNotZ. 1941, 286; 1 zu § 3 PStopV.

Nach einer Stellungnahme des RfP. vom 2. August 1938 (GrundE. 1938, 690) kann gerade bei hochwertigen Objekten die Höhe der Beurkundung ein wichtiger Grund dafür sein, diese Ausnahme von dem allgemeinen Grundsatz (daß nämlich nur der formgültig abgeschlossene Vertrag die Grundlage der Prüfung bilden kann) zu rechtfertigen. Die Verweisung auf die Ziffern II 2 und II 4 ist nur eine beispielhafte. Die endgültige Genehmigung nach § 3 PStopV. kann allerdings erst nach Vorliegen der formgültigen Vertrages erfolgen; der Bescheid ist unverbindlich, dies gilt insbes. für das etwa nachfolgende Enteignungsverfahren, unten 66.

Auf die Möglichkeit der vorherigen Auskunftserteilung durch die Preisbehörden sollen die Beteiligten nach dem RE. 72/38 Ziff. II Abs. 7 — vgl. 3 zur

VO. zur Sicherung der Preisüberwachung bei Grundstücken vom 8. Juli 1938 — hingewiesen werden.

Die Erteilung von Auskünften oder gutachtlichen Äußerungen der Preisbehörden, deren Einholung den Gerichten durch die AV. d. RJM. vom 25. Oktober 1940 — Deutsche Justiz S. 1217 — nahegelegt ist, stellt keine bindende Stellungnahme dar; sie ist auch keine Anordnung im Sinne des § 6 PBG., vgl. Friemann DR. 1940, 565 u. 4 Buchst. c zu § 2 PBG.

**25.** Vgl. unten 60.

**26.** Die Einführung einer allgemeinen Genehmigungspflicht für alle Grundstücksgeschäfte ist nicht beabsichtigt. Tatsächlich ist aber durch eine stark ausgebaute Sondergesetzgebung der Grundstücksverkehr nahezu lückenlos einem Genehmigungsverfahren unterworfen, vgl. die Zusammenstellung bei von Spreckelsen DJ. 1939, 1061 und oben 15.

Das Preisprüfungsverfahren selbst ist — abgesehen von dem Verfahren um Erteilung einer Ausnahmebewilligung gemäß § 3 PStopV. — kein Genehmigungsverfahren. Die Grundsätze des Erlasses vom 16. März 1938/17. März 1941 — 4 zu § 3 PBG. — können nur außerhalb eines sonst vorgeschriebenen Genehmigungsverfahrens zur Durchführung gebracht werden, 3, 4, zu § 2 PBG.

**27.** Nach der Neufassung des § 1 der Durchführungsbestimmungen zum Grunderwerbsteuergesetz vom 22. Januar/14. Juli 1935 (RMBl. S. 38, 577) durch die Verordnung über die **Zuständigkeit** für die Verwaltung der Grunderwerbsteuer vom 1. August 1938 (RGBl. I S. 971) gilt folgendes:

*Sachlich zuständig für die Verwaltung der Grunderwerbsteuer sind die Finanzämter.*

*Der Zeitpunkt, in dem die Verwaltung der Grunderwerbsteuer von den in den Ländern Preußen, Sachsen und Anhalt bisher zuständigen gemeindlichen Stellen auf die Finanzämter übergeht, wird für den Bezirk jedes Finanzamts durch Bekanntmachung des Oberfinanzpräsidenten bestimmt. Bis zu diesem Zeitpunkt bleiben die bisher mit der Verwaltung betrauten Stellen zuständig.*

Die örtliche Zuständigkeit des Finanzamts für die Verwaltung der Grunderwerbsteuer bestimmt sich grundsätzlich nach dem Orte der Belegenheit des Grundstücks bzw. des wertvollsten Teiles des Grundstücks. Bezieht sich ein einheitlicher Erwerbsvorgang auf mehrere Grundstücke, die in den Bezirken verschiedener Finanzämter belegen sind, so ist jedes dieser Finanzämter für die Erhebung der Steuer zuständig, die auf das in seinem Bezirk belegene Grundstück entfällt, § 1 Abs. 1 der DurchführungsVO. zum Grunderwerbsteuergesetz vom 30. März 1940 (RGBl. I S. 595).

Wegen der Anzeigepflicht der Behörden, Beamten, Notare und Beteiligten vgl. die Neufassung des § 189b der Reichsabgabenordnung durch § 18 Ziff. 4 Grunderwerbsteuergesetz vom 29. März 1940 (RGBl. I S. 585) sowie die §§ 2 bis 5 GrEStDV.

**28.** Die **Unbedenklichkeitsbescheinigung,** die gemäß § 189d der Reichsabgabenordnung i. d. F. des § 18 Ziff. 5 GrEStG. vom 29. März 1940 vom Finanzamt grundsätzlich dem Erwerber des Grundstücks zu erteilen ist (vgl. § 9 GrEStDV.), ist zur Eintragung des Eigentumsübergangs im Grundbuch erforderlich. Sie darf nach Ziff. 2 der VO. zur Sicherung der Preisüberwachung bei Grundstücken vom 8. Juli 1938 — unten S. 90 — erst ausgehändigt werden, wenn die Preisbehörde auf Beanstandung verzichtet hat oder wenn die Zweiwochenfrist seit Mitteilung des Finanzamts ohne Erinnerung verstrichen ist. Trotz Ablauf dieser Frist wird aber das

Finanzamt die Bescheinigung nicht **aushändigen dürfen**, wenn es von einem schwebenden Verfahren der Preisbehörde durch diese Kenntnis erhält.

**29.** Die Aushändigung der Unbedenklichkeitsbescheinigung gemäß § 189 d AO. gilt — soweit nicht ein Genehmigungsverfahren in Frage kommt, oben 17 — als Erteilung der Ausnahmebewilligung nach § 3 PStopV. Maßgebend ist die tatsächliche **Aushändigung** der Bescheinigung durch das Finanzamt an den Erwerber des Grundstücks. Nach § 9 GrEStDV. kann die Unbedenklichkeitsbescheinigung auch ausgehändigt werden

1. einer anderen Person, für die die Eintragung des Eigentumswechsels rechtliche Bedeutung hat,
2. der Behörde, dem Beamten oder dem Notar, der den Rechtsvorgang oder den Antrag auf Berichtigung des Grundbuchs beurkundet hat,
3. dem Grundbuchamt.

Entscheidend ist wohl der Zeitpunkt, an dem die Aushändigung zuerst an eine dieser Personen oder Behörden erfolgt ist. Die Erteilung der Bescheinigung durch Aushändigung (Zustellung, Eingang bei der Behörde) steht von diesem Zeitpunkt an der Erteilung der Ausnahmebewilligung durch die Preisbehörde nach § 3 PStop.-V. gleich, es sei denn, daß die Preisbehörde vor diesem Zeitpunkt den Beteiligten erkennbar z. B. durch Zustellung eines Bescheides, in dem der Preis beanstandet — 3, 4 zu § 2 PBG.; 1 zu § 1 PStopV. — wird, ihren gegenteiligen Willen zum Ausdruck gebracht hat. Die bloße Möglichkeit oder Bereitwilligkeit des Finanzamtes zur Aushändigung der Unbedenklichkeitsbescheinigung genügt nicht, um die Annahme der Fiktionswirkung zu rechtfertigen. Andererseits gilt auch eine der Vorschrift der Ziff. 2 der VO. vom 8. Juli 1938 — oben 28 — widersprechende Aushändigung der Bescheinigung durch das Finanzamt dann als Erteilung der Ausnahmebewilligung gemäß § 3 PStopV., wenn die Beteiligten im Zeitpunkt der Aushändigung von einer Beanstandung des Preises durch die Preisbehörde keine Kenntnis hatten. Die Preisbehörde kann diese unerwünschte Rechtsfolge dadurch verhindern, daß sie sofort die Beteiligten entsprechend der Weisung in Ziff. III Abs. 2 des RE. 72/38 benachrichtigt.

Bedeutsam ist die Fiktion aber vor allem in den Fällen, in denen eine Mitteilungspflicht des Finanzamts gemäß der Vorschrift des RE. 72/38 oder der auf ihr beruhenden Vereinbarung zwischen Finanzamt und Preisbehörde nicht besteht. Hier hat die Preisbehörde regelmäßig keine Möglichkeit — die Fälle des Genehmigungsverfahrens ausgenommen —, auf die Aushändigung der Unbedenklichkeitsbescheinigung Einfluß zu nehmen. Soweit daher diese Aushändigung erfolgt ist, gilt die Fiktion der Erteilung der Ausnahmebewilligung gemäß § 3 PStopV. und die Preisbehörde ist nicht befugt, nachträglich die Preisvereinbarung zu beanstanden, vgl. 1 zu § 3 PStopV.

**30.** Gegenstandslos zufolge der VO. zur Sicherung der Preisüberwachung bei Grundstücken vom 8. Juli 1938 (RGBl. I S. 850).

## II.[31]

**31.** Der Abschnitt II umfaßt nunmehr nach der Streichung der Ziff. 4 — Bauland — durch den RE. Nr. 64/41 vom 10. Juni 1941 nur mehr drei Gruppen von Grundstücken, nämlich

land- und forstwirtschaftlich genutzte Grundstücke — Ziffer 1 —,
bebaute und unbebaute Grundstücke, die industriellen Zwecken dienen — Ziffer 2 — und

bebaute Grundstücke mit zur Vermietung bestimmten Wohnungen oder Geschäftsräumen — Ziff. 3 —.

1. Land- und forstwirtschaftlich genutzte Grundstücke[32] werden fast[33] durchweg unter die Grundstückverkehrsbekanntmachung vom 26. Januar 1937 fallen, zumal der Geltungsbereich dieser Verordnung durch die Ausführungsverordnung vom 22. April 1937 (RGBl. I S. 534) noch weiter ausgedehnt worden ist. Ich will infolgedessen insoweit zunächst von der Aufstellung eigener Richtlinien absehen und beschränke mich auf einen Hinweis auf die zu § 5 GVB. erlassenen Richtlinien[34] des Herrn Reichsministers für Ernährung und Landwirtschaft und des Reichsnährstandes (vgl. Riecke-v. Manteuffel: Der ländliche Grundstücksverkehr S. 78—80). Ich ersuche jedoch, dem Verkauf kleinerer, nicht mehr unter die Grundstückverkehrsbekanntmachung fallender Parzellen[33] besondere Aufmerksamkeit zu schenken, sofern[35] er für nicht landwirtschaftliche Zwecke erfolgt. In derartigen Fällen werden erfahrungsgemäß häufig verhältnismäßig hohe Preise erzielt, die dann das gesamte Grundstückspreisniveau ungünstig beeinflussen.

**32.** Gemeint sind land- und forstwirtschaftliche Grundstücke im Sinne der GVB.; auf die tatsächliche Nutzung kommt es nicht an, vgl. 2 zu § 1 GVB.

Die **steuerliche** Bewertung land- und forstwirtschaftlicher Grundstücke erfolgt — abweichend von den Vorschriften über sonstiges Grundvermögen, § 51 Abs. 1 RBewG. — nach den Vorschriften des §§ 28—49 RBewG. und der §§ 4—31 RBewDV. vom 22. November 1939 (RGBl. I S. 2271). Maßgebend ist nach § 31 RBewG. grundsätzlich der **Ertragswert** des landwirtschaftlichen Betriebs, zu dessen Ermittlung besondere Vorschriften über die Ermittlung von Vergleichsbetrieben erlassen sind.

Die steuerlichen Grundsätze über die Bewertung nach dem Ertragswert des landwirtschaftlichen Betriebes sind in den §§ 34 bis 40 RBewG. stark schematisiert, um eine größtmögliche Gleichmäßigkeit der Ermittlung der Ertragswerte zu gewährleisten. Die Ertragsfähigkeit des Bodens zu ermitteln bleibt immer eine schwierige Aufgabe und zwar auch dann, wenn nach Durchführung des Bodenschätzungsverfahrens — oben 9 — die Grundlagen für die rein physikalische Ertragsfähigkeitsermittlung neu geschaffen und gesichert sind. Denn für die Bewertung des Ertrags ist immer der Reinertrag des Betriebs und zwar als Durchschnittswert maßgebend. Die Vorschriften des **§ 31 Abs. 2 mit 4 RBewG.** fordern in diesem Sinne die Berücksichtigung eines konkreten Betriebes unter Außerachtlassung der besondern Verhältnisse der Wirtschaftsführung des gegenwärtigen Betriebsführers; sie lauten:

(2) *Ertragswert ist das Fünfundzwanzigfache des Reinertrags, den der Betrieb seiner wirtschaftlichen Bestimmung gemäß im Durchschnitt der Jahre nachhaltig erbringen kann. Dabei ist davon auszugehen, daß der Betrieb unter gewöhnlichen Verhältnissen, ordnungsmäßig, gemeinüblich und mit entlohnten fremden Arbeitskräften bewirtschaftet wird. Außerdem ist zu unterstellen, daß der Betrieb schuldenfrei ist.*

(3) *Bei der Beurteilung der nachhaltigen Ertragsfähigkeit sind alle Umstände zu berücksichtigen, die auf den Wirtschaftserfolg von Einfluß sind oder von denen die Verwertung der gewonnenen Erzeugnisse abhängig ist. Demgemäß sind insbesondere zu berücksichtigen:*

1. *die natürlichen Ertragsbedingungen:*
   *Bodenbeschaffenheit, Geländegestaltung und klimatische Verhältnisse;*
2. *die folgenden wirtschaftlichen Ertragsbedingungen:*
   a) *Hoflage, Geschlossenheit oder Zersplitterung des Betriebs (innere Verkehrslage),*
   b) *Verkehrs- und Absatzverhältnisse und die Verhältnisse des Arbeitsmarkts (äußere Verkehrslage).*

(4) *Die Gebäude, Betriebsmittel, Nebenbetriebe und Sonderkulturen, die zu dem Betrieb gehören, werden nicht besonders bewertet, sondern bei der Ermittlung des Ertragswerts berücksichtigt.*

Den Ertragswert bestimmt hiernach — in Übereinstimmung mit den Pachtleistungsrichtlinien des Reichsbauernführers, Hauptband S. 272 — immer der Reinertrag, der unter gewöhnlichen Verhältnissen von berufstüchtigen Bauern oder Landwirten nachhaltig, d. h. im langjährigen Durchschnitt erzielt werden kann. Dieser Betriebsreinertrag ist bei landwirtschaftlichen Grundstücken maßgebend nicht nur für die Bestimmung des angemessenen Pachtzinses — vgl. 6 zu § 5 GVB. —, sondern auch für die Ermittlung des volkswirtschaftlich gerechtfertigten Bodenwertes. Der Bodenwert wird durch die Feststellung der physikalischen Ertragsfähigkeit nicht ausgeschöpft; nur die Einbeziehung in den landwirtschaftlichen Betrieb, also die Hinzurechnung des Wertes der landwirtschaftlichen Arbeit ermöglicht die Feststellung des angemessenen Bodenwertes.

Die rechtsverbindlich gewonnenen **Ergebnisse der Bodenschätzung** nach dem Bodenschätzungsgesetz vom 16. Oktober 1934 (RGBl. I S. 1050) sind gemäß § 33 der Reichsumlegungsordnung vom 16. Juni 1937 (RGBl. I S. 626) bei der Ermittlung des Mietverhältnisses im Umlegungsverfahren regelmäßig zugrundezulegen, vgl. hierher RE. d. RfEuL. vom 25. April 1938 (LwRMBl. S. 421). Über die Übernahme der Bodenschätzungsergebnisse in das als Reichskataster eingeführte Liegenschaftskataster vgl. den RE. d. RMdJ. vom 23. September 1936 mit Ergänzungen und Erläuterungen vom 24. Juni 1937, 22. Februar 1938 und 28. März 1939 (LwRMBl. 1938, 389 und 1939, 622); über die Einführung des Reichskatasters als amtliches Verzeichnis der Grundstücke im Sinne des § 2 Abs. 2 GBO. vgl. die Verordnung vom 23. Januar 1940 (RGBl. I S. 240) und über die Zurückführung der Grundbücher auf das Reichskataster die AV. d. RJM. vom 20. Januar 1940 u. vom 28. April 1941 (DJ. 1940, 212; 1941, 548). Das Reichskataster soll nach Möglichkeit den Bedürfnissen der Steuerverwaltung, der Statistik, der Wirtschaft und der Planung Rechnung tragen und als Grundlage für die Erneuerung und Laufendhaltung topographischer Kartenwerke dienen.

**33.** Wegen der Mindestgröße vgl. 4 zu § 1 GVB.; Grundstücke unter der Mindestgröße unterliegen gleichwohl der Preisüberwachung und zwar ohne Rücksicht auf den Zweck des Grundstückrechtsgeschäfts, vgl. unten 35.

**34.** Abgedruckt Hauptband S. 275; vgl. ferner die beiden Erlasse des RMfEuL. vom 7. und 11. Februar 1938, Riecke-v. Manteuffel S. 256, 307; 6 zu § 5 GVB. Wegen der abweichenden Grundsätze des RMfEuL. hinsichtlich Kaufpreisbemessung bei der Veräußerung ganzer Höfe vgl. unten 66.

35. Die Einbeziehung land- und forstwirtschaftlicher Grundstücke in die Preisüberwachung soll ohne Rücksicht auf die Größe des Grundstücks — oben 33 — nur dann erfolgen, wenn die Veräußerung zu anderen als landwirtschaftlichen Zwecken erfolgt, z. B. für Bau- oder Industriezwecke. Abgesehen davon, daß die Zweckbestimmung eines Rechtsgeschäfts nicht immer ohne weiteres erkennbar ist, würde die Bestimmung des Grundstücks als Bau- und Industriegelände dem Grundstück den Charakter eines landwirtschaftlichen Grundstücks dann nehmen, wenn die örtliche Lage und die sonstigen Verhältnisse die tatsächliche Verwirklichung der Absichten der Vertragsteile in absehbarer Zeit ermöglichen. In diesem Falle ist aber nach Ziff. II 2 dieses RE. oder nach dem RE. 64/41 (Bauland) zu verfahren, wobei es auf die Größe des Grundstücks ohnehin nicht ankommt. Aus diesem Grunde dürfte der Einschränkung der Ausdehnung der Preisüberwachung auf kleinste Grundstücke keine allzu große Bedeutung beizumessen sein.

2. Bei bebauten und unbebauten Grundstücken, die industriellen Zwecken[36] dienen sollen, wird im allgemeinen erwartet werden können, daß der Käufer selbst richtig beurteilen kann[36a], welcher Preis unter den gegenwärtigen wirtschaftlichen Verhältnissen für ihn[37] tragbar ist. Ein Eingriff der Preisbildungsbehörde wird deshalb im allgemeinen nur dann in Betracht kommen, wenn ein Grundstückseigentümer unter Ausnutzung einer Monopolstellung für ein Grundstück erheblich überhöhte Preise fordert oder aus anderen Gründen ein offensichtlich unangemessener Preis vereinbart ist. Am häufigsten dürfte das bei unbebauten Grundstücken vorkommen, die zur Erweiterung vorhandener Anlagen oder zur Ausbeutung für industrielle Zwecke benötigt[38] werden. In solchen Fällen kann auf Antrag der volkswirtschaftlich gerechtfertigte Preis unter billiger Berücksichtigung der Interessen beider Parteien festgesetzt werden[39]. Mein Erlaß vom 29. Januar 1937 Nr. 18/37 betr. „Preise, Pachten und sonstige Entgelte bei Grundstücken, die zur Ausbeutung für im Bauwesen verwendbare Rohstoffe geeignet sind", ist hiermit überholt und wird aufgehoben.

Beim Verkauf von unbebautem Gelände, das bisher nicht industriell genutzt wurde, für industrielle Zwecke wird außerdem[40] darauf zu achten sein, daß nicht durch überhöhte Kaufpreise der Preis des umliegenden, für Bauzwecke in Frage kommenden Landes in die Höhe getrieben wird. Wenn es, um das zu vermeiden, notwendig ist, zugunsten eines als Käufer auftretenden Industrieunternehmens eine Ermäßigung des Kaufpreises zu verlangen, so kann daran die Auflage[41] geknüpft werden, daß der betreffende Unternehmer zur Verbilligung gemeinnütziger Siedlungsvorhaben, insbesondere hinsichtlich der Aufschließungskosten, einen angemessenen Betrag als Ausgleich[42] an den Kreis oder die Gemeinde zahlt.

36. Industriellen Zwecken dient ein Grundstück dann, wenn es den wirt-

schaftlichen Bedürfnissen eines industriellen Unternehmens eingeordnet wird. Die Bestimmung der Einordnung in den industriellen Betrieb braucht — im Gegensatz zum Begriff des Baulandes, unten 52 — weder zeitlich noch räumlich unmittelbar bevorstehen. Es genügt die Zweckbestimmung des Grundstückserwerbers. Die tatsächliche Zweckverwendung steht im Belieben des Unternehmers.

Beachtenswert ist, daß nicht nur unbebaute Grundstücke — Industriegelände —, sondern auch bebaute Grundstücke, die gegebenenfalls abgebrochen oder umgebaut werden müssen, in Frage kommen.

**36a.** Über die verantwortliche Pflicht des Käufers und des Verkäufers zur Selbstprüfung der Preisgestaltung nach den Grundsätzen der kriegsverpflichteten Volkswirtschaft vgl. Vorbem. II zum PBG.

**37.** Der RE. geht davon aus, daß die Preisgestaltung bei Industriegelände, gleichviel, ob es sich um bebaute oder unbebaute Grundstücke handelt, grundsätzlich sich selbst überlassen werden könne; nur bei erheblicher Überschreitung des üblichen Preises sei ein Einschreiten der Preisbehörde geboten.

Zunächst ist grundsätzlich daran festzuhalten, daß die Preisüberwachung nicht auf die wirtschaftliche Kraft des Erwerbers abgestellt werden kann. Es kommt nicht darauf an, ob der Preis für den Käufer unter den gegenwärtigen wirtschaftlichen Verhältnissen tragbar ist, sondern nur darauf, ob der Preis **angemessen** ist — vgl. 2 zu § 2 PBG. —. Dabei ist nicht nur auf die Auswirkungen hoher Preise für Industrieland auf den Grundstücksmarkt überhaupt — unten 40 —, sondern auch darauf Rücksicht zu nehmen, daß der angemessene Preis im freien Grundstücksverkehr nicht höher wird als die angemessene Entschädigung, die im Enteignungsverfahren gewährt wird, unten 66.

Auf der anderen Seite soll nach den Grundsätzen des Runderlasses die Zweckverwendung, die dem Grundstück von Seite des Erwerbers zugedacht ist, eine entscheidende Rolle für die Zulassung von vertraglichen Grundstückspreisen bilden. Wenn daher z. B. ein Fabrikant ein Miethaus, dessen Geschäftsräume im Verhältnis zu den Wohnungen eine nur untergeordnete Rolle gespielt haben, lediglich in der Absicht erwirbt, für seine gewerblichen Zwecke die frei werdenden Räume auszunutzen, so darf die Prüfung des Vertragspreises nicht lediglich nach den für die Mietwohn- und Geschäftshäuser geltenden Grundsätzen der Ziff. 3 erfolgen, sondern es muß mindestens eine Annäherung an die Gesichtspunkte der Ziff. 2 stattfinden, je nach der Bedeutung, die dem Kaufgrundstück für die gewerblichen Zwecke des Erwerbers zukommt. Sind diese Zwecke so stark, daß ein öffentliches Interesse an dem Eigentumsübergang anzuerkennen ist, so wird damit zugleich die ausschlaggebende Zweckbestimmung, also im vorliegenden Fall die Abkehr vom Miethaustyp und die Zuwendung zum Gewerbezweck festgestellt mit der Folge, daß ausschließlich die Grundsätze der Ziff. 2 anzuwenden sind. Die Anerkennung des öffentlichen Interesses im Sinne des Erl. vom 16. März 1938 kann also eine Verpflichtung der Preisbehörde zu anderweitiger Beurteilung der Preisvereinbarung nach sich ziehen, vgl. 4 d $\gamma$ zu § 2 PBG.

Über die Bedeutung der Richtlinien des RdF. nach dem Weilschen Verfahren — oben 9 — für die Bewertung der Fabrikgrundstücke vgl. die Entscheidungen des RFH. zu § 33 Abs. 2 RBewDB. 1935 in RStBl. 1939 S. 683, 684, 709; ferner RStBl. 1940, 319, 362, 470, 492, 590, 852; RStBl. 1941, 157. Zu beachten ist, daß die Bewertung von Bauland nicht ohne weiteres auf die Bewertung von Industrieland übertragbar ist; nach der Rspr. d. RFH. gilt dies insbesondere für die nicht standortgebundenen Industrien und beim Erwerb eines größeren Industriegeländes, vgl. RFH. vom 15. Februar 1940 RStBl. 1940, 362. Vgl. hierher den Bescheid des

RfP. vom 1. April 1941 (IX — 51 — 1690/41) DR. 1941, 1150 über die Preisfestsetzung für Industrie- oder Bauland bei schlechter Bodenbeschaffenheit.

**38.** Im Erlaß vom 16. März 1938 — 4 zu § 3 PBG. — ist der Fall erwähnt, daß eine Ziegelei zur Weiterführung ihres Betriebes ein benachbartes Lehmgrundstück braucht.

**39.** Die Preisfestsetzung erfolgt auf Antrag eines Vertragsteiles vor Abschluß des Vertrages (oben 24), Kiefersauer DWohnA. 1938, 185. Wegen der Möglichkeit, nach Abschluß des Vertrages von Amts wegen den vereinbarten Preis auf das volkswirtschaftlich gerechtfertigte Maß herabzusetzen, vgl. oben 23.

**40.** Der Umstand, daß ein landwirtschaftliches Grundstück für industrielle Zwecke verwendet werden soll, rechtfertigt einen höheren Preis. Die Erhöhung des der bisherigen Verwendung entsprechenden Grundstückspreises findet u. a. eine Begrenzung durch die Auswirkungen der Preisgestaltung auf die benachbarten Grundstücke, soweit sie als Bauland — unten 52 — in Frage kommen. Die Preise für Bauland dürfen durch die Bewilligung eines überhöhten Industrielandpreises nicht verteuert werden. Bei entsprechender Handhabung der Befugnis zur Auferlegung von Ausgleichszahlungen dürfte die unerwünschte Auswirkung auf die Baulandpreise sicherer zu vermeiden sein, unten 42.

**41.** Wegen der fortschreitenden Ausgestaltung der behördlichen Befugnis, durch **Auflagen** bestimmten Einfluß auf die Entwicklung des Grundstückverkehrs zu nehmen, vgl. oben 22, 23. Zu beachten ist, daß die Preisbehörde nur gemäß § 3 PStopV. zur Erteilung einer förmlichen Genehmigung — oben 26 — berufen ist, daß daher im übrigen die Einwirkung auf die Preisbildung gemäß § 2 PBG. durch unmittelbare behördliche Anordnung, d. h. durch Auferlegung einer selbständigen Verpflichtung erfolgt, vgl. aber 26. Da rechtsbegrifflich die Auflage nur eine Nebenbestimmung des obrigkeitlichen Ausspruchs ist — Kiefersauer DJ. 1939, 1275 —, dürfte die Anordnung der Preisbehörde hinsichtlich der Preisgestaltung im Einzelfall an sich nicht als Auflage zu bezeichnen sein. Mit Rücksicht auf die in der Praxis und auch in der Gesetzgebung — vgl. 4 zu § 7 SchutzbereichG. — gebräuchliche Ausdrucksweise kann man sich mit der Anwendung des Begriffs Auflage auch für selbständige Anordnungen abfinden.

**42.** Die Möglichkeit der Verpflichtung des Grundstückserwerbers zur Zahlung einer angemessenen **Ausgleichssumme** an Gebietskörperschaften (Gemeinde, Kreis) geht von dem Gedanken aus, daß unter den gegebenen Verhältnissen, insbes. unter Berücksichtigung der vorhandenen Auffassungen über den Verkehrswert des Industriegeländes, der nach nationalsozialistischer Auffassung angemessene Preis in vielen Fällen nicht unerheblich unter dem Verkehrswert — 2 zu § 2 PBG. — liegt und daß daher der Erwerber durch die Anerkennung dieses Preises in nicht gerechtfertigter Weise begünstigt würde, vgl. 1 zu § 15 EinsatzVO. Zum Ausgleich soll der Erwerber des Grundstücks einen Betrag, der etwa den Unterschied zwischen Verkehrswert und angemessenem Wert darstellt, an die zuständige Gebietskörperschaft zu zahlen verpflichtet werden. Dadurch wird erreicht, daß der Verkäufer nicht mehr als den angemessenen Preis erhält; der Käufer aber muß unter Berücksichtigung der Ausgleichszahlung annähernd den Verkehrswert bezahlen. Nebenwirkung: Verhinderung unerwünschter Preissteigerung für benachbartes Baugelände, oben 40.

Die Nichtbefolgung der angeordneten Ausgleichszahlung ist als Verstoß gegen § 1 PreisStrVO. strafbar; die Beitreibung des Ausgleichsbetrags kann durch die Preisbehörde angeordnet werden. Über die Zulässigkeit einer auf § 2 PBG. zu stützenden teilweisen Abschöpfung des Kaufpreises zugunsten der Gemeinde vgl. OLG. Stuttgart DR. 1941, 496 (Lampe).

Über den Vorschlag der Erhebung einer **Ausgleichsabgabe** bei der Festsetzung von Baulandpreisen vgl. Vorbem. IV zu RE. 64/41.

Die Verpflichtung zur Ausgleichszahlung ist eine **Übergangsmaßnahme**, die die Loslösung der Preisbildung von der liberalistischen Wirtschaftsauffassung erleichtert. Sobald die Durchdringung des Wirtschaftslebens mit der nationalsozialistischen Auffassung von Grund und Boden erfolgt ist und demgemäß auch der Verkehrswert dem angemessenen Wert entspricht, entfällt die Notwendigkeit der Auferlegung von Ausgleichszahlungen, vgl. 2 zu § 2 PBG.

Die Verwendung der Ausgleichssumme durch den Empfänger muß **zweckgebunden** sein, d. h. die Gelder dürfen vom Kreis bzw. von der Gemeinde nur zur Verbilligung gemeinnütziger Siedlungsvorhaben verwendet werden.

Nach § 15 EinsatzVO. kann die Genehmigung zur Veräußerung jüdischen Grundbesitzes unter der Auflage erteilt werden, daß der Erwerber eine Geldleistung zugunsten des **Reichs** zu entrichten hat.

3. Bei bebauten Grundstücken[43] mit zur **Vermietung** bestimmten Wohnungen oder Geschäftsräumen wird sich der volkswirtschaftlich gerechtfertigte Preis[44] im allgemeinen aus dem unter den heutigen Verhältnissen erzielbaren Ertrage[45] ergeben, neben dem selbstverständlich das Alter und der bauliche Zustand der betr. Häuser mit zu berücksichtigen[46] sind. Auch hier kann es nicht Aufgabe der behördlichen Preisüberwachung sein, in jedem Falle bis ins einzelne festzustellen, ob ein vereinbarter Preis mit dem Ertragswert übereinstimmt oder nicht. Die zuständigen Stellen haben vielmehr nur dann einzuschreiten, wenn aus volkswirtschaftlich unerwünschten Motiven[47] Preise gefordert und gezahlt werden, die offensichtlich in dem Ertrage des Grundstücks keine Rechtfertigung finden. Insbesondere ist also der infolge des in weiten Kreisen vorhandenen Bedürfnisses, flüssige Mittel in Immobilien anzulegen[48], teilweise hervorgerufenen ungesunden Übersteigerung der Grundstückspreise entgegenzutreten. Die Hausbesitzer, die ihre Grundstücke zu teuer erworben[49] haben, versuchen erfahrungsgemäß, die Rentabilität durch Mietsteigerung herzustellen. Werden ihnen diese untersagt, so besteht die Gefahr, daß ihnen dann die Mittel fehlen, das Haus ordnungsmäßig zu unterhalten, und daß dadurch wertvolles Volksvermögen verlorengeht. Bei Einfamilienhäusern[50] (außer Kleineigenheimen und Kleinsiedlungen), bei denen derartige Gefahren nicht oder in geringerem Maße bestehen, ist deshalb im allgemeinen nur einzugreifen, wenn offensichtliche Preistreiberei vorliegt. Auch sonst soll, wenn die Verhältnisse am Grundstücksmarkt[51] normal sind und keine besonderen Gründe vorliegen, von einer weiteren Nachprüfung der getroffenen Preisvereinbarungen abgesehen werden.

**43.** Nur **bebaute** Grundstücke kommen hier in Frage. Unbebaute Grundstücke sind entweder nach Abschnitt II Ziff. 1 — land- und forstwirtschaftliche Grundstücke

— oder nach Abschnitt II Ziff. 2 — Industriegelände — oder nach dem RE. Nr. 64/41 vom 10. Juni 1941 betr. Baulandpreise zu behandeln.

Von den bebauten Grundstücken scheiden hier aus die Industriebauten — oben 36 —. Nur Mietwohnungen oder Mietgeschäftsräume kommen in Betracht. Die vom Eigentümer selbst genutzten Grundstücke werden nicht erwähnt; lediglich für Einfamilienhäuser enthält Satz 7 eine Anweisung — unten 50.

Hinsichtlich der **steuerlichen Bewertung** der bebauten und der im Bau befindlichen Grundstücke enthalten die §§ 32—37 RBewDV. i. d. F. vom 22. November 1939 (RGBl. I S. 2271) folgende Vorschriften:

### 1. Grundstückshauptgruppen

§ 32

(1) *Im Sinne der nachstehenden Vorschriften sind die folgenden Grundstückshauptgruppen zu unterscheiden:*

1. *Mietwohngrundstück.*
   *Als Mietwohngrundstücke gelten solche Grundstücke, die zu mehr als 80 vom Hundert Wohnzwecken dienen, mit Ausnahme der Einfamilienhäuser (Ziffer 4).*
2. *Geschäftsgrundstücke.*
   *Als Geschäftsgrundstücke gelten solche bebaute Grundstücke, die zu mehr als 80 vom Hundert unmittelbar eignen oder fremden gewerblichen oder öffentlichen Zwecken dienen.*
3. *Gemischtgenutzte Grundstücke.*
   *Als gemischtgenutzte Grundstücke gelten solche Grundstücke, die teils Wohnzwecken, teils unmittelbar eigenen oder fremden gewerblichen oder öffentlichen Zwecken dienen und weder nach Ziffer 1 als Mietwohngrundstücke noch nach Ziff. 2 als Geschäftsgrundstücke, noch nach Ziff. 4 als Einfamilienhäuser anzusehen sind.*
4. *Einfamilienhäuser.*
   *Als Einfamilienhäuser gelten solche Wohngrundstücke, die nach ihrer baulichen Gestaltung nicht mehr als eine Wohnung enthalten. Dabei sind Wohnungen, die für Hauspersonal (Pförtner, Heizer, Gärtner, Kraftwagenführer, Wächter usw.) bestimmt sind, nicht mitzurechnen. Die Eigenschaft als Einfamilienhaus wird auch dadurch nicht beeinträchtigt, daß durch Abtrennung von Räumen weitere Wohnungen (z. B. Not- oder Behelfswohnungen) geschaffen werden, wenn mit ihrem dauernden Bestand nicht gerechnet werden kann. Ein Grundstück gilt auch dann als Einfamilienhaus, wenn es teilweise unmittelbar eigenen oder fremden gewerblichen oder öffentlichen Zwecken dient und dadurch die Eigenart als Einfamilienhaus nach der Verkehrsauffassung nicht wesentlich beeinträchtigt wird.*
5. *Die nicht unter die Ziffern 1 bis 4 fallenden bebauten Grundstücke.*

(2) *Die Frage, ob die im Absatz 1 Ziffer 1 bis 3 bezeichneten Grenzen erreicht sind, ist nach dem Verhältnis der Jahresrohmiete (§ 34) zu beurteilen.*

## 2. Bewertungsgrundlage

### § 33

### Grundstücke, deren Bebauung abgeschlossen ist.

(1) *Mietwohngrundstücke und gemischtgenutzte Grundstücke sind mit einem Vielfachen der Jahresrohmiete (§ 34) zu bewerten.*

(2) *Alle übrigen bebauten Grundstücke sind mit dem gemeinen Wert zu bewerten. Läßt sich innerhalb bestimmter Bezirke für Geschäftsgrundstücke oder für eine Untergruppe von diesen (§ 35 Absatz 2) die Jahresrohmiete in der Regel unschwer ermitteln oder schätzen, so können die Präsidenten der Landesfinanzämter bestimmen, daß die Grundstücke dieser Gruppe oder Untergruppe innerhalb des Bezirks mit einem Vielfachen der Jahresrohmiete zu bewerten sind.*

(3) *Läßt sich in den Fällen des Absatzes 1 oder des Absatzes 2 Satz 2 ausnahmsweise* [a] *die Rohmiete für ein Grundstück nur schwer ermitteln oder schätzen, so ist das Grundstück mit dem gemeinen Wert zu bewerten.*

a) Ein Mietwohngrundstück darf nicht schon deshalb mit dem gemeinen Wert bewertet werden, weil der nach dem Vielfachen der Jahresrohmiete berechnete Einheitswert hinter dem gemeinen (Verkehrs-) Wert zurückbleibt, RFH. RStBl. 1937, 634; 1940, 286 u. 589.

### § 33 a

### Grundbesitz im Zustand der Bebauung.

(1) *Bei Grundstücken, die sich am Feststellungszeitpunkt (Absätze 2 der §§ 21 bis 23 des Gesetzes) im Zustand der Bebauung befinden, ist nur der Grund und Boden zu bewerten. Die Kosten, die für die Baulichkeiten bis zum Feststellungszeitpunkt entstanden sind, bleiben außer Betracht.*

(2) *Befinden sich auf einem solchen Grundstück (Absatz 1) bereits bezugsfertige Gebäude, so ist nur der Grund und Boden einschließlich der bezugsfertigen Gebäude zu bewerten. Die Kosten, die für die im Bau befindlichen Gebäude oder Gebäudeteile (z. B. Anbauten oder Zubauten) bis zum Feststellungszeitpunkt entstanden sind, bleiben außer Betracht. Ein Gebäude ist als bezugsfertig anzusehen, wenn der Bau so weit gefördert ist, daß den zukünftigen Bewohnern oder sonstigen Benutzern des Gebäudes zugemutet werden kann, das Gebäude zu beziehen.*

(3) *Ist ein Grundstück, das sich im Zustand der Bebauung befindet, bei der Ermittlung des Gesamtwerts eines gewerblichen Betriebs, bei der Bewertung des Gesamtvermögens oder bei der Bewertung des Inlandsvermögens anzusetzen (§ 66 Absatz 4, § 73 Absatz 3 und § 77 Absatz 3 des Gesetzes), so ist neben dem Einheitswert nach Absatz 1 oder 2 für diese Zwecke ein besonderer Einheitswert festzustellen. Dabei sind zu dem sich aus Absatz 1 oder 2 ergebenden Wert die Kosten hinzuzurechnen, die für die im Bau befindlichen Gebäude oder Gebäudeteile (z. B. Anbauten oder Zubauten) bis zum Feststellungszeitpunkt entstanden sind.*

(4) *Die Absätze 1 bis 3 gelten für land- und forstwirtschaftliche Betriebe (§§ 29, 45, 47, 48 und 49 des Gesetzes) entsprechend, soweit im Rahmen der Bewertung des Betriebs für Gebäude ein besonderer Wert anzusetzen ist.*

## 3. Besondere Vorschriften für die Bewertung nach der Jahresrohmiete

### § 34
### Jahresrohmiete

(1) *Jahresrohmiete im Sinn dieser Vorschriften ist das Gesamtentgelt (eigentliche Miete, Umlagen und alle sonstigen Leistungen abzüglich der nach Abs. 2 zu berücksichtigenden Beträge), das die Mieter (Pächter) für die Benutzung des Grundstücks auf Grund vertraglicher oder gesetzlicher Bestimmungen nach dem Stand vom Feststellungszeitpunkt, umgerechnet auf ein Jahr, zu entrichten haben. Dies gilt auch für den Fall, daß der Mietvertrag schon bald nach dem Feststellungszeitpunkt abläuft.*

(2) *Nicht zur Jahresrohmiete gehören*

*die Kosten der Heizstoffe (einschließlich der Kosten der Anfuhr) für Sammelheizung und Warmwasserversorgung,*

*die eigentlichen Betriebskosten für Fahrstuhl (Stromgebühren, Zählermiete, Kosten der Fahrstuhlrevision),*

*Vergütungen für außergewöhnliche Nebenleistungen des Vermieters, die nicht die Raumnutzung betreffen, aber neben der Raumnutzung auf Grund des Mietvertrags gewährt werden (Bereitstellung von Wasserkraft, Dampfkraft, Preßluft, Kraftstrom und dergleichen),*

*Vergütungen für Nebenleistungen, die zwar die Raumnutzung betreffen, aber nur einzelnen Mietern zugute kommen (Spiegelglasversicherungen und dergleichen).*

*Soweit Beträge hierfür in der Miete enthalten sind, sind sie auszuscheiden.*

(3) *Nicht zu berücksichtigen ist die Kürzung der Miete, die der Vermieter infolge einer zugunsten des Mieters bewilligten Ermäßigung der Gebäudeentschuldungsteuer gewähren muß. Die Miete ist also in diesen Fällen mit dem ungekürzten Betrag anzusetzen.*

(4) *Statt des sich aus den Absätzen 1 bis 3 ergebenden Betrags gilt die übliche Miete (eigentliche Miete, Umlagen und alle sonstigen Leistungen abzüglich der nach Absatz 2 zu berücksichtigenden Beträge) als Jahresrohmiete für solche Grundstücke oder Grundstücksteile,*

1. *die eigengenutzt, ungenutzt, zu vorübergehendem Gebrauch oder unentgeltlich überlassen sind,*
2. *die der Eigentümer dem Mieter mit Rücksicht auf persönliche (insbesondere verwandtschaftliche) oder wirtschaftliche Beziehungen oder mit Rücksicht auf ein Arbeits- oder Dienstverhältnis zu einem um mehr als 20 vom Hundert von dem üblichen Mietzins abweichenden Entgelt überlassen hat.*

*Die übliche Miete ist in Anlehnung an die Jahresrohmiete zu schätzen, die für Räume gleicher oder ähnlicher Art und Lage regelmäßig vereinbart sind.*

### § 35
### Bezirks- und Gruppenbildung

(1) *Für die Bewertung mit einem Vielfachen der Jahresrohmiete (§ 33 Absatz 1 und Absatz 2 Satz 2) können die Präsidenten der Landesfinanzämter ihr Gebiet in verschiedene Bezirke einteilen. Jeder Bezirk*

*soll ein räumlich abgegrenztes Gebiet (z. B. in einer größeren Stadt einen bestimmten Stadtteil) oder auch mehrere räumlich abgegrenzte Gebiete (z. B. bestimmte oder alle Gemeinden eines Landesfinanzamtsbezirks unter 10000 Einwohnern) umfassen, in denen die Verhältnisse auf dem Grundstücksmarkt etwa gleichmäßig liegen.*

(2) *Abgesehen von der Einteilung in Bezirke (Absatz 1) können die Präsidenten der Landesfinanzämter die Hauptgruppen (§ 32) in Untergruppen teilen. Für die Entscheidung, ob und welche Untergruppen zu bilden sind, sind die Verhältnisse auf dem Grundstücksmarkt maßgebend.*

(3) *Für die einzelnen Grundstücksgruppen können auch verschiedene Bezirke gebildet werden.*

### *§ 36*

### *Regelmäßige Bewertung*

(1) *Die Präsidenten der Landesfinanzämter bestimmen für die Grundstücksgruppen (Hauptgruppen und Untergruppen) eines jeden Bezirks nach den Verhältnissen auf dem Grundstücksmarkt die Zahl, mit der die Jahresrohmiete (§ 34) der Grundstücke zu vervielfachen ist (Vervielfältiger). Der Vervielfältiger kann auch eine Dezimalstelle enthalten.*

(2) *In Ländern, in denen ein Teil der Gemeindegrundsteuer nach landesrechtlichen Vorschriften auf die Mieter umlegbar ist, gilt der Vervielfältiger (Absatz 1) in Bezirken, die sich auf mehrere Gemeinden erstrecken und in denen die Höhe der Gemeindegrundsteuer wesentlich voneinander abweicht, nur für Gemeinden mit einer vom Präsidenten des Landesfinanzamts bestimmten Höhe der Gemeindegrundsteuer; die Höhe ist in einem Rahmensatz auszudrücken. Für Gemeinden, in denen die Gemeindegrundsteuer von diesem Rahmensatz abweicht, bestimmt der Präsident des Landesfinanzamts, in welchem Ausmaß sich der Vervielfältiger (Absatz 1) im Hinblick auf die abweichende Höhe der Gemeindegrundsteuer vermindert oder erhöht.*

(3) *In Ländern, in denen die Umlegbarkeit der Grundsteuer nicht an eine bestimmte Höhe, sondern an die Erhöhung von einem gewissen Zeitpunkt ab geknüpft ist, gelten die Vervielfältiger ohne Rücksicht auf die Höhe der umlegbaren Grundsteuerbeträge.*

### *§ 37*

### *Ermäßigung oder Erhöhung der Bewertung*

(1) *Der Wert eines Grundstücks, der sich aus dem Vielfachen der Jahresrohmiete ergibt, ist zu ermäßigen oder zu erhöhen, wenn Umstände tatsächlicher Art vorliegen, die von den bei der Bildung der Vervielfältiger (§ 5) zugrunde gelegten Verhältnissen des Bezirks und der Grundstücksgruppe wesentlich abweichen. Solche Umstände sind, vorbehaltlich des Absatzes 2, nur:*

*der bauliche Zustand, das Alter oder die Einrichtung des Gebäudes,*

*die Lage des Grundstücks,*

*die Art der Bebauung (z. B. Fachwerkbau, wo Massivbau gemeinüblich ist, oder umgekehrt; Zugehörigkeit größerer unbebauter Flächen, wo solche Flächen normalerweise fehlen),*

*Schadensgefahren (z. B. Berg-, Rauch-, Wasser- oder Erschütterungsschäden),*
*die Belastung mit Gebäudeentschuldungsteuer.*

(2) *Die Präsidenten der Landesfinanzämter können, wenn die örtlichen Verhältnisse es dringend erfordern, weitere Umstände bestimmen, die bei wesentlicher Abweichung von den bei der Bildung der Vervielfältiger zugrunde gelegten Verhältnissen des Bezirks und der Grundstücksgruppe eine Wertermäßigung oder Werterhöhung rechtfertigen.*

(3) *Das Ausmaß der Ermäßigung oder Erhöhung richtet sich nach der Bedeutung, die dem besonderen Umstand bei einem Verkauf des Grundstücks nach Lage des Grundstücksmarkts beigemessen werden würde. Die Ermäßigung oder Erhöhung darf 30 vom Hundert des Werts (des Vielfachen der Jahresrohmiete) nicht übersteigen. Liegen zugleich wertmindernde und werterhöhende Umstände vor, so ist der Höchstsatz erst auf das Ergebnis des Ausgleichs anzuwenden. Die Präsidenten der Landesfinanzämter können für einzelne besondere Umstände (Absatz 1 Satz 2 und Absatz 2) das Ausmaß der Ermäßigung oder Erhöhung bestimmen.*

(4) *Die Ermäßigung oder Erhöhung unterbleibt, soweit die außergewöhnlichen Verhältnisse bereits in der Jahresrohmiete oder in dem Vervielfältiger für den Bezirk und die Gruppe zum Ausdruck kommen.*

Gemeinsame Vorschriften enthalten die §§ 38 bis 43 RBewDB. § 41 dieser DB. ist durch § 66 Ziff. 2 der Verordnung vom 1. Juli 1937 (RGBl. I S. 733) gestrichen, § 45 durch Art. I Ziff. 12 RBewDB. neu eingefügt.

Beachtenswert ist die Einteilung der bebauten Grundstücke in fünf Hauptgruppen sowie die Verwendung verschiedenartiger Bewertungsmaßstäbe. Mietwohngrundstücke werden mit einem Vielfachen der Jahresrohmiete, Geschäftsgrundstücke — ohne Rücksicht auf Fremd- oder Eigennutzung — mit dem gemeinen Wert bewertet. Aus der Rspr. des RFH. vgl. zu § 32 RStBl. 1939, 709, 710; RStBl. 1940, 589, 597, 820; zu § 33 RStBl. 1939, 683, 684, 708; RStBl. 1940, 590, 612; zu § 34 RStBl. 1939, 65; zu § 37 RStBl. 1939, 168, 724; RStBl. 1940, 442.

Über die Bewertung eines bebauten Grundstücks mit dem gemeinen Wert des Grund und Bodens als Mindestwert (§ 52 RBewG.) vgl. RFH. RStBl. 1940, 434. Soweit geeignete Vergleichspreise für den Bodenwert nicht vorhanden sind, ist der Bodenwert aus Vorkriegspreisen abzuleiten; hierbei sind unter Umständen Abschläge zu machen, die nach dem Grad abgestuft sind, in dem die Mieten vom Stichtag gegenüber den Friedensmieten gesunken sind.

Über den Vorschlag, auch für Mietwohnungsgrundstücke im Hinblick auf den Führer-Erlaß über den deutschen Wohnungsbau vom 15. November 1940 zur Bewertung nach dem Ertragswert überzugehen, vgl. Homann DB. 1941, 303. Die aus anderen Gesichtspunkten befürwortete Ertragswertfeststellung findet sich auch im Wehrbeitragsgesetz vom 3. Juli 1913 (RGBl. S. 505), vgl. Vorbem. III zum RE. 64/41.

**44.** Der volkswirtschaftlich gerechtfertigte Preis ist der angemessene Preis, vgl. 2 zu § 2 PBG.

**45.** Der erzielbare Ertrag bestimmt den **Ertragswert**, vgl. 2 zu § 2 PBG. Nur der normale Ertrag, d. h. die — unabhängig von Konjunkturen — dauernd erzielbare Nutzung (z. B. Miete, Pacht) kann die Grundlage für eine sachgemäße Ertragsberechnung bilden. Wegen der Berücksichtigung des Alters und des baulichen

Zustandes des Gebäudes s. unten 46. Zwischen Neubauten und Altbauten ist zu unterscheiden. Hinsichtlich der Ertragsberechnung wird auf die Anweisungen in Ziff. 35, 51 ff. des RE. 184/37 betr. Preisüberwachung und Preisbildung bei Mieten verwiesen, vgl. Kiefersauer DWohnA. 1938, 1, 49. Ziff. 35 des RE. 184/37 gilt in der Fassung des RE. 55/41 vom 2. Mai 1941 (MittBl. I S. 274).

**46.** Vgl. § 37 RBewDV., oben 43. Die Erfahrung lehrt, daß zumeist gerade Gebäude mit Kleinwohnungen vielfach in baulich schlechtestem Zustand — Wohnhöhlen, Knoll, DV. 1938, 457 — die höchsten Mieterträgnisse abwerfen. Diese vom volkspolitischen Standpunkt aus höchst unerwünschten Zustände dürfen preisrechtlich unter keinen Umständen anerkannt werden. Der angemessene Preis für alte und verwahrloste Gebäude darf nicht auf der Grundlage des tatsächlichen, aber moralisch ungerechtfertigten Mieterträgnisses ermittelt werden; eine erhebliche — für Sanierungsmaßnahmen unter Umständen eine völlige — Wertabschreibung ist hier geboten.

In einer Entscheidung vom 24. Mai 1939 (MittBl. I S. 248) hat der RfP. bei Festsetzung einer Enteignungsentschädigung den Baukostenwert eines etwa 55 Jahre alten, unmodernen Einfamilienhauses unter Berücksichtigung des Alters auf 50 v. H. herabgesetzt.

**47.** Unsachliche Beweggründe, insbes. Spekulationsabsichten, müssen heute schon unter allen Umständen aus der Preisbildung für Grundstücke ausgeschaltet werden, vgl. 2 zu § 2 PBG.

**48.** Grund und Boden ist vielfach als besonders sichere Kapitalsanlage angesehen worden. Die Flucht in Sachwerte ist heute als unsachlicher Beweggrund zu bewerten, oben 47.

**49.** Der Erwerbspreis ist nur in sehr beschränktem Umfang bei der Ermittlung des angemessenen Preises zu berücksichtigen. Dies gilt insbesondere hinsichtlich des Bodenwertes, dessen Höhe vielfach in Erwartung hoher Mietpreise übersteigert worden ist. Diese Überbewertung kann und darf nicht anerkannt werden, vgl. Knoll DV. 1939, 457; vgl. aber auch den RE. des RAM. vom 30. Oktober 1936, Anm. 7 zu § 10 StädtebauG.

**50.** Wegen des Begriffes „Einfamilienhäuser" vgl. § 32 Abs. 1 Ziffer 4 RBewDV., oben 43, ferner die VO. über die Bemessung des Nutzungswerts der Wohnung im eigenen Einfamilienhaus vom 26. Januar 1937 (RGBl. I 99) mit den Erläuterungen des RdErl. vom 27. Januar 1941 (RStBl. S. 97) und deren Einführung in der Ostmark, im Sudetenland, Memelland, Danzig, Eupen, Malmedy und Moresnet.

Auch abgesehen von Kleineigenheimen und Kleinsiedlungen wird man künftig die Entwicklung der Preise für Einfamilienhäuser aufmerksam verfolgen müssen, da auch sie die Lebensgrundlage der deutschen Familie bilden, vgl. 2 zu § 2 PBG. Nur eine allgemeine Nutzungswertfeststellung auf der Grundlage des objektiven Werts schafft die Unterlagen für die Ermittlung des angemessenen Preises für Einfamilienhäuser.

**51.** Wegen der Notwendigkeit, die „Verhältnisse am Grundstücksmarkt" einer sorgfältigen Nachprüfung und positiven Ziellenkung zu unterwerfen, vgl. 2 zu § 2 PBG. Die Anknüpfung an die bestehenden Verhältnisse ist wenigstens für die Übergangszeit unbedingte Notwendigkeit. Diese Auffassung ist insbesondere den Anweisungen über die Ermittlung und Zulassung von Baulandpreisen nach dem RE. Nr. 64/41 vom 10. Juni 1941 zugrundegelegt, Vorbem. I hierzu.

4. Die Ziffer 4, die die Preisbildung für **Bauland** betraf, ist durch den RE. Nr. 64/41 vom 10. Juni 1941 — abgedruckt und er-

läutert unten S. 98 — ersetzt worden. Die nachfolgenden Bemerkungen **52** bis **60** dienen der Ergänzung der preisrechtlichen Vorschriften über Baulandgrundstücke.

52. Der Begriff „**Bauland**" ist nicht eindeutig. Beachtenswert ist die Begriffsbestimmung, die in § 51 Abs. 2 und 3 RBewG. zur Abgrenzung des Grundvermögens von anderen Vermögensarten enthalten ist:

(2) *Land- und forstwirtschaftlich genutzte Grundstücksflächen sind dem Grundvermögen zuzurechnen, wenn nach ihrer Lage und den sonstigen Verhältnissen, insbesondere mit Rücksicht auf die bestehenden Verwertungsmöglichkeiten, anzunehmen ist, daß sie in absehbarer Zeit anderen als land- und forstwirtschaftlichen Zwecken dienen werden, z. B. wenn sie hiernach als Bauland, Industrieland oder als Land für Verkehrszwecke anzusehen sind.*

(3) *Gehören die im Abs. 2 bezeichneten Grundstücksflächen zu einem Erbhof, so sind sie nur dann Grundvermögen, wenn am Feststellungszeitpunkt .... mit Sicherheit anzunehmen ist, daß sie spätestens nach zwei Jahren anderen als land- und forstwirtschaftlichen Zwecken dienen werden.*

Aus der Rechtsprechung des RFH. zu § 51 RBewG. ist zu entnehmen, daß nicht nur die Möglichkeit der Verwertung als Bauland, sondern die Wahrscheinlichkeit der Bebauung in absehbarer Zeit — insbesondere bei planmäßiger Entwicklung der Gemeinde zum Siedlungsgelände, vgl. OLG. Celle DJ. 1941, 167 — gefordert wird, vgl. RStBl. 1938, 1157; RStBl. 1939, 701; 1940, 286, 509, 763, 963; 1941, 12; Dziegalowski GrundE. 1939, 50 und Uhlich DStZ. 1940, 281.

Der Begriff des Baulandes ist eng auszulegen, vgl. unten 57.

53. **Kleingärten** sind aus sozialen, ernährungs- und bevölkerungspolitischen Gründen solange als gärtnerisch genutztes Land zu bewerten, als nicht aus besonderen Gründen anzunehmen ist, daß das Land demnächst der Bebauung zugeführt wird, vgl. den RE. d. RFM. vom 19. August 1938 (RStBl. S. 419); Böhm RdRN. 1940, 617; die Urteile des RFH. RStBl. 1938, 1157; 1939, 574; 1940, 9 und 509: 1941, 746.

54. Über die Bewertung unbebauter Grundstücke und die **Zusammenarbeit der Finanzämter und der Preisbehörden** haben der Reichsminister der Finanzen und der Reichskommissar für die Preisbildung einen gemeinschaftlichen Runderlaß vom 14. Dezember 1940 (RStBl. 1941, 3 = MittBl. I 31) bekanntgegeben, unten S. 94.

55. Die **Baulandbeschaffung** ist eine der wichtigsten Voraussetzungen für die Durchführung des vom Führer angeordneten sozialen Wohnungsbaues. Demgemäß bestimmt Nr. V Abs. 2 des Führer-Erlasses zur Vorbereitung des deutschen Wohnungsbaues nach dem Kriege vom 15. November 1940 (RGBl. I S. 1495):

(2) *Für das im Wirtschaftsplan als Wohn- und Siedlungsfläche ausgewiesene Bauland haben die Preisbildungsbehörden im Benehmen mit der Gemeinde Richtpreise festzusetzen.*

Zur Durchführung dieser Anordnung hat der RfP. im Einvernehmen mit dem Reichskommissar für den sozialen Wohnungsbau den RE. 64/41 vom 10. Juni 1941 (MittBl. I 350) betr. Preisbildung und Preisüberwachung bei Bauland und Festsetzung von Richtpreisen erlassen. Hiernach ist die **Festsetzung von Richtpreisen**

a) vorgeschrieben für Baulandgrundstücke in allen Gemeinden, in denen nach Beendigung des Krieges mit einer größeren Bautätigkeit zu rechnen ist (Ziffer 14) und

b) zugelassen ohne Beschränkung auf bestimmte Gemeinden für Grundstücke, die nach dem landwirtschaftlichen Ertrag zu bewerten sind sowie für die Bodenwerte des überbauten Gemeindegebiets — Baustellenwerte (Ziffer 15).

Unbebaute Grundstücke ohne Baulandeigenschaft sind, soweit nicht eine Verwendung für industrielle Zwecke — oben 37 — in Frage kommt, als landwirtschaftlich genutzte Grundstücke grundsätzlich nach ihrem Ertragswert — 2 zu § 2 PBG. — zu bewerten.

**56.** Der liberalistische Wirtschaftsgrundsatz von Angebot und Nachfrage mußte notwendigerweise bei steigendem Raumbedarf zu steigenden Bodenpreisen führen. Die Schaffung von Mietskasernen mit oft unwürdigen Wohnräumen zu ungerechtfertigten Preisen, die Überbelegung der Wohnräume der minderbemittelten Bevölkerung war die Folge übersteigerter Bodenbewertung, vgl. Knoll DV. 1939, 457 und oben 6. Die völlige Aufgabe des bisher maßgebenden Wirtschaftsgrundsatzes entzieht aber dem „Verkehrswert" und dem „gemeinen Wert" die Grundlage, vgl. Bohens DWohnA. 1938, 240.

Über die Notwendigkeit der Loslösung der Preisbildung für Grundstücke aus der bisherigen, in liberalistischen Auffassungen verstrickten Entwicklung, vgl. 2 zu § 2 PBG.

Die Bedeutung des RE. 64/41 — oben 55 — wird erst klar, wenn man den **Begleiterlaß** des Reichskommissars für den sozialen Wohnungsbau vom 12. Juni 1941 (RArbBl. S. I 303) liest. Darin heißt es u. a.:

*Der Erlaß ist, wie ich besonders hervorheben möchte, von grundlegender, ja revolutionärer Bedeutung. Er zieht einen Schlußstrich unter die aus liberalistischen Gedankengängen entwickelte Praxis, auch den Preis des Grund und Bodens wie den jeder beliebigen anderen Ware nach den Gesetzen von Angebot und Nachfrage bestimmen zu lassen. In Zukunft soll die Gestaltung des Bodenpreises nicht mehr von Zufälligkeiten abhängig sein, die dem Einzelnen einen oft völlig unverdienten Gewinn auf Kosten der Allgemeinheit in den Schoß warfen und die Neubautätigkeit erschwerten; der Bodenpreis soll vielmehr autoritär durch die dazu berufenen Stellen bestimmt werden. Damit ist ein entscheidender Schritt zur Erfüllung des Punktes 17 des Parteiprogramms getan.*

**57.** Wenngleich der RE. Nr. 64/41 abweichend von bisherigen Bestimmungen auf den **Erlaß des Reichsarbeitsministers** vom 31. Oktober 1936 (RMBl. I S. 928) nicht mehr Bezug nimmt, scheinen demnach die Ausführungen der Ziffer 4 dieses Erlasses auch jetzt noch beachtenswert, soweit sie sich gegen eine sachlich nicht begründete Ausweitung des Begriffes „Bauland" wenden.

In Ziffer 4 des Erlasses heißt es:

„Eine eingehende Prüfung ist am Platze, wenn bei der Ermittlung des Wertes land- oder forstwirtschaftlich genutzter Grundstücke behauptet wird, das Gelände sei Bauland, Industrieland und Land für sonstige Zwecke, das einen höheren Wert als den land- und forstwirtschaftlichen Geländes darstellt. Hier wird es in allen Fällen notwendig sein, zu untersuchen, ob unter Berücksichtigung der gesamten Umstände des Einzelfalls die Annahme von Bauland, Industrieland usw. verantwortet werden kann. So rechtfertigt z. B. die Tatsache, daß in landwirtschaftlichem Gelände eine Wohnsiedlung oder eine industrielle Niederlassung entstanden ist, für sich allein durchaus noch nicht die Annahme, daß das umliegende Gelände Bauland oder Industriegelände sei. Auch die Tatsache, daß beispielsweise in einem für die Bebauung maßgebenden Plane das Grundstück als bebaubar bezeichnet wird, macht die Nachprüfung nicht überflüssig; denn es bestehen heute noch in vielen Gemeinden Pläne, die nach den heutigen städtebaulichen und siedlungspolitischen Grundsätzen nicht mehr aufrechterhalten werden können. Für das Vorliegen von Bauland, Industriegelände usw. ist es ferner noch nicht in jedem Falle beweisend, wenn das Grundstück als Bauland usw. steuerlich bewertet ist; denn es ist möglich und kommt häufig vor, daß seit der Bewertung eine Rückbildung von Bauland zum Ackerland stattgefunden hat.

Endlich ist noch ein weiterer Umstand bei der Wertermittlung zu beachten. Auch wenn festgestellt ist, daß ein Grundstück nach einem den heutigen Grundsätzen entsprechenden Plane, z. B. nach einem Wirtschaftsplan auf Grund des WohnSG. oder nach einem Bebauungsplan für die künftige Bebauung vorgesehen ist oder in einem Baugebiet (Wohngebiet, Kleinsiedlungsgebiet, Geschäftsgebiet oder Gewerbegebiet) liegt, steht damit noch nicht fest, daß das Grundstück schon jetzt ganz oder zum Teil als Bauland usw. zu bewerten ist. Hier muß vielmehr weiter noch ermittelt werden, ob nach den gesamten Umständen des Falles angenommen werden darf, daß die Entwicklung des Geländes im Hinblick auf seine Verwendbarkeit zur Bebauung so weit vorgeschritten ist, daß in naher Zeit mit Sicherheit die Bebauung des Grundstücks oder eines Teiles von ihm zu erwarten ist."

**58.** Die Grundsätze für die **Ermittlung des Baulandpreises** durch die Preisbehörden sind in den Ziff. 1—12 des RE. 64/41 eingehend dargestellt. Erläuternde Bemerkungen hierzu finden sich in der Vorbemerkung zu diesem RE.

**59.** Vor der **Festsetzung von Richtpreisen** für Baugelände, landwirtschaftlich genutzte Grundstücke und Baustellenwerte (Ziff. 14, 15 RE. 64/41) sind von der Preisbehörde

a) die Gemeinden zu hören und mit benachbarten Preisbehörden Fühlung zu nehmen;

b) vor der Aufstellung von Richtpreisplänen die Dienststellen des Reichsnährstandes zu hören. Der Entwurf des Richtpreisplanes ist von der Preisbehörde der nach der Fünften Anordnung des RfP. zuständigen Aufsichtsbehörde zur Genehmigung vorzulegen, Ziff. 23. Diese hat den Richtpreisplan vor der Genehmigung mit dem Gauwohnungskommissar abzustimmen. Auf die Möglichkeit dieser Einflußnahme werden die Gauwohnungskommissare in dem Erlaß des Reichskommissars für den sozialen Wohnungsbau vom 12. Juni 1941 (RArbBl. S. I 303) nachdrücklich hingewiesen.

**60.** Die Festsetzung von Richtpreisen für Baugelände, die nach dem RE. 64/41 — oben 55, 59 — in allen Gemeinden durchzuführen ist, in denen nach dem Kriege mit einer größeren Bautätigkeit zu rechnen ist und die auch für die Bodenwerte überbauter Grundstücke zugelassen ist, würde sich besonders günstig im Rahmen einer allgemeinen Nutzungswertfeststellung auf der Grundlage des objektiven Wertes auswirken, vgl. Kiefersauer, Zur Reform des Wohnungswesens, Heft 15 der Schriften des Bayerischen Landesvereins zur Förderung des Wohnungswesens, München 1919. Die Ergebnisse dieser Nutzungswertfeststellung wären in besonderen Wohnungskatastern festzuhalten, die auch für Baugelände anzulegen wären, Kiefersauer, DWohnA. 1938, 5.

Die vor mehr als zwei Jahrzehnten von mir vorgeschlagene Nutzungswertfeststellung auf der Grundlage des objektiven Wertes unter Zugrundelegung eines Einheitssatzes für den Quadratmeter Wohnfläche je Monat Miet(Pacht)preis erfährt nunmehr eine praktische Verwirklichung in der Richtsatzmiete für bebaute Grundstücke in den eingegliederten Ostgebieten gemäß der Ostmiet-Verordnung vom 15. August 1941 (RGBl. I S. 527) in Verbindung mit der 1. Ostmiet-Anordnung des RfP. vom 15. August 1941 (MittBl. I S. 512).

Über die Pflicht der Preisbehörden zur Anlegung einer Kaufpreissammlung vgl. Ziff. 13 des RE. 64/41 vom 10. Juni 1941 (MittBl. I 350).

## III.

Zuwiderhandlungen gegen die von den unteren Verwaltungsbehörden in ihrer Eigenschaft als Preisbildungsbehörden hinsichtlich der Grundstückspreise allgemein oder in Einzelfällen erlassenen Anordnungen können von den Preisüberwachungsbehörden auf Grund der Verordnung vom 8. Januar 1935 (RGBl. I S. 10) i. d. F. der Ziff. II der Überleitungsverordnung vom 26. November 1936 (RGBl. I S. 955) bestraft werden[61]. Als Zuwiderhandlung ist jede Handlung anzusehen, durch die mittelbar oder unmittelbar die erlassenen Anordnungen umgangen werden oder umgangen werden sollen[62]. Um eine möglichst enge Verbindung von Preisbildung und Preisüberwachung herzustellen, ersuche ich die Preisüberwachungsstellen, von der in Ziffer 4 des Organisationserlasses vom 12. Dezember 1936 (RAnz. Nr. 291) zugelassenen Delegationsbefugnis bei Grundstücken in vollem Umfange Gebrauch zu machen[63 64].

**61.** Ausschließliche Rechtsgrundlage für die Strafbefugnis der Preisbehörden bildet seit 1. Juli 1939 die Preisstrafrechtsverordnung vom 6. Juni 1939/28. August 1941, vgl. Erl. zu § 4 PBG.

**62.** Gleichlautend § 1 Abs. 3 PreisStrVO., § 2 PStopV.

**63.** Der Organisationserlaß ist, soweit es sich um die Vorschriften des Strafverfahrens handelt, durch die PreisStrVO. — oben 61 — überholt. Nicht mehr Geltung haben z. B. Ziffer 3 Abs. 2, 3 und 4 (ersetzt durch die §§ 36, 37 und §§ 29, 30 PreisStrVO.), Ziffer 5 Sätze 3 und 4 (ersetzt durch §§ 10, 26 PreisStrVO.). Zu Ziffer 8 ist auf die weitgehende Verpflichtung aller öffentlichen Behörden zur Auskunfterteilung gemäß §§ 16, 21 PreisStrVO. hinzuweisen.

Die Ziffern 2, 3, 4, 5, 7 und 8 des OrgErl. lauten:

Ziffer 2:

(1) *Die Preisüberwachung wird übertragen in Preußen den Regierungspräsidenten — in Berlin, Altona-Wandsbek und Harburg-Wilhelmsburg den Polizeipräsidenten —, in Bayern den Kreisregierungen, in Sachsen den Kreishauptleuten, in Hamburg der Behörde für Wirtschaft, in den übrigen Ländern der Obersten Landesbehörde, im Saarland dem Reichskommissar für das Saarland.*

(2) *Die zuständigen Dienststellen bedienen sich ....*

Wegen der geänderten Behördenbezeichnung vgl. die Dritte Verordnung über den Neuaufbau des Reichs vom 28. November 1938 (RGBl. I S. 1675).

In der Ostmark ist die Preisüberwachung im Reichsgau Wien dem Polizeipräsidenten, in den übrigen Reichsgauen einschl. Vorarlberg den Reichsstatthaltern als Preisüberwachungsstellen übertragen, Dritte Anordnung über die Wahrnehmung der Aufgaben und Befugnisse des Reichskommissars für die Preisbildung in der Ostmark vom 5. August 1939 (MittBl. I S. 319).

Ziffer 2 wird ergänzt durch die 2. Anordnung vom 27. Februar 1937 (ReichsAnz. Nr. 50) — Hamburg und Birkenfeld — und durch die 3. Anordnung vom 31. Juli 1937 (ReichsAnz. Nr. 177) und 2. Juli 1938 (ReichsAnz. Nr. 153). — Pfalz

Ziffer 3:

(1) *Die Befugnis bei Zuwiderhandlungen Strafantrag zu stellen, Verhandlungen vor dem Sondergericht zu beantragen und Ordnungsstrafen zu verhängen, wird den Preisüberwachungsstellen übertragen.*

(2) *In der Ordnungsstrafverfügung ist festzusetzen, daß der Betroffene die durch das Verfahren verursachten baren Auslagen zu erstatten hat.*

(3) *Gegen die von den Preisüberwachungsstellen verhängten Ordnungsstrafen steht dem Betroffenen innerhalb einer Ausschlußfrist von einer Woche in Preußen, Bayern, Sachsen und Hamburg das Recht der Beschwerde, in den übrigen Ländern und in Berlin der Einspruch zu. Über die Beschwerde entscheiden in Preußen die Oberpräsidenten, in Bayern, Sachsen und Hamburg die Oberste Landesbehörde. Über den Einspruch entscheidet der Leiter der Obersten Landesbehörde, der Reichskommissar für das Saarland, der Polizeipräsident von Berlin und der Regierungspräsident in Sigmaringen persönlich oder durch seinen ständigen Vertreter.*

(4) *Die Beschwerde und der Einspruch haben keine aufschiebende Wirkung .....*

Ziffer 4 (vgl. RE. vom 27. September 1939, MittBl. II S. 231):

*Die Preisüberwachungsstellen können die ihnen nach Ziffer 3 zugewiesenen Befugnisse auf die nachgeordneten unteren Verwaltungsbehörden — in Preußen Landräte, Oberbürgermeister, Polizeipräsidenten, staatliche Polizeiverwalter, in den außerpreußischen Ländern die entsprechenden Behörden — übertragen. Dies gilt jedoch nicht für das Recht, Ordnungsstrafen über 500 RM. zu verhängen und Verhandlung vor dem Sondergericht zu beantragen..... Soweit hiernach eine Übertragung erfolgt ist, entscheidet über die Beschwerde gegen Ordnungsstrafen die Preisüberwachungsstelle.*

Ziffer 5:

*Das Recht der Schließung von Geschäften und Betrieben übt bei Erzeugerbetrieben der Reichskommissar für die Preisbildung selbst aus. Im übrigen sind für die Geschäftsschließung die Preisüberwachungsstellen zuständig. Hinsichtlich der Beschwerde und des Einspruchs gegen eine Geschäftsschließung gilt das zu Ziffer 3 Gesagte entsprechend. Das Reichswirtschaftsgericht kann nicht angerufen werden.*

Ziffer 7:

*Der RfP. behält sich das Recht vor, den schuldigen Einzelpersonen auf dem Gebiet, auf dem die Zuwiderhandlung erfolgt ist, jede Tätigkeit zu untersagen oder die weitere Tätigkeit von Auflagen abhängig zu machen.*

Ziffer 8:

*Die Rechte aus der VO. über die Auskunftspflicht vom 13. Juli 1923*

*(RGBl. I S. 723) stehen auch den nach Ziff. 1 u. 3 zuständigen Behörden zu.*

**64.** Anordnung des RfP. über Erweiterung der Befugnisse der Preisüberwachungsstellen vom 11. März 1941 (ReichsAnz. Nr. 63 = MittBl. I S. 148).

Im übrigen weise ich noch darauf hin, daß der vorstehende Erlaß nicht nur für die als Preisbildungsbehörden bestimmten Verwaltungsbehörden, sondern inhaltlich auch für andere Behörden gilt, die von Aufsichts wegen über die Genehmigung von Grundstücksgeschäften[65] zu entscheiden haben. Er gilt ferner für die Festsetzung von Enteignungsentschädigungen[66], soweit diese Entschädigung für das enteignete Grundstück gezahlt wird. In Zweifelsfällen haben sich die in Frage kommenden Stellen mit den Preisbildungsbehörden in Verbindung zu setzen.

**65.** Über den Genehmigungszwang bei der Veräußerung und dem Erwerb von Grundstücken vgl. oben 15. Die Genehmigungsbehörde — vgl. auch 6 zu § 4 StädtebauG. — hat über die eigentlichen Ziele dieser Bestimmungen hinaus die Grundsätze der Preisbildung und Preisüberwachung zu verwirklichen. Die Maßnahmen zur Sicherung volkswirtschaftlich gerechtfertigter Preise sind in allen Fällen, soweit erforderlich, durchzuführen.

Diese Verpflichtung der Genehmigungsbehörde gilt auch dann, wenn bei der Veräußerung eines Betriebs — Gewerbebetrieb, land- oder forstwirtschaftlicher Betrieb — Grundstücke mitveräußert werden, § 1 AnmeldeAO., §§ 1, 5, 6, 9 EinsatzVO.; dazu 2 zu § 1 AnmeldeAO.; 3 zur Fünften OrgAO.

Die Gerichte sind an die Anweisungen des RE. nicht gebunden, vgl. Müller JW. 1938, 186; a. M. Lampe JW. 1937, 3005.

**66.** Die im Enteignungsverfahren gezahlten Entschädigungen sind Entgelte im Sinne des PBG. und der PStopO. Zu dieser Feststellung wird in der grundsätzlichen Entscheidung des RfP. vom 26. März 1938 (MittBl. I Nr. 8 S. 3 = JW. 1938, 1383) ausgeführt:

(1) *Entschädigungen, die im Enteignungsverfahren für ein Grundstück gezahlt werden, sind Entgelte im Sinne des Gesetzes vom 29. Okt. 1936 und der Preisstopverordnung. Die Preisbildungsbehörden sind also auf Grund der Anordnung vom 6. Oktober 1937 in Verbindung mit § 2 des Gesetzes vom 29. Oktober 1936 befugt, Anordnungen über die Höhe der zulässigen Enteignungsentschädigungen zu treffen. Diese Anordnungen sind nach § 6 des Gesetzes vom 26. Oktober 1936 für Gerichte und Verwaltungsbehörden bindend.*

(2) *Trotzdem kann aber ein unmittelbarer Eingriff der Verwaltungsbehörden in das Enteignungsverfahren nur in ganz besonderen Ausnahmefällen in Betracht kommen. Soweit der Gesetzgeber wegen der Festsetzung der Enteignungsentschädigung die Anrufung des ordentlichen Gerichts zugelassen hat, ist dies aus wohlerwogenen rechtspolitischen Gründen geschehen, die auch die Preisbehörden berücksichtigen müssen. Ferner kommt in Betracht, daß Gerichte, wenn sie im Eigentumsverfahren den objektiven Wert des Grundstücks ermitteln, dies nur unter Berücksichtigung des Preises tun können, den der jetzige Eigentümer voraussichtlich bei einem frei-*

*händigen Verkauf erzielen könnte. Da dieser Preis durch die Preisstopverordnung und den Runderlaß Nr. 155/37 bestimmt wird, ist das Gericht ohnehin gehalten, diese Vorschriften zu beachten. Eine übereinstimmende Grundstücksbewertung im freien Verkehr und im Enteignungsverfahren, die unbedingt erforderlich ist, dürfte also auch ohne unmittelbares Eingreifen der Preisbildungsbehörden in das Enteignungsverfahren zu erreichen sein, zumal die Preisbildungsbehörden jederzeit die Möglichkeit haben, ihren Standpunkt dem Gericht oder dem Enteignungskommissar gegenüber zu vertreten. Dabei kommt auch in Betracht, daß die Grundsätze, die neuerdings von der Rechtsprechung für die Bemessung von Enteignungsentschädigungen aufgestellt sind (vergleiche Entscheidungen des Preußischen Oberverwaltungsgerichts Bd. 100 S. 329; „Reichsverwaltungsblatt" Bd. 58 S. 1011), eine zu hohe Enteignungsentschädigung in den meisten Fällen ausschließen werden.*

(3) *Andererseits ist aber zu berücksichtigen, daß in der Enteignungsentschädigung neben einem Betrag, der dem Verkehrswert des enteigneten Grundstücks entspricht, vielfach ein Ausgleich für sonstige Schäden, die der Grundstückeigentümer durch die Enteignung erleidet, enthalten ist (z. B. für Wirtschaftserschwernisse, Verlust der bisherigen Existenz usw.). Aus der Tatsache, daß eine Enteignungsentschädigung den objektiven Wert des Grundstücks übersteigt, kann also nicht ohne weiteres geschlossen werden, daß das Grundstück selbst überbewertet ist (IV 252—2078).*

Von dieser grundsätzlichen Entscheidung ausgehend hat der RfP. in einer Entscheidung vom 24. Mai 1939 (MittBl. I S. 248) ausgeführt, daß für ein Eingreifen der Preisbehörden dann Anlaß besteht, wenn „die Wertfestsetzung über den in Betracht kommenden Enteignungsfall hinaus einen erheblichen Einfluß auf die allgemeine Grundstückspreisbildung hat"; wiederholt im Bescheid vom 1. April 1941 (IX — 51 — 1690/41) DR. 1941, 1150, vgl. oben 24. Die Zuständigkeit der Preisbehörden erstreckt sich nach dieser Entscheidung „auf die beiden Bestandteile der Enteignungsentschädigung, nämlich den Ersatz des objektiven Wertes des enteigneten Grundstücks und den Ersatz etwaiger sonstiger wirtschaftlicher Nachteile, die dem Eigentümer durch die Hergabe des enteigneten Grundstücks entstehen: Wertminderung des Restgrundstücks, Wirtschaftserschwernisse u. dgl.". Eine Beschränkung des Einflusses der Preisbehörde auf die Bewertung des Grundstückes allein, also unter Ausschluß der Entschädigung für etwaige dem Eigentümer entstehende sonstige Nachteile — so Quecke-Bussmann S. 48 — ist abzulehnen.

Wegen der Bindung der Enteignungsbehörden an die von den Preisbehörden gemäß RE. 64/41 festgesetzten Richtpreise für Bauland vgl. 1 zu § 6 PBG. Wegen der Bindung an die Festsetzung der Höhe der Enteignungsentschädigung durch die Preisbehörde im allgemeinen vgl. OLG. Kassel und OLG. Wien DR. 1941, 499 und 2003.

Zur Frage der „angemessenen Entschädigung" überhaupt vgl. 1, 5 zu § 10 StädtebauG.; 1 zu § 1 PStopV.

Für **landwirtschaftlich genutzte Grundstücke** hat der RfEuL. durch Erl. vom 11. Februar 1938 (DR. S. 107) hinsichtlich der Enteignungsentschädigung Grundsätze aufgestellt, die mit den Richtlinien des RE. 155/37 nicht in Einklang stehen: „Bei dem Verkauf und bei der Enteignung ganzer Höfe ist zu beachten, daß der Eigentümer, soweit er Berufslandwirt ist, zumeist nicht nur das Land, sondern seine Lebensgrundlage und bisherige Arbeitsstätte verliert. Der Preis oder die Entschädigung müssen in diesen Fällen so bemessen sein, daß der Veräußerer einen gleichwertigen Hof in einer anderen Gegend und zu den dort üblichen Preisen erwerben kann. Hierbei ist weiter zu berücksichtigen, daß jede Hofübernahme mit mehr oder minder großen Aufwendungen (Investition usw.) verbunden ist und ein gewisses Lehrgeld in der Anfangszeit erfordert." Vgl. hierzu auch Schiffer RdRN. 1940, 106. Überhöhte Grundstückspreise liegen grundsätzlich — auch nach Auffassung des Reichsnährstandes — nicht im Interesse der Landwirtschaft, vgl. Dellian RdRN. 1940, 701.

Zu dem Problem der **Enteignungsentschädigung** ist zu beachten, daß nach der Auffassung des Reichsgerichts — RG. VII 111/39 und VII 12/40 DR. 1940, 2018 und 2019 — der Begriff der vollständigen Entschädigung dem nationalsozialistischen Rechtsempfinden keineswegs widerspricht und daß Auswüchsen der Anspruchsbemessung, die einer auf persönlichen Vorteil bedachten (individualistischen) Zeitrichtung oder Anschauung entstammen, unter Hinweis auf § 242 BGB. entgegengetreten werden kann. Die Entschädigung des vollen Wertes gewährleistet aber eine Entschädigung für den Wert, den das Grundstück bei höchstmöglicher Ausnutzung des darin liegenden Wertes für den Eigentümer ohne Rücksicht auf die bisherige Benutzungsart besitzt. Dieser vom OLG. Kiel als „Zustands-, Bau- und Bodenwert" bezeichnete Wert, der sich weder aus dem Ertrag noch aus dem Tauschverkehr ermitteln läßt, wird von Scheuermann, GrundE. 1941, 198, als fruchtbarer Ausgangspunkt für eine neue Entwicklung in der gesamten Entschädigungsfrage angesehen. Die Grundsätze der Enteignungsentschädigung sollten auch in den Fällen zur Anwendung kommen, die wegen des Zwanges zur Durchführung des Veräußerungsgeschäftes zu einem von der Preisbehörde auf Grund des Erlasses vom 16. März 1938/17. März 1941 — 4 zu § 3 PBG. — herabgesetzten Preise in ihrer Wirkung einer Enteignung gleichkommen, Kiefersauer, Deutsche Rechtswissenschaft 1941 Heft 4.

Nicht nur im Enteignungsverfahren — s. oben —, sondern auch bei einem ausschließlich im Interesse des Käufers liegenden freihändigen Verkauf läßt der RfP. neben der dem Stoppreis entsprechenden Entschädigung für das Grundstück die Zahlung einer „Sonderentschädigung für Wirtschaftserschwernisse, Aufgabe der bisherigen Existenz u. dgl." zu, Bescheid des RfP. vom 18. April 1939 DR. 1940, 301. Diese den objektiven Wert übersteigende Vergütung des subjektiven Wertes soll gesondert festgesetzt werden. Der Gedanke der Nebenentschädigung ist weiterhin besonders im RE. 64/41 vom 10. Juni 1941 Ziff. 5, 11, 12 und 17 für die Auswertung von Vergleichspreisen für Bauland, für die Bewertung landwirtschaftlich genutzter, für Bauzwecke verwendeter Grundstücke und für die Einreihung der Bodenwerte in die Richtpreisstufen hervorgehoben, vgl. Vorbem. II zum RE. 64/41.

## 5. Die Sicherung der Preisüberwachung bei Grundstücken

### Vorbemerkung

Die Verordnung zur Sicherung der Preisüberwachung dient dem Zweck, durch eine geregelte Zusammenarbeit zwischen Preisbehörden und Finanzämter den Preisbehörden die Überwachung der Preisentwicklung auf dem Grundstücksmarkt zu erleichtern.

Der Gedanke der Zusammenarbeit beider Behörden gewinnt an Bedeutung, wenn die den Finanzämtern zustehende Aufgabe der steuerlichen **Bewertung von Grundstücken** in Betracht gezogen wird. Auf die zahlreichen und eingehenden Bestimmungen des Steuerrechts, die sich mit der Bewertung des Grundvermögens befassen, ist wiederholt hingewiesen worden, vgl. 9, 32, 43, 52 zum RE. 155/37. Die Staatsführung hat — über rein fiskalische Gesichtspunkte der Steuerveranlagung hinaus — ein erhebliches Interesse daran, den **volkswirtschaftlich gerechtfertigten**, d. h. den angemessenen **Grundstückspreis** für jeden einzelnen Fall zu ermitteln. Wenn auch heute noch die Grundsätze der Bewertung für die Preisbehörde und die Steuerbehörde verschieden gestaltet sind, so wird dennoch im Laufe der Zeit eine Annäherung der Bewertungsmaßstäbe gefunden werden müssen. Die praktische Zusammenarbeit bei den Behörden ist der kürzeste Weg, dieses Ziel zu erreichen. Es ist deshalb zu begrüßen, daß über die bloße **Sicherungsarbeit** nach Maßgabe der Verordnung vom 8. Juli 1938 hinaus, bei der Bewertung **unbebauter** Grundstücke, also wenigstens auf einem Teilgebiet der Grundstücksbewertung, eine wirkliche **Zusammenarbeit** zwischen Finanzamt und Preisbehörde durch den gemeinschaftlichen Runderlaß vom 14. Dezember 1940 (RStBl. 1941, 3 = MittBl. 1941 I 31) angebahnt worden ist.

## Verordnung zur Sicherung der Preisüberwachung bei Grundstücken.

Vom 8. Juli 1938 (RGBl. I S. 850)

Auf Grund des § 2 des Gesetzes zur Durchführung des Vierjahresplans — Bestellung eines Reichskommissars für die Preisbildung — vom 29. Oktober 1936 (Reichsgesetzbl. I S. 927) und des § 12 der Reichsabgabenordnung wird verordnet[1]:

1. Wird ein Grundstück oder ein grundstücksgleiches Recht freihändig veräußert, so hat die Grunderwerbsteuerstelle[2] nach Eingang der Anzeige aus § 189b der Reichsabgabenordnung der zuständigen Preisbildungsbehörde[3] die Veräußerung mitzuteilen[4]. Die Preisbildungsbehörde teilt der Grunderwerbsteuerstelle binnen zwei Wochen ihre Entschließung mit[5].
2. Die Unbedenklichkeitsbescheinigung (§ 189d der Reichsabgabenordnung)[6] darf[7] erst ausgehändigt werden, wenn die zuständige Preisbildungsbehörde erklärt, daß sie den Kaufpreis genehmigt oder nicht beanstandet, oder wenn seit Abgang der Mitteilung der Grunderwerbsteuerstelle an die Preisbildungsbehörde zwei Wochen verstrichen sind und die Entschließung der Preisbildungsbehörde nicht eingegangen ist.
3. Das Recht zur Erhebung der Grunderwerbsteuer bleibt unberührt.

**1.** Die Verordnung gilt seit 7. September 1940 auch in den Reichsgauen der **Ostmark** und im Reichsgau **Sudetenland**, VO. zur Einführung der Preisüberwachungs-Sicherungsverordnung vom 17. September 1940 (RGBl. I S. 1287), vgl. hierher auch § 19 des Grunderwerbsteuergesetzes vom 29. März 1940 (RGBl. I S. 585). Seit 16. Mai 1941 gilt die Verordnung in den eingegliederten Ostgebieten mit der Maßgabe, daß in Ziff. 2 an Stelle der Frist von zwei Wochen für das Kalenderjahr 1941 eine solche von vier Wochen tritt, Verordnung zur Einführung der Preisüberwachungs-Sicherungsverordnung in den eingegliederten Ostgebieten vom 5. Mai 1941 (RGBl. I S. 244).

**2.** Zuständig zur Verwaltung der Grunderwerbsteuer sind nunmehr allgemein die Finanzämter, VO. über die Zuständigkeit für die Verwaltung der Grunderwerbsteuer vom 1. August 1938 (RGBl. I S. 971), vgl. 27 zu RE. 155/37. Der Zeitpunkt, von dem ab in den Ländern Preußen, Sachsen und Anhalt die Verwaltung der Steuer von den Stadt- und Landkreisen auf die Finanzämter übergeht, wird für den Bezirk jedes Finanzamtes durch Bekanntmachung des Oberfinanzpräsidenten bestimmt.

**3.** Zur **Durchführung** der Verordnung vom 8. Juli 1938 hat der Reichskommissar für die Preisbildung im Benehmen mit dem Reichsminister der Finanzen am gleichen Tage folgenden **Runderlaß Nr. 72/38** — MittBl. I Nr. 20 S. 3 — bekanntgegeben:

„I. Die in Durchführung der 5. Anordnung des Reichskommissars für die Preisbildung vom 6. Oktober 1937 (RAnz. Nr. 238) und des Runderlasses des Reichskommissars für die Preisbildung vom 6. Oktober 1937 (Nr. 155/37) für die Grundstückspreisüberwachung getroffenen Regelungen bieten bisher noch nicht in allen Fällen die Gewähr, daß die Verkäufe, bei denen Bedenken gegen den Veräußerungspreis bestehen, zur Kenntnis der zuständigen Preisbehörde kommen. Das kann zur Folge haben, daß die Erwerber im Grundbuch eingetragen und die Beteiligten wegen eines etwaigen Verstoßes gegen die Preisvorschriften bestraft werden. Im Interesse der Sicherheit des Grundstücksverkehrs ist es deshalb notwendig, alle Grundstücksveräußerungen, bei denen die Möglichkeit einer Verletzung der Preisvorschriften besteht, einer Prüfung durch die Preisbildungsbehörde zu unterwerfen. Andererseits ist es nicht erwünscht, den Grundstücksverkehr mit dem Erfordernis einer neuen Genehmigung zu belasten.

II. Deshalb bestimmt die Verordnung vom 8. Juli 1938, daß die Finanzämter als Grunderwerbsteuerstellen nach Eingang der Anzeigen aus § 189b AO. den Preisbildungsbehörden (d. h. den unteren Verwaltungsbehörden, 5. Anordnung des Reichskommissars für die Preisbildung vom 6. Oktober 1937) jede freihändige Veräußerung eines Grundstücks oder grundstücksgleichen Rechts mitzuteilen haben.

Die Mitteilung hat zu enthalten:

1. Die Bezeichnung des veräußerten Grundstücks,
2. die Bebauungsart,
3. die Namen und Anschriften des Veräußerers und des Erwerbers,
4. den Rechtsvorgang (Beispiele: Kauf, Tausch),
5. den Gesamtbetrag der Gegenleistung,
6. den Einheitswert des Grundstücks.

Die Mitteilung kann nach dem in § 6 Abs. 3 GrEG. vorgesehenen Vordruck Muster 1 stattfinden.

Einer Mitteilung an die Preisbildungsbehörde bedarf es nicht, wenn

1. die Grundstücksveräußerung nach der Grundstücksverkehrsbekanntmachung vom 26. Januar 1937 (RGBl. I S. 35), dem Wohnsiedlungsgesetz vom 22. September 1933 (RGBl. I S. 659) oder nach der Ersten Durchführungsverordnung zum Gesetz über die Sicherung der Reichsgrenze und über Vergeltungsmaßnahmen vom 17. August 1937 (RGBl. I S. 905) der Genehmigung unterliegt,

2. einer der im § 8 Ziffern 1, 2, 4, 5, 6, 7 oder 8 GrES. angeführten Rechtsvorgänge vorliegt,
3. der Veräußerungspreis den Einheitswert des Grundstücks nicht übersteigt,
4. es sich um land- oder forstwirtschaftlich genutzte Grundstücke handelt und der Veräußerungspreis 1000 RM. nicht übersteigt.

Es ist erwünscht, daß den Finanzämtern durch die Einschaltung in die Preisüberwachung möglichst geringe Verwaltungsarbeit entsteht. Den Preisbildungsbehörden wird deshalb dringend nahegelegt, im Einvernehmen mit den Finanzämtern auf Grund der örtlichen Verhältnisse sonstige Fälle oder sonstige Gruppen von Fällen von der Mitteilungspflicht auszunehmen. (Beispiele: Es wird vereinbart, daß eine Mitteilung auch dann unterbleibt, wenn der Veräußerungspreis über einen bestimmten Hundertsatz des Einheitswertes, z. B. 120 v. H., nicht hinausgeht, oder wenn der Kaufpreis in einer näher bezeichneten Gegend je Quadratmeter einen bestimmten Betrag nicht übersteigt.)

Andererseits ist es denkbar, daß in bestimmten Gemeinden aus besonderen Gründen ein dringendes Bedürfnis besteht, die Preisüberwachung auch auf Grundstücksveräußerungen auszudehnen, die unter dem Einheitswert oder unter 1000 RM. liegen. Es bestehen grundsätzlich keine Bedenken, daß in solchen Fällen im Einvernehmen zwischen den Preisbildungsbehörden und den Finanzämtern die Mitteilungspflicht erweitert wird. Eine derartige Erweiterung der Mitteilungspflicht bedarf aber der Zustimmung des Oberfinanzpräsidenten.

Eine Mitteilung des Finanzamtes an die Preisbildungsbehörde ist natürlich auch dann nicht erforderlich, wenn dem Finanzamt nachgewiesen wird, daß die Preisbildungsbehörde die Veräußerung des Grundstücks zu dem vereinbarten Preis genehmigt oder nicht beanstandet. Von der Möglichkeit, unmittelbar die Entschließung der Preisbildungsbehörde einzuholen, wird schon jetzt in erheblichem Umfange Gebrauch gemacht. Es empfiehlt sich, die Beteiligten darauf hinzuweisen, daß sie das Verfahren vereinfachen und beschleunigen können, wenn sie von sich aus die Entscheidung der Preisbildungsbehörde einholen oder durch den Notar, der den Grundstückveräußerungsvertrag beurkundet, einholen lassen.

Soweit hiernach eine Mitteilung des Finanzamtes an die Preisbildungsbehörde nicht erforderlich ist, findet Absatz 2 der Verordnung vom 8. Juli 1938 keine Anwendung.

Die Preisbildungsbehörde ist berechtigt, eine Abschrift des Veräußerungsvertrages von den Beteiligten einzufordern. Falls dem Finanzamt bereits zwei Abschriften des Veräußerungsvertrages für die Grunderwerbsteuer eingereicht worden sind, soll das Finanzamt der Anzeige an die Preisbildungsbehörde eine Abschrift beifügen.

III. Auf Grund der Anzeige prüft die Preisbildungsbehörde, ob sie gegen den Preis Bedenken hat, und teilt das Ergebnis binnen zwei Wochen dem Finanzamt mit. Damit die Durchführung des Grundstücksgeschäfts nicht länger als unbedingt nötig gehindert wird, haben die Preisbildungsbehörden die Prüfung mit möglichster Beschleunigung vorzunehmen. Äußert die Preisbildungsbehörde Bedenken gegen die Zulässigkeit des Preises, so darf das Finanzamt die Unbedenklichkeitsbescheinigung nach § 189 d AO. erst dann aushändigen, wenn die Preisbildungsbehörde erklärt, daß sie den Preis nicht mehr beanstandet.

Die Preisbildungsbehörde hat, wenn sie gegen den Veräußerungspreis Bedenken erhebt, die Beteiligten sogleich entsprechend zu benachrichtigen und sie darauf hinzuweisen, daß das Finanzamt nicht befugt ist, die für die Umschreibung im

Grundbuch erforderliche Unbedenklichkeitsbescheinigung des § 189d AO. auszuhändigen.

Das Recht zur Erhebung der Steuer wird durch die in der VO. getroffen Regelung nicht berührt; die Steuer kann also, soweit im übrigen die gesetzlichen Voraussetzungen erfüllt sind, während des Preisprüfungsverfahrens eingezogen werden. Steuererstattungsansprüche im Falle der Nichtigkeit oder Aufhebung des Grundstücksveräußerungsvertrages infolge der Verweigerung der Genehmigung regeln sich nach § 150 u. f. AO. in Verbindung mit § 23 GrEG. und § 9 GrEDB."

Zur Kritik des Runderlasses vgl. Lampe, Deutscher Gemeindetag 1940, 165. Mit Recht wird hier die Streichung der Ziff. II Abs. 3 Ziff. 3 gefordert, weil es vom Standpunkt der Preisüberwachung aus notwendig ist, überhöhte Einheitswerte, insbes. solche, die auf überhöhte Miet- oder Pachtpreise zurückzuführen sind, auf die volkswirtschaftlich gerechtfertigte Höhe herabzusetzen.

**4.** Zum RE. 72/38 bemerkt die Entschl. des Bayer. Staatsministeriums für Wirtschaft vom 19. August 1938 (RegAnz. Nr. 234) u. a. folgendes:

„Den Bezirksverwaltungsbehörden als den für das Gebiet der Grundstücksveräußerungen zuständigen ‚Preisbildungsbehörden' ist durch den Runderlaß Nr. 72/38 die Befugnis eingeräumt, die Mitteilungspflicht der Finanzämter entsprechend den örtlichen Bedürfnissen zu erweitern oder zu beschränken. Allgemein gültige Richtlinien hierfür lassen sich bei der großen Verschiedenheit der Verhältnisse in den einzelnen Landesteilen nicht aufstellen. Vielmehr muß die Entscheidung dem pflichtgemäßen Ermessen der einzelnen Verwaltungsbehörden anheimgestellt werden. Hingewiesen sei hier nur darauf, daß vor allem die Festlegung eines bestimmten Hundertsatzes des Einheitswertes ein brauchbares Mittel für die Begrenzung der Mitteilungspflicht der Finanzämter bilden kann. Bei der Festlegung dieses Hundertsatzes werden sich die Bezirksverwaltungsbehörden, soweit es sich um überwiegend ländliche Gegenden handelt, zweckmäßig des Rates der zuständigen Landwirtschaftsstelle und des Kreisbauernführers bedienen. Auch kann ein Vergleich der steuerlichen Einheitswerte mit den teilweise bereits vorliegenden Ergebnissen der Reichsbodenschätzung von Wert sein."

**5.** Die Preisbehörde hat innerhalb der Frist von zwei Wochen seit Mitteilung der Veräußerung durch das Finanzamt ihre Entscheidung darüber, ob sie den Preis beanstanden will oder nicht, dem Finanzamt mitzuteilen. Unterläßt sie diese Mitteilung, so ist das Finanzamt befugt, die Unbedenklichkeitsbescheinigung mit der in Bem. 29 zum RE. 155/37 dargestellten Rechtsfolge auszuhändigen.

Die Preisbehörde hat aber auch nach Ziff. III Abs. 2 des RE. 72/38 die Pflicht alsbald die Beteiligten zu verständigen, wenn sie Bedenken gegen die Preisvereinbarung erhebt, vgl. 4 Buchst. d zu § 2 PBG.

**6.** Die Vorschrift des § 189 d der Reichsabgabenordnung hat durch § 18 Ziff. 5 des Grunderwerbsteuergesetzes vom 29. März 1940 (RGBl. I S. 585) eine Neufassung erhalten.

Nach Abs. 4 der Neufassung soll das Finanzamt in der Bescheinigung, die zur Vorlegung beim Grundbuchamt erteilt wird, den Einheitswert des Grundstücks angeben, wenn er dem Finanzamt bekannt ist. Vgl. hierher auch § 9 GrEStDV.; 28 zum RE. 155/37.

**7.** Die Verletzung dieser Vorschrift durch das Finanzamt kann im Hinblick auf die der Aushändigung der Unbedenklichkeitsbescheinigung beigelegte Fiktion der Erteilung der Ausnahmebewilligung gemäß § 3 PStopV. preisrechtliche Folgen haben, vgl. 29 zum RE. 155/37.

## Gemeinschaftlicher Runderlaß des Reichsfinanzministers und des Reichskommissars für die Preisbildung betr. Bewertung unbebauter Grundstücke und Zusammenarbeit der Finanzämter und der Preisbehörden

Vom 14. Dezember 1940 (RStBl. 1941, 3; MittBl. I 1941, 31)

Der steuerliche Einheitswert liegt erfahrungsgemäß in der Regel unter dem Verkehrswert oder gemeinen Wert, 2 zu § 2 PBG. Dies gilt insbesondere für Mietgrundstücke, weil die für die steuerliche Bewertung vorgeschriebene Berechnung nach der Jahresrohmiete — 43 zum RE. 155/37 — zu Wertgrößen führen kann, die mit der Verkehrsanschauung und deshalb mit dem Verkehrswert des Grundstücks nicht in Einklang stehen. In Ausnahmefällen wird eine anormal hohe Miete, z. B. der Scheinkonjunkturjahre 1927/29 — 2 zu § 2 PBG. — zu übersteigerten Einheitswerten führen, deren Herabsetzung auf die angemessene Höhe gerechtfertigt ist.

Im Zusammenhang mit dem Führer-Erlaß zur Vorbereitung des Wohnungsbaues nach dem Kriege vom 15. November 1940 (RGBl. I S. 1495), der die Festsetzung von Richtpreisen für Bauland bindend vorschreibt, ist durch den Gemeinschaftlichen Runderlaß vom 14. Dezember 1940 eine einheitliche Bewertungsgrundlage insoweit geschaffen worden, als die Finanzämter an die Bewertungen der Preisbehörden bei Grundstücken gebunden sind, die steuerlich als Bauland bewertet sind; die Finanzämter dürfen Grundstücke, die die Preisbehörde nicht als Bauland anerkennen, auch nicht als solches bewerten. Die Möglichkeit, daß Grundstücke, für die ein Baulandpreis von den Preisbehörden zugelassen ist, von den Finanzämtern als landwirtschaftliches Grundvermögen bewertet wird, besteht, vgl. Lampe, MittBl. 1941 I S. 35. Zum Begriff des Baulandes vgl. auch Vorbem. IV zum RE. 64/41 vom 10. Juni 1941.

Der gemeinschaftliche Runderlaß hat folgenden Wortlaut:

*1. Allgemeines*

*Unbebaute Grundstücke sind nach dem Reichsbewertungsgesetz mit dem gemeinen Wert zu bewerten (§ 53 RBewG., § 44 RBewDV.). Der gemeine Wert ist aus den Kaufpreisen abzuleiten, die in der betreffenden Gegend für gleichartige Grundstücke im gewöhnlichen Geschäftsverkehr gezahlt zu werden pflegen. Die Höhe der Kaufpreise wird zur Zeit durch die Preise bestimmt, die die mit der Überwachung der Preise im Grundstücksverkehr betrauten Behörden im Verkaufsfall zulassen. Die Einheitswerte, die von den Finanzämtern für unbebaute Grundstücke festgestellt werden, müssen deshalb grundsätzlich den Preisen entsprechen, die die Preisbehörden festsetzen.*

*2. Zusammenarbeit der Finanzämter und der Preisbehörden*

*Die engen Zusammenhänge zwischen den Wertfestsetzungen der Preisbehörden und den Einheitswerten bedingen eine ständige vertrauensvolle Zusammenarbeit der Finanzämter und der Preisbehörden. Die Finanzämter haben bei der Einheitsbewertung der unbebauten Grundstücke mit den Grundstückspreisbehörden engste Fühlung zu halten, damit die Preisbehörden später bei ihren Entschließungen die Einheitswerte übernehmen können. Die Preisbehörden haben die Finanzämter bei der Aufstellung von Richtpreisen zu beteiligen und sich auch in anderen Fällen von grundsätzlicher Bedeutung mit den Finanzämtern ins Benehmen zu setzen.*

Den Preisbehörden ist in dem Runderlaß des Reichskommissars für die Preisbildung vom 6. Oktober 1937 (Nr. 155/37) empfohlen worden, Richtpreise für die Bewertung von Bauland im Veräußerungsfall aufzustellen[1]). Als Bauland gelten solche unbebauten Grundstücke, die für die Bebauung bestimmt sind. Es ist deshalb der Ausdruck Bauland auf die Fälle zu beschränken, in denen eine Grundstücksfläche für die Bebauung bestimmt ist. In anderen Fällen (z. B. Land für Verkehrszwecke, Grünflächen usw.) ist von unbebauten Grundstücken zu sprechen. Sind in einer Gemeinde Richtpreise für Bauland aufgestellt worden, so sind diese Richtpreise für die Finanzämter maßgebend. Das bedeutet einerseits, daß die Finanzämter in den betreffenden Gemeinden grundsätzlich andere Grundstücksflächen nicht nach Baulandpreisen bewerten dürfen, und andererseits, daß die Grundstücksflächen, für die Baulandrichtpreise aufgestellt sind, grundsätzlich als Bauland zu bewerten sind.

3. Land- und forstwirtschaftlich genutzte Grundstücksflächen

Eine Ausnahme von der grundsätzlichen Regelung am Ende des Abschnitts 2 gilt für Grundstücksflächen, die land- und forstwirtschaftlich genutzt sind. Die Bewertung derartiger Grundstücksflächen als unbebaute Grundstücke mit dem gemeinen Wert kommt nur in Betracht, wenn die Voraussetzungen des § 51 Absatz 2 RBewG. für die Bewertung als Grundvermögen vorliegen. § 51 Absatz 2 RBewG. lautet:

„(2) Land- und forstwirtschaftlich genutzte Grundstücksflächen sind dem Grundvermögen zuzurechnen, wenn nach ihrer Lage und den sonstigen Verhältnissen, insbesondere mit Rücksicht auf die bestehenden Verwertungsmöglichkeiten, anzunehmen ist, daß sie in absehbarer Zeit anderen als land- und forstwirtschaftlichen Zwecken dienen werden, z. B. wenn sie hiernach als Bauland, Industrieland oder als Land für Verkehrszwecke anzusehen sind."

Die Annahme, daß land- und forstwirtschaftlich genutzte Grundstücksflächen in absehbarer Zeit anderen als land- und forstwirtschaftlichen Zwecken dienen werden, ist danach die entscheidende Voraussetzung, die unbedingt erfüllt sein muß, wenn land- und forstwirtschaftlich genutzte Grundstücksflächen als unbebaute Grundstücke mit dem gemeinen Wert bewertet werden sollen. Ob diese Voraussetzung gegeben ist, ist nach den Grundsätzen zu beurteilen, die der Reichsfinanzhof in dem Urteil vom 27. Juli 1938, RStBl. S. 1157, aufgestellt hat. Die folgenden Gesichtspunkte sind dabei entscheidend:

a) Die Annahme, daß eine land- und forstwirtschaftlich genutzte Grundstücksfläche anderen Zwecken dienen wird, ist nicht schon dann gerechtfertigt, wenn die Möglichkeit der Verwendung der Grundstücksfläche für andere Zwecke besteht. Es muß die Wahrscheinlichkeit für eine anderweitige Verwendung in absehbarer Zeit gegeben sein, d. h. es muß mit einiger Sicherheit anzunehmen sein, daß die Grundstücksfläche in absehbarer Zeit nichtlandwirtschaftlichen Zwecken dienen wird.

---

[1]) Vgl. nunmehr die Verpflichtung der Preisbehörden zur Festsetzung von Richtpreisen für Bauland nach Ziff. 14 des RE. Nr. 64/41 vom 10. Juni 1941.

*Diese Wahrscheinlichkeit liegt nicht schon dann vor, wenn eine land- und forstwirtschaftlich genutzte Grundstücksfläche in einer baureifen Zone liegt. Die Lage allein ist nicht entscheidend für die Bewertung einer land- und forstwirtschaftlich genutzten Grundstücksfläche mit dem gemeinen Wert. Außer der Lage sind auch die sonstigen Verhältnisse zu berücksichtigen, besonders die Verwertungsmöglichkeiten. Auch die persönlichen Verhältnisse des Eigentümers können zu den sonstigen Verhältnissen gehören, und zwar nicht nur, wie nach der bisherigen Rechtsprechung, in Zweifelsfällen. Solche Umstände sind der Beruf des Grundstückseigentümers als Landwirt, die Zeitdauer, während der die Grundstücksfläche dem Eigentümer oder seiner Familie gehört, usw. Die Zugehörigkeit von Grundstücksflächen zu altem Familienbesitz ist nach der Rechtsprechung des Reichsfinanzhofs nur in dem Sinn beachtenswert, als bei einem land- und forstwirtschaftlichen Betrieb, der sich schon lange Jahre im Besitz derselben Familie befindet, die Absicht seiner Nichtveräußerung zu Baulandzwecken der Annahme der Baulandeigenschaft ernsthaft entgegenstehen kann.*

*b) Die Wahrscheinlichkeit allein, daß eine Änderung im Verwendungszweck einer land- und forstwirtschaftlich genutzten Grundstücksfläche eintreten wird, genügt nicht, um deren Bewertung als Grundvermögen zu rechtfertigen. Es muß anzunehmen sein, daß diese Änderung in absehbarer Zeit eintritt. Der Reichsfinanzhof hat als absehbare Zeit in Anlehnung an den Zeitraum, für den die Hauptfeststellung der Einheitswerte vorgenommen wird, einen Zeitraum von etwa sechs Jahren bezeichnet. Die Auslegung, die die Finanzämter vielfach diesem Begriff gegeben haben, indem sie als absehbare Zeit Zeiträume von 30, 40 und mehr Jahren angesehen haben, wird damit eingeschränkt.*

*Die Zurechnung von land- und forstwirtschaftlich genutzten Grundstücksflächen zum Grundvermögen kann dann nicht ohne weiteres durch die unter a und b bezeichneten Gesichtspunkte gehindert werden, wenn der Grundbesitz hauptsächlich zu dem Zweck erworben worden ist, um bebaut zu werden oder um in sonstiger Weise anderen als land- und forstwirtschaftlichen Zwecken zu dienen, wenn also die land- und forstwirtschaftliche Nutzung nur Nebenzweck ist.*

*Kleingartenland ist nach den Urteilen des Reichsfinanzhofs vom 7. Dezember 1939 (RStBl. 1940 S. 9) und vom 4. April 1940 (RStBl. 1940 S. 509) im Sinn der Entwicklung des Baulandbegriffs auf der Grundlage des Urteils vom 27. Juli 1938 (RStBl. 1938 S. 1157) wegen des weitgehenden Pachtschutzes bis auf weiteres als gärtnerisch genutztes Land zu bewerten, solange nicht aus besonderen Gründen zu entnehmen ist, daß das Land schon demnächst der Bebauung zugeführt wird. Soziale und bevölkerungspolitische Gesichtspunkte nötigen neben ernährungspolitischen Gründen zu dieser Einschränkung.*

*4. Veräußerung land- und forstwirtschaftlich genutzter Grundstücksflächen für andere Zwecke*

*Werden Grundstücksflächen, die als land- und forstwirtschaftliches Vermögen bewertet sind, für andere als landwirtschaftliche*

*Zwecke veräußert, so ist dieser Umstand durch eine Fortschreibung oder eine Nachfeststellung des Einheitswerts zu berücksichtigen.*

*Bildet die veräußerte Grundstücksfläche eine neue wirtschaftliche Einheit, so ist für sie ein Einheitswert im Weg der Nachfeststellung festzustellen (§ 23 RBewG.). Der Feststellung des Einheitswerts ist der von der Grundstückspreisbehörde zugelassene Preis zugrunde zu legen.*

*Bildet die veräußerte Grundstücksfläche keine neue wirtschaftliche Einheit, sondern wird sie einer schon bestehenden wirtschaftlichen Einheit zugeschlagen, so kann für diese wirtschaftliche Einheit eine Wertfortschreibung in Betracht kommen. Ergibt sich dabei, daß bei der ursprünglichen Feststellung des Einheitswerts Fehler vorgekommen sind, so können diese bei der Wertfortschreibung beseitigt werden.*

*Die Veräußerung von Grundstücksflächen, die als land- und forstwirtschaftliches Vermögen verwertet sind, als Bauland oder für sonstige Zwecke nicht land- und forstwirtschaftlicher Natur, kann eine Prüfung erforderlich machen, ob auch der nicht veräußerte Teil des land- und forstwirtschaftlichen Betriebs dem Grundvermögen zuzurechnen ist. Voraussetzung dafür ist, daß auch für diesen Teil des Grundbesitzes Umstände vorliegen, nach denen anzunehmen ist, daß er in absehbarer Zeit anderen als land- und forstwirtschaftlichen Zwecken dienen wird. Es ist in diesem Fall eine Artfortschreibung für den Grundbesitz vorzunehmen. Sie wird in der Regel mit einer Wertfortschreibung verbunden sein. Die Umbildung einer Grundstücksfläche des land- und forstwirtschaftlichen Vermögens zu Grundvermögen führt in der Regel auch zu einer Änderung im Wert.*

*5. Sonderregelung für das Altreich*

*Die Abgrenzung des land- und forstwirtschaftlichen Vermögens vom Grundvermögen im Altreich ist nicht immer nach den Grundsätzen der Abschnitte 2 und 3 vorgenommen worden. Ich sehe wegen der augenblicklichen Verhältnisse davon ab, eine allgemeine Änderung derjenigen Bewertungen anzuordnen, die den Grundsätzen dieser Abschnitte nicht entsprechen. Ich bitte die Oberfinanzpräsidenten zu prüfen, ob und inwieweit auf diesem Gebiet Änderungen von Bewertungen erforderlich sind.*

*Weichen die Einheitswerte auf den 1. Januar 1935 von den Preisen ab, die die Preisbehörden bewilligen, so ist nach den folgenden Anordnungen zu verfahren:*

*a) Ein gewisser Unterschied zwischen den Einheitswerten auf den 1. Januar 1935 und den Richtpreisen, die die Preisbehörden festsetzen, oder den Preisen, die die Preisbehörden bewilligen, kann sich daraus ergeben, daß der Bewertung durch die Finanzämter die Wertverhältnisse vom 1. Januar 1935, der Preisbemessung durch die Preisbehörden aber die Wertverhältnisse vom 17. Oktober 1936 zugrunde liegen. Dieser Unterschied wird im allgemeinen nicht mehr als 10 v. H. betragen. Liegen also die Einheitswerte der unbebauten Grundstücke auf den 1. Januar 1935 etwa 10 v. H. unter oder über den Richtpreisen der Preisbehörden, so ist hinsichtlich des festgestellten Einheitswertes nichts zu veranlassen.*

b) *Beträgt der Unterschied zwischen den Einheitswerten der unbebauten Grundstücke und den Preisen, die die Preisbehörden festsetzen, mehr als 10 v. H., so sind die Einheitswerte zu überprüfen.*

*Ergibt die Prüfung, daß die bei der Bewertung zugrunde gelegten Preise nach den Verhältnissen am Bewertungsstichtag und die von den Preisbehörden bewilligten Preise nach den Verhältnissen am Veräußerungsstichtag richtig bemessen worden sind, so besteht kein Anlaß, die festgestellten Einheitswerte zu ändern. Unterschiede in der Bewertung von unbebauten Grundstücken, die zwischen dem 1. Januar 1935 und dem 17. Oktober 1936 eingetreten sind, können durch Änderung der Einheitswerte nicht beseitigt werden, wenn die Einheitswerte den Wertverhältnissen vom 1. Januar 1935 entsprechen. § 3a RBewDV. gemäß sind bei Fortschreibungen und Nachfeststellungen der Einheitswerte für Grundbesitz die Wertverhältnisse vom 1. Januar 1935 zugrunde zu legen. Das gilt auch dann, wenn Richtpreise auf den 17. Oktober 1936 aufgestellt sind, die nicht den Wertverhältnissen vom 1. Januar 1935 entsprechen. Fälle dieser Art werden im wesentlichen da vorgenommen, wo durch die Wehrmacht Kasernen, Übungsplätze und dergleichen errichtet worden sind.*

*Ergibt die Prüfung, daß die der Bewertung zugrunde gelegten Preise nach den Verhältnissen am Bewertungsstichtag nicht richtig bemessen worden sind, so müssen die Einheitswerte unter Zugrundelegung der zutreffenden Preise richtiggestellt werden. Diese Richtigstellung der Einheitswerte kann entweder im Weg der Wertfortschreibung oder im Weg der Berichtigung geschehen. Es sind in beiden Fällen die Preise anzusetzen, die für den 1. Januar 1935 als richtig festgestellt worden sind.*

*Wird ein land- oder forstwirtschaftlicher Betrieb — ein solcher kann auch ein einzelnes Flurstück sein — für die land- und forstwirtschaftliche Weiterbenutzung veräußert, so ist eine Übereinstimmung zwischen dem Einheitswert und dem Kaufpreis nicht zu erwarten. Der Kaufpreis ist in der Regel wesentlich höher.*

*(IX — 16 — 5243 vom 14. Dezember 1940)*

## 6. Der Runderlaß Nr. 64/41 des Reichskommissars für die Preisbildung vom 10. Juni 1941

### Preisbildung und Preisüberwachung bei Bauland; Festsetzung von Richtpreisen

#### Vorbemerkung

Im Rahmen des RE. 155/37 waren ursprünglich in Abschnitt II Ziff. 4 eingehende Weisungen des RfP. über die Preisbildung und Preisüberwachung auch für die Baulandgrundstücke gegeben worden. Die Festsetzung von Richtpreisen war empfohlen worden.

Der Führer-Erlaß zur Vorbereitung des Wohnungsbaues nach dem Krieg vom 15. November 1940 (RGBl. I S. 1495) schreibt in Ziff. V Abs. 2 die Festsetzung von Richtpreisen für Bauland zwingend vor. Zur Durchführung des Führererlasses ist der RE. Nr. 64/41 (MittBl. I S. 350) vom RfP. im Einvernehmen mit dem Reichskommissar für den sozialen Wohnungsbau erlassen worden, vgl. die ergänzenden Ausführungen in Bem. 52 bis 60 zum RE. 155/37.

Der RE. Nr. 64/41 umfaßt 7 Abschnitte

I. Die Ermittlung des Stoppreises für Bauland,
II. Die Zulässigkeit besonderer Baulandpreise,
III. Die Bewertung nach dem landwirtschaftlichen Ertragswert,
IV. Die Anlegung einer Kaufpreissammlung,
V. Die Festsetzung von Richtpreisen,
VI. Die Anwendung des Runderlasses in den eingegliederten Gebieten,
VII. Schlußbestimmungen.

Der RE. Nr. 64/41 tritt an die Stelle des Abschnittes II Ziff. 4 des RE. Nr. 155/37, der gemäß Ziff. 28 aufgehoben ist. Über die Bedeutung, die der Reichskommissar für den sozialen Wohnungsbau diesem RE. beilegt, vgl. 56 zum RE. 155/37.

I.

Das Problem der Ermittlung des volkswirtschaftlich gerechtfertigten Baulandpreises ist ein Teilproblem der Grundstückspreisbildung überhaupt. Es ist erfreulich, daß der RfP. dieser Aufgabe sich unterzogen hat und dabei bemerkenswerterweise von den gegebenen Verhältnissen — vgl. 51 zum RE. 155/37 — ausgeht. Gegeben ist:

1. Die bisherige Preisbildung auf der Grundlage von Angebot und Nachfrage. Dieser Wirtschaftsgrundsatz der liberalen Preisbildung widerspricht der nationalsozialistischen Wirtschaftsauffassung und vor allem den Zielen der Wohnungs- und Siedlungspolitik, wie in der Einleitung mit Recht festgestellt wird. Der liberalistische Wirtschaftsgrundsatz hat keinen Platz mehr in einer staatlich gelenkten Grundstückspreisbildung, vgl. 6 und 56 zum RE. 155/37. Wenn und soweit dieses Ziel erreicht ist, wird dieses Wirtschaftsprinzip entbehrlich. Vorläufig aber kann und darf die Preisbildung nicht aus dem Rahmen einer Entwicklung der Grundstückspreise im allgemeinen heraustreten. Die völlige Absetzung von der Entwicklungsstufe der Preise würde auch den Begriffen „Verkehrswert" und „gemeiner Wert" die Grundlage entziehen, vgl. 56 zum RE. 155/37.

Daß eine **selbständige Gestaltung** der Bodenpreise angestrebt werden muß und daß diese Preisbildung sich allmählich von der in liberalistischen Auffassungen verstrickten Entwicklung loslösen muß, ist eine zwingende Notwendigkeit, vgl. 2 zu § 2 PBG.

2. Der Zwang zur **Aufrechterhaltung der Stoppreise**, d. h. der am 17. Oktober 1936 geltenden Grundstückspreise. Daß dieser Stoppreis ohne zwingende Notwendigkeit nicht überschritten werden darf, ist ein Grundsatz der preisrechtlichen Ordnung des Vierjahresplanes überhaupt; vgl. aber 4 Buchst. d zu § 1 der VO. über die Behandlung von Geboten in der Zwangsversteigerung vom 30. Juni 1941 (RGBl. I S. 354). Dieser Stoppreis ist aber nicht unter allen Umständen als angemessener, d. h. volkswirtschaftlich gerechtfertigter Preis anzusehen. Gerade die Tatsache, daß die Entstehung der Stoppreise nach den Grundsätzen einer nicht mehr haltbaren Wirtschaftsauffassung erfolgt ist, zwingt zu der Prüfung der Frage, ob und inwieweit diese Preisbildung zum Stichtag des 17. Oktober 1936 noch als gerechtfertigt anzusehen ist. Der RE. läßt in Ziff. 4 die Heranziehung von Vergleichspreisen aus weiter zurückliegenden Jahren ohne weiteres zu, er will

aber auch die besonderen Verhältnisse, unter denen die Vergleichspreise zustande gekommen sind, nach Ziff. 6ff. berücksichtigt wissen.

Die Stoppreise, die den Ausgangspunkt der Baulandpreisbemessung darstellen (Ziff. 1), sind demgemäß nur insoweit zu beachten, als sie **normale** Preise, d. h. nicht unter besonderen Umständen, aber doch nach dem heute abgelehnten Wirtschaftsgrundsatz von „Angebot und Nachfrage" zustandegekommene Preise darstellen. Diese Abgrenzung der Auswahl von Vergleichspreisen erscheint nicht nur sehr schwierig, sondern kann auch zu reichlich theoretischen Ergebnissen führen. Die Praxis wird vielleicht den zweckmäßigeren Weg gehen und den Stoppreis nur mit dem Abmaße als Ausgangspreis anerkennen, als er dem volkswirtschaftlich gerechtfertigten Preis entspricht. Preisübersetzungen[1]) aus der Stoppreiszeit müssen wohl auch nach der Auffassung des RfP. auf das volkswirtschaftlich gerechtfertigte Maß zurückgeführt werden, ehe sie die Grundlage von Richtpreisen bilden können.

Der RfP. hat bewußt darauf verzichtet, den volkswirtschaftlich gerechtfertigten Baulandpreis ohne Bindung an den Stoppreis ermitteln zu lassen. Nach Lampe, Der soziale Wohnungsbau in Deutschland, 1941 S. 403 waren für diese Beschränkung folgende Erwägungen maßgebend: „Bei freier Preisbildung wird der Baulandpreis durch die Höhe des im Falle der Bebauung erzielbaren Ertrages bestimmt, der seinerseits wieder von der Höhe der Baukosten und von der Höhe der Mieten abhängt. An sich müßte man also durch eine Regulierung der Mieten auch zu einer Regulierung der Baulandpreise kommen können. Dieser Weg ist aber leider augenblicklich nicht gangbar, und zwar ist daran im wesentlichen die starke Steigerung der Baukosten schuld. Mieten, die für die Bevölkerung tragbar sein sollen, oder gar Mieten, die den Bedingungen des Führer-Erlasses entsprechen, reichen augenblicklich nicht einmal zur Deckung der reinen Baukosten aus. Für eine Verzinsung des Grund und Bodens bleibt also gegenwärtig überhaupt nichts übrig." Der RfP. erachtet die gegenwärtige Verteuerung der Baukosten nur als einen vorübergehenden Zustand und erwartet von der Bindung des Baulandpreises an den Stoppreis eine Erhöhung des Angebots von Baugelände mit der Folge der Ermäßigung des Baulandpreises unter den Stoppreis. Aus diesem Grunde und weil eine Herabdrückung des Bodenpreises für Bauland bis an die Grenze des landwirtschaftlichen Ertragswertes eine Wertvernichtung größten Ausmaßes mit der Folge größter wirtschaftlicher Schwierigkeiten bedeuten würde, hält der RfP. an dem Baulandstoppreis fest, ohne sich für die Zeit nach dem Kriege bei Wiedereintritt normaler Verhältnisse an diese Art der Wertberechnung zu binden. Auch das Problem der „Grundrente" harrt noch der Lösung, vgl. Heilmann, RArbBl. V 1941, 474.

II.

Die Grundsätze, die nach der Anweisung des RfP. bei der Ermittlung des Stoppreises von den Preisbehörden zu beachten sind, verlangen hiernach eine sorgfältige Prüfung der Verhältnisse, die für die Bildung des Stoppreises am Stichtag, d. h. am 17. Oktober 1936, maßgebend gewesen sind. Liegt ein Stoppreis für das Grundstück aus der nächsten Zeit vor oder nach dem Stichtag nicht vor — was wohl die Regel bilden dürfte —, so ist von **Vergleichspreisen** auszugehen, die nicht nur aus dem Gemeindeteil selbst, sondern — bei größeren Gemeinden — auch aus anderen Gemeindeteilen und — bei kleineren Gemeinden — aus Nachbar-

[1]) Vigano, Zeitschrift für Wohnungswesen 1941, 102 teilt mit, daß noch im Jahre 1935 die Baulandpreise um rund 50% niedriger gelegen hätten als die 1930 ermittelten Quadratmeterpreise.

gemeinden mit ähnlichen Verhältnissen entnommen werden dürfen. Der Spielraum, der bei der Heranziehung von Vergleichspreisen den Preisbehörden gewährt wird, ist sehr groß. Eine Beschränkung in der Auswahl ist geboten. Eine solche Selbstbeschränkung empfiehlt sich für die Preisbehörde schon deshalb, weil die Kleinarbeit der Zu- und Abschläge ziemlich wirkungslos bleiben muß, wenn bei der Heranziehung der Vergleichspreise der Rahmen zu weit gespannt wird. Nur wenn die Vergleichspreise in wesentlicher Beziehung, d. h. nach Vertragsgegenstand, Vertragsbedingungen und Vertragszweck vergleichbare Verhältnisse betreffen, sollen sie zur Auswertung herangezogen werden. Demgemäß sollen nach Möglichkeit bereits die Vergleichspreise betreffen

1. Baugrundstücke, die entweder wegen geringer Bautiefe einen einheitlichen Preis für das ganze Baugelände haben oder wegen großer Tiefe einen aufgespaltenen Preis für Vorderland und Hinterland besitzen, Ziff. 8. Eine nachträglich von der Preisbehörde vorzunehmende Aufspaltung des Einheitspreises, die nach Ziff. 13 Abs. III bei der Eintragung der Grundstückpreise erfolgt, kann auch dann noch zu erheblichen Fehlerquellen führen, wenn man in Übereinstimmung mit der Praxis der Finanzämter den Wert des Hinterlandes mit der Hälfte des Vorderlandpreises veranschlagt; denn allein die Abgrenzung von Vorderland und Hinterland, die nicht die Beteiligten selbst vorgenommen haben, beruht auf subjektiven Erwägungen, die der behördlichen Entscheidung wenig zugänglich sind, auch dann nicht, wenn man als allgemeine Norm anerkennt, daß Gelände bis zu einer Tiefe von 25 bis 40 Meter hinter der Baufluchtlinie als Vorderland zu bewerten ist, Ziff. 8 Satz 3.

2. Baugrundstücke, die unter normalen Umständen ihren Besitzer gewechselt haben. Demgemäß sollen auch Grundstückskäufe außer Betracht bleiben, die unter rechtlichen oder wirtschaftlichem Zwang veräußert worden sind, also in der Regel Veräußerung im Wege der Zwangsversteigerung oder aus wirtschaftlicher Not. Soweit diese Verhältnisse einen Preisdruck zur Folge hatten, kommen sie bei der Auswertung der Vergleichspreise entweder überhaupt nicht oder nur nach Berichtigung des erzielten Preises durch Zuschläge in Frage.

Zu beachten ist aber, daß auch bei Zwangsversteigerungen in den letzten Jahren Überpreise erzielt worden sind, zu deren Bekämpfung gerade die Verordnung über die Zurückweisung von Geboten in der Zwangsversteigerung vom 6. April 1938 (RGBl. I S. 374) erlassen worden ist. Auch bei der Bestimmung des Betrags des höchstzulässigen Gebots gemäß § 1 der VO. über die Behandlung von Geboten in der Zwangsversteigerung vom 30. Juni 1941 können in engen Grenzen überhöhte Preise zugelassen werden, vgl. 4 Buchst. d zu § 1 dieser VO.

Überhöhte Preise können vom Erwerber bezahlt worden sein, weil er als Privatmann ein bestimmtes wirtschaftliches Interesse z. B. zur Verbesserung der Besitz- und Wirtschaftsverhältnisse, zur Abrundung des Grundbesitzes usw. oder als Körperschaft des öffentlichen Rechts ein öffentliches Interesse z. B. zur Beschaffung von Bauland, Siedlungsland usw. an dem Erwerb des Grundstücks hatte. Soweit solche Grundstückserwerbungen in Vergleich gezogen werden müssen, sind die vereinbarten Entgelte durch angemessene Abschläge zu berichtigen. Das gleiche gilt für offenbare Spekulationspreise, Ziff. 7 Abs. 1.

3. Baugrundstücke, deren Preisvereinbarungen besondere Entgelte für Leistungen enthalten, die außerhalb des eigentlichen Grundstücksüberlassungspreises liegen. In Betracht kommen Entgelte

a) als Entschädigung für wirtschaftliche Nachteile, die mit der Hergabe des Grundstücks für den Veräußerer verbunden sind, sog. Nebenentschädigungen. Sie sind üblich und werden vom RfP. bei der Enteignungsentschädigung ausdrücklich zugelassen, vgl. den Erlaß des RfP. vom 26. März 1938, 66 zum RE. 155/37. Aber auch für die freihändigen Verkäufe ist die Gewährung einer Nebenentschädigung nach dem Bescheid des RfP. vom 18. April 1939 (DR. 1940, 301) dann möglich, wenn der Verkauf ausschließlich im Interesse des Käufers durchgeführt werden soll. Der RE. 64/41 erweitert die Voraussetzung für die Gewährung einer zusätzlichen Nebenentschädigung dahin, daß der Verkauf „lediglich auf Verlangen des Käufers erfolgt und im öffentlichen Interesse liegt"; dazu bemerkt Ziff. 11 Abs. 1 Satz 2, daß diese beiden Voraussetzungen bei der Abgabe von Bauland im allgemeinen stets gegeben sein werden. Die Gewährung der Nebenentschädigung darf nicht zu einer verschleierten Überbewertung des Grundstückes führen; sie ist im Kaufvertrag getrennt vom eigentlichen Grundstückspreis auszuweisen und bei Zulassung durch die Preisbehörde gesondert vom eigentlichen Grundstückspreis festzusetzen, vgl. den Bescheid vom 18. April 1939 DR. 1940, 301.

Die Zulassung einer Nebenentschädigung kommt z. B. in Frage, wenn der Restbesitz in seinem Wert durch die Grundstücksabgabe über den Wert der abgegebenen Fläche hinaus vermindert wird, weil etwa die Wirtschaftsgebäude für den verkleinerten Besitz zu groß sind oder weil die Bewirtschaftung des Restbesitzes erheblich erschwert ist. Durch die Gewährung einer Nebenentschädigung kann aber vor allem dem Besitzer, dem durch die Grundstücksabgabe die Grundlage seiner beruflichen Existenz als Landwirt oder Bauer (§ 37 Abs. 2 REH.) entzogen wird, der Wiedererwerb einer geeigneten Existenzgrundlage — 66 zum RE. 155/37 — erleichtert werden. Überhöhte Bodenpreise sind auch nach Auffassung des Reichsnährstandes grundsätzlich nicht erwünscht, vgl. Dellian RdRN. 1940, 701.

Im Interesse der Verwaltungsvereinfachung kann die Preisbehörde nach Ziffer 12 und 17 an Stelle der besonderen Nebenentschädigung einen etwas höheren Preis zulassen oder als Richtpreis festsetzen, wenn eine genaue Berechnung der wirtschaftlichen Nachteile nicht möglich ist. In diesem Falle kommt die Gewährung einer Nebenentschädigung nur in Betracht, wenn der für die Dauer erzielbare Reinertrag und die durch die Nebenentschädigung an sich auszugleichenden Nachteile einen höheren Preis rechtfertigen. Der Baulandstoppreis darf nicht erreicht werden.

b) als Entschädigung für die vom Veräußerer gemachten Aufwendungen für die bauliche Erschließung der Grundstücke, gleichviel, ob es sich um eigene Leistungen des Eigentümers oder um geleistete Beiträge an Dritte, insbes. die Gemeinde, handelt. Diese Aufschließungskosten, über deren unerträgliche Höhe vielfach geklagt wird, bilden erfahrungsgemäß einen beträchtlichen Anteil an dem Baulandpreis. Mit Recht hat deshalb der Führer-Erlaß vom 15. November 1940 in Nr. VI Abs. 2 des Erlasses die Begrenzung der von den Gemeinden an die Aufschließung zu stellenden Anforderungen angeordnet, soweit Volksgesundheit, Verkehr und Sicherheit dies gestattet. Die Deckung der den Gemeinden entstehenden Aufschließungskosten soll durch Reichsgesetz geregelt werden.

Die in Ziff. 5 vorgesehene Berücksichtigung der zu a und b genannten besonderen Entgelte muß wohl in verschiedener Weise erfolgen.

Die Nebenentschädigung ist offenbar nach der Auffassung des RfP. — 66 zum RE. 155/37 — eine Sondervergütung, die nur bei der Enteignung eines Grundstücks und vielleicht auch bei der Anordnung des Grundstückverkaufs zu dem von der Preisbehörde herabgesetzten Preis zugelassen werden kann. Sie ist daher dem normalen Grundstücksverkehr fremd und darf bei Vergleichspreisen nicht in Ansatz gebracht werden.

Dagegen kann und muß der Aufwand für die Aufschließung des Grundstücks bis zur anderweitigen Regelung durch das in Aussicht gestellte Reichsgesetz als wesentlicher Bestandteil des Baulandpreises gewürdigt werden. Das bedeutet, daß überall da, wo solche Kosten nicht angefallen sind, ein vergleichbarer Baulandpreis nicht besteht, der vereinbarte Preis also durch pauschalen Zuschlag für die zu erwartenden Kosten erhöht werden muß. Die Schwierigkeit besteht darin, daß die Höhe dieses Pauschalbetrages meist nur schwer zu bestimmen ist. Die Lage des Grundstücks und der Zuschnitt der Fläche ist dabei oft von ausschlaggebender Bedeutung. Manche Gemeinden haben Pauschalbeiträge für Aufschließungskosten festgesetzt; soweit diese nicht offensichtlich überhöht sind, dürften sie der Bemessung des Zuschlages zugrundezulegen sein. Auch die unentgeltliche Grundabtretung an die Gemeinde ist bei der Ermittlung des Vergleichspreises ebenso wie bei der Festsetzung der Richtpreise (Ziff. 19) zu berücksichtigen, d. h. der Wert des abzutretenden Baugeländes soll bei der Festsetzung des Richtpreises nicht eingerechnet, der Richtpreis also auf das nutzbare Baugrundstück beschränkt werden, vgl. Lampe, Der soziale Wohnungsbau 1941, 404. Heilmann RArbBl. V 1941, 478.

4. Die Zahlungsbedingungen der Vergleichsverkaufsverträge sollen nach Ziff. 5 eine besondere Prüfung erfahren. Wenn es auch richtig ist, daß die vereinbarte Zahlungsweise — Barzahlung, Ratenzahlung, Verzinsung des Kaufpreises — preismindernd oder preiserhöhend wirkt, so dürfte das Ergebnis der Wirtschaftlichkeitsprüfung doch in keinem Verhältnis zu der aufgewandten Verwaltungsarbeit stehen. Nur ganz offenkundige Auswirkungen dürften hier durch Zu- oder Abschläge Berücksichtigung finden.

## III.

Die Heranziehung und Auswertung von Vergleichspreisen ist aber überall da entbehrlich, wo der Wert des in Frage stehenden Grundstücks selbst bekannt ist. Der Veräußerungspreis am Stichtag selbst wird nur ausnahmsweise feststehen, vgl. 1 zu § 1 PStopV. Dagegen besteht für jedes Grundstück eine steuerliche Wertschätzung: der Einheitswert und der Wehrbeitragswert. Beide Wertfeststellungen sind nicht nur in auseinanderliegenden Zeiträumen — der steuerliche Einheitswert ist grundsätzlich im Jahre 1935, der Wehrbeitragswert im Jahre 1913 ermittelt —, sondern vor allem nach ganz verschiedenen Gesichtspunkten und Verfahren aufgestellt worden. Dementsprechend sind auch die beiden Werte meist nicht mehr miteinander zu vergleichen. Beispiel: für ein großstädtisches Miethausgrundstück beträgt der Wehrbeitragswert 242000 ℳ, der Einheitswert 105000 RM.

Angesichts dieser tatsächlichen Bewertungsnot, für die die Praxis immer mehr neue Belege erbringt, ist es erfreulich, daß nunmehr auch — 9 zu RE. 155/37 — der RfP. selbst die Berücksichtigung des **Wehrbeitragswertes**, insbes. bei Grundstücken innerhalb der bebauten Ortslage, zuläßt, Ziff. 4.

Der Wehrbeitragswert beruht auf der Veranlagung des beitragpflichtigen oder der Feststellung des beitragfreien Vermögens gemäß § 47 des Gesetzes über einen einmaligen außerordentlichen Wehrbeitrag vom 3. Juli 1913 (RGBl. S. 505). Die Feststellung des Vermögens erfolgte grundsätzlich nach dem gemeinen Wert (Verkaufswert) (§ 16). Die Feststellung des gemeinen Werts konnte der Beitragspflichtige auch in den Fällen verlangen, in denen nach § 17 der Ertragswert der Veranlagung zugrunde zu legen war, nämlich bei land- und forstwirtschaftlich oder gärtnerisch genutzten Grundstücken sowie bei bebauten Grundstücken, die Wohnzwecken oder gewerblichen Zwecken zu dienen bestimmt sind und bei denen die

Bebauung und Benutzung der ortsüblichen Bebauung und Benutzung entspricht. Als Ertragswert galt nach dem Wehrbeitragsgesetz

1. bei land- oder forstwirtschaftlichen und Gärtnereigrundstücken das Fünfundzwanzigfache des Reinertrags, den sie nach ihrer wirtschaftlichen Bestimmung bei ordnungsmäßiger Bewirtschaftung mit entlohnten fremden Arbeitskräften nachhaltig gewähren können;
2. bei bebauten Grundstücken, die Wohnzwecken oder gewerblichen Zwecken zu dienen bestimmt sind, das Fünfundzwanzigfache des Miet- oder Pachtertrags, der in den letzten drei Jahren im Durchschnitt erzielt worden ist oder im Falle der Vermietung (Verpachtung) hätte erzielt werden können. Von diesem Miet(Pacht)ertrag wurden — soweit ein höherer Aufwand nicht nachgewiesen werden konnte — 20 v. H. (ein Fünftel) für Nebenleistungen und Instandhaltungskosten in Abzug gebracht, so daß regelmäßig höchstens $^4/_5$ des Miet-(Pacht-)ertrags der Wertberechnung zugrundegelegt worden sind.

Für die Ermittlung dse Vermögenswertes war grundsätzlich der Stand vom 31. Dezember 1913 maßgebend; der ermittelte Vermögenswert wurde für die Veranlagung auf volle Tausend nach unten abgerundet.

Die Ergebnisse dieser Wertermittlung zum Zwecke der Veranlagung des Wehrbeitrages sind verhältnismäßig hoch. Dies gilt mindestens für Miethausgrundstücke, die gegenüber dem nach § 33 RBewG. festgestellten Einheitswert einen wesentlich höheren Wehrbeitragswert besitzen, wie die oben angeführten Zahlen, d. i. 242000 ℳ gegenüber 105000 RM. Einheitswert, beweisen, vgl. aber auch 9 zum RE. 155/37. Der Grund hierfür liegt weniger in der Feststellung des Miet-(Pacht-)ertrags bzw. der Jahresrohmiete (§ 24 RBewG.) als in dem Vervielfältiger (§ 36 RBewG.), der ausnahmslos unter der Zahl 25 liegt.

Zur Berücksichtigung des Einheitswertes und des Feuerkassen-(Brandversicherungs-)wertes vgl. 9 zum RE. 155/37.

IV.

Der Begriff des **Baulandes** ist eng auszulegen. Als Bauland gilt ein Gelände, mit dessen Bebauung am Stichtag des 17. Oktober 1936 in absehbarer Zeit nicht nur möglicherweise, sondern mit Wahrscheinlichkeit gerechnet und für das deshalb ein den Ertragswert des Grundstücks erheblich übersteigender Preis bezahlt worden ist. In diesem Sinne dürfte Ziff. 9 Abs. 1 auszulegen sein. Die einschränkende Auslegung, die Ziff. 9 Abs. 2 und 3 nachdrücklich unterstreichen, findet sich bereits ausführlich in dem Erlaß des Reichsarbeitsministers vom 30. Oktober 1936, vgl. 57 zu RE. 155/37. Der engen Begriffsauslegung steht aber nicht entgegen, daß ein Grundstück, bei dem die Voraussetzungen für die Bewertung als Bauland nach den im GemE. vom 14. Dez. 1940 — oben S. 94 — aufgestellten Gesichtspunkten nicht gegeben sind, als Bauland anzusehen ist, wenn das Grundstück hauptsächlich zum Zweck der Bebauung erworben worden ist oder wenn sonst die landwirtschaftliche Nutzung nur als Nebenzweck des Grundstückerwerbs anzusehen ist, vgl. Ziffer 3 vorl. Absatz des GemE.

Nach dem klaren Wortlaut der Ziff. 9 Abs. 1 des RE. Nr. 64/41 kann als Bauland nur zugelassen werden, was bereits **am Stichtag** des 17. Oktober 1936 als Bauland angesehen werden konnte. Die Frage, ob und unter welchen Voraussetzungen für ein Gelände, für das erst zu einem späteren Zeitpunkt die Voraussetzungen der Baulandeigenschaft eingetreten sind, ein Baulandpreis zugelassen werden kann, ist hier ebensowenig geregelt wie die Frage, wie ein ursprünglich als Bauland anzusehendes Grundstück zu behandeln ist, bei dem die besonderen Voraussetzungen der Baulandeigenschaft nachträglich weggefallen sind. Es kann nicht bezweifelt werden, daß die Veränderungen, die aus der baulichen Entwicklung einer Gemeinde in und außerhalb einer geschlossenen Ortslage für die Bewertung eines Geländes als Bauland erwachsen, auch von der Preisbehörde nicht unbeachtet bleiben dürfen. Daraus ergibt sich die Notwendigkeit,

1. die Wertfestsetzungen für Bauland und die Einreihung von Baugelände in die Richtpreisstufen (Ziff. 17) in längeren oder kürzeren Zeitabschnitten etwa nach dem Vorbild des für die Feststellung der Einheitswerte geltenden § 21 RBewG. einer Nachprüfung zu unterziehen, und
2. die künftige Entwicklung von Bodenpreisen zu Baulandpreisen nicht nur im Sinne der Verhinderung von Überpreisen zu überwachen, sondern den durch die bauliche Entwicklung dem Eigentümer mühelos und frei von Arbeitsleistung zufallenden Mehrpreis mindestens zu einem angemessenen Teil, etwa in Form einer zweckgebundenen Ausgleichsabgabe zugunsten der Gemeinde, der Allgemeinheit zuzuführen.

Der Grundsatz des geltenden Preisrechts, daß die Stichtagpreise grundsätzlich nicht überschritten werden dürfen, bedeutet nicht, daß sie nicht unterschritten werden dürfen. Auch für die Stoppreise gilt die Forderung, daß sie volkswirtschaftlich gerechtfertigt sein müssen; überhöhte Stoppreise müssen herabgesetzt werden, oben I 2. Gerade bei Baulandpreisen wird man in zahlreichen Fällen eine willkürliche, übermäßige Preisbildung vor dem Stichtag feststellen können. Deshalb sind auch in Ziff. 5—8 eingehende Vorschriften über die Auswertung von Vergleichspreisen für Bauland erlassen.

Die Möglichkeit der Bildung von Überpreisen, die für die Zukunft ebenso besteht wie für die Vergangenheit, drängt zu der Lösung der Frage ihrer Behandlung. Die nächstliegende Lösung scheint darin zu bestehen, daß Überpreise durch Herabsetzung verhindert werden. Man würde also z. B. bei Bauland in Anlehnung an die gegebenen Verhältnisse einen mehr oder weniger bestimmbaren Baulandpreis zulassen und dessen Überschreiten verbieten. Hinsichtlich des Stoppreises wird dieses Verfahren gemäß den Anweisungen in Abschnitt I durchgeführt.

Soweit ein Baulandstoppreis hiernach nicht in Frage kommt, gilt grundsätzlich der Preis, der nach dem auf die Dauer erzielbaren landwirtschaftlichen Reinertrag sich errechnet, Ziff. 9 und 10. Der Erlaß enthält keine Bestimmung darüber, in welcher Weise die Bewertung von Grundstücken zu erfolgen hat, die weder als Bauland noch als landwirtschaftlich genutzte Grundstücke in Betracht kommen, für die also eine Wertermittlung nach dem landwirtschaftlichen Reinertrag nicht möglich ist, z. B. für brachliegende Grundstücke oder für anderen Zwecken dauernd bestimmte Grundstücke, die nur vorübergehend landwirtschaftlich genutzt sind (Grünflächen, Straßengrunderwerbungen, Sportplätze). Es erscheint billig, solche Grundstücke bis zur etwaigen anderen Bestimmung des RfP. als Bauland zu behandeln, vgl. Heilmann RArbBl. V 1941, 478.

Es leuchtet ohne weiteres ein, daß die Zäsur zwischen dem Baulandstoppreis und dem künftigen Baulandpreis auf der Grundlage des landwirtschaftlichen Ertrages unerträglich ist. Beispiel: der Baulandstoppreis beträgt 110 RM. je Dezimale, der landwirtschaftliche Ertragspreis 12 RM. Zur Überbrückung der in jedem Fall bestehenden Zäsur läßt Ziff. 11 allgemein für Bauland die Gewährung einer Nebenentschädigung für wirtschaftliche Nachteile zu, die getrennt vom eigentlichen Grundstückspreis im Kaufvertrag auszuweisen ist; auch die Zubilligung eines Anreizpreises ist in Ziff. 12 gestattet. Nebenentschädigung und Anreizprämie müssen so bemessen werden, daß der Gesamtpreis unter dem niedrigsten Baulandstoppreis liegt. Die Nebenentschädigung wird aber, wenn sie lediglich die Beziehungen zwischen dem landwirtschaftlichen Betrieb und dem zugehörigen Grundstück bewertet, nicht allzu hoch bemessen werden können. In unserem Beispiel wurde sie auf etwa 6 RM. je Dezimale, der Gesamtpreis nach Ziff. 10 und 11 also auf 18 RM. je Dezimale, festgesetzt. Für die Bemessung des Anreizpreises nach Ziff. 12 bleibt demnach, selbst wenn man den niedrigsten Stoppreis mit 100 RM. je Dezimale annimmt, noch immer eine Spannung von 82 RM. je Dezimale.

Die entscheidende Frage ist, ob man durch entsprechende Heraufsetzung des Anreizpreises gemäß Ziff. 12 dem Eigentümer einen nach Lage der Verhältnisse unverdienten Mehrerlös gewähren oder ob man durch entsprechende Zurückhaltung dem Erwerber einen — ebenfalls nach den allgemeinen Preisverhältnissen — unverhältnis niedrigen Erwerbspreis zugestehen soll. Beide Lösungen befriedigen nicht. Es besteht ebensowenig Veranlassung, den Ertragspreis des Grundstücks zugunsten des Eigentümers bis zur Grenze des Baulandpreises zu erhöhen, wie es umgekehrt untragbar erscheint, daß der künftige Erwerber von Bauland nur einen etwas erhöhten Ertragspreis für landwirtschaftliche Grundstücke zu zahlen hätte. Im letzteren Fall würde über die wirtschaftlichen Auswirkungen unter den Vertragsteilen hinaus die preispolitische Folge die sein, daß der künftige Baulandpreis ohne inneren Grund und unter Abkehr von der bisherigen Baulandpreisentwicklung wesentlich niedriger wäre als bisher. Damit würde aber zugleich die Grundlage für die Aufrechterhaltung des Stoppreises erschüttert werden, vgl. 56 zum RE. 155/37. In dem genannten Beispiel hat die Preisbehörde — der Fall liegt vor dem Erlaß des RE. 64/41 — zu dem berichtigten Ertragspreis von 18 RM. je Dezimale ein „Aufgeld" von 32 RM. bewilligt, insgesamt also einen Preis von 50 RM. je Dezimale zugelassen. Sie hat die Preisherabsetzung gegenüber einem Stoppreis von mindestens 110 RM. bewußt vorgenommen. Würde diese Maßnahme allgemein durchgeführt, so würde der Verkäufer von Bauland künftig statt 110 RM. nur 50 RM. je Dezimale erzielen können, gleichviel zu welchem Preis er das Gelände selbst erworben oder welche Aufwendungen er für die Erschließung gemacht hat.

Aus dem angeführten Beispiel ist zu ersehen, welch große Lücke zwischen dem landwirtschaftlichen Ertragspreis und dem Baulandpreis besteht. Nur eine vorsichtige preisrechtliche Behandlung wird den Zustand herbeiführen können, daß der Preis „für das Bauvorhaben, für das der Grunderwerb bestimmt ist, tragbar" ist. Tragbare Mieten und Lasten, die durch Förderung des Wohnungsbaues aus Mitteln des Reichs nach Nr. IV des Führer-Erlasses vom 15. November 1940 angestrebt werden, sind nur möglich, wenn die Baulandpreise auf eine angemessene Höhe gebracht werden. Dieses Ziel kann nur unter Berücksichtigung des Verwendungszwecks des in Anspruch zu nehmenden Grundstücks, also der dem Boden im Einzelfall von der völkischen Ordnung zugewiesenen Aufgabe — Vorbem. zum RE. 155/37 —, Schritt für Schritt erreicht werden. Auch nach Einführung der in Abschnitt V vorgesehenen Richtpreise für Bauland kann und darf die Zweckverwendung des Grundstücks bei der Preisfestsetzung im Einzelfall nicht außer acht gelassen werden, Ziff. 21.

Zur Beseitigung der unerwünschten Folgen, die sich aus der allzu großen Spannung zwischen Ertragspreis und Baulandstoppreis ergeben können, erscheint die Festsetzung einer **Ausgleichsabgabe** durch die Preisbehörde geboten. In dem angeführten Beispiel könnte zugunsten der Gemeinde eine Ausgleichsabgabe etwa in Höhe von 20 RM. bei Zulassung des Stoppreises von 110 RM. je Dezimale festgesetzt werden. Der Erwerber hätte hiernach an den Verkäufer 90 RM. und an die Gemeinde 20 RM. als Ausgleichsabgabe zu entrichten. Die Gemeinde wäre zu verpflichten, den Betrag zur Förderung des Wohnungsbaues zu verwenden, wobei die Art der Verwendung — Minderung der Kosten der Erschließung des Baugeländes (soweit das nach Nr. VI des Führer-Erlasses vom 15. November 1940 in Aussicht gestellte Reichsgesetz nichts anderes bestimmt), Zuschüsse für den sozialen Wohnungbau, verbilligtes Baugelände u. a. m. — der Gemeinde zu überlassen wäre. Die Einziehung der festgesetzten Ausgleichsabgabe sollte nach den Vorschriften über die Beitreibung von Gemeindeabgaben erfolgen können.

Die Rechtsgrundlage für die Erhebung einer Ausgleichsabgabe bildet § 2 PBG., vgl. 42 zum RE. 155/37. Die Höhe der Abgabe richtet sich nach den örtlichen Verhältnissen und der Preisentwicklung, deren Lenkung Aufgabe der Preisbehörde ist.

In Ziffer 24 ist der Erlaß besonderer Vorschriften „über die Inanspruchnahme der sich bei der Abänderung von Richtpreisplänen ergebenden Wertsteigerungen zugunsten der Allgemeinheit" vorbehalten. Dazu führt Lampe, Der soziale Wohnungsbau 1941, 404 aus, daß der RfP. nicht beabsichtigt, Preissenkungen durch Herabsetzung der Richtpreise anzuordnen, weil der RfP. eine organische selbsttätige Senkung der Baulandpreise erwartet, vgl. oben I. Die Erhöhung der Richtpreise käme für den Augenblick nur in Einzelfällen in Frage. „Einer derartigen Entwicklung werden die Preisbehörden Rechnung tragen müssen", vgl. oben Abs. 2. Mit Recht ist hervorgehoben, daß weder dem Baulustigen (oder dem Nutzungsberechtigten) noch dem Eigentümer des Grundstücks (Verkäufer) ein unverdienter Gewinn zufallen soll und darf, daß vielmehr der Gewinn der Allgemeinheit nach dem Vorbild des RE. 155/37 zugeführt werden soll, vgl. 42 zum RE. 155/37.

Über die Notwendigkeit der Ergänzung preisrechtlicher Maßnahmen durch bau- und steuerrechtliche Vorschriften zur Bekämpfung spekulativer mißbräuchlicher Ausnutzung von Bauland vgl. Heilmann RArbBl. V 1941, 475.

## V.

Die **Festsetzung von Richtpreisen** ist im Abschnitt V im einzelnen geregelt. Sie beschränkt sich nicht nur auf Baulandgrundstücke im eigentlichen Sinn, sondern kann nach Bedürfnis auch auf landwirtschaftlich genutzte Grundstücke sowie auf die Bodenwerte überbauter Grundstücke ausgedehnt werden, Ziff. 14, 15. Mit der Zulassung der Festsetzung der Bodenwerte für das bebaute Gemeindegebiet eröffnet sich die Möglichkeit, die von der Bodenreformbewegung stets geforderte getrennte Bewertung von Boden und Bauwerk praktisch durchzuführen. Die Erfahrungen, die mit der Anwendung der Ziff. 15 gemacht werden, dürften für die weitere Entwicklung dieses Problems von besonderem Wert sein, Lampe, Der soziale Wohnungsbau 1941, 404.

Die in Ziff. 16 vorgesehenen **Preisstufen** können bei Bedarf vermehrt werden. Hierzu bestimmt der **RE. Nr. 83/41** vom 25. Juli 1941 betr. Bildung höherer Preisstufen bei der Festsetzung von Richtpreisen (MittBl. I S. 466) folgendes:

*Bei der Festsetzung von Richtpreisen sind die in Ziffer 16 des Runderlasses 64/41 vorgesehenen 10 Preisstufen im allgemeinen ausreichend. Werden Richtpreispläne auch für überbautes Gemeindegebiet, z. B. im Hinblick auf eine beabsichtigte Beseitigung von Baulücken oder eine geplante Erneuerung von Altstadtgebieten, aufgestellt und sind hierbei höhere Preisstufen erforderlich, was vor allem in größeren Stadtgemeinden der Fall sein wird, so empfiehlt es sich, noch folgende Preisstufen zu bilden, wobei Ziffer 16 Abs. 2 entsprechende Anwendung findet:*

| | | | | | | | | | |
|---|---|---|---|---|---|---|---|---|---|
| *11.* | *mehr* | *als* | *24.—* | *bis* | *30.—* | *RM.* | *je* | *qm* |
| *12.* | „ | „ | *30.—* | „ | *36.—* | „ | „ | „ |
| *13.* | „ | „ | *36.—* | „ | *45.—* | „ | „ | „ |
| *14.* | „ | „ | *45.—* | „ | *55.—* | „ | „ | „ |
| *15.* | „ | „ | *55.—* | „ | *65.—* | „ | „ | „ |
| *16.* | „ | „ | *65.—* | „ | *75.—* | „ | „ | „ |
| *17.* | „ | „ | *75.—* | „ | *90.—* | „ | „ | „ |
| *18.* | „ | „ | *90.—* | „ | *110.—* | „ | „ | „ |
| *19.* | „ | „ | *110.—* | „ | *160.—* | „ | „ | „ |
| *20.* | „ | „ | *160.—* | „ | *230.—* | „ | „ | „ |
| *21.* | „ | „ | *230.—* | „ | *350.—* | „ | „ | „ |
| *22.* | „ | „ | *350.—* | „ | *550.—* | „ | „ | „ |
| *23.* | „ | „ | *550.—* | „ | *750.—* | „ | „ | „ |
| *24.* | „ | „ | *750.—* | *RM.* | | | | |

Über die Abänderung von Richtpreisen enthält der Erlaß keine Bestimmungen. Eine gewisse Beweglichkeit gestattet Ziff. 21, wonach die Preisbehörde im Einzelfall von dem festgesetzten Richtpreis abweichen kann, wenn dies mit Rücksicht auf die besonderen Verhältnisse des Grundstücks erforderlich ist, die bei der Festsetzung der Richtpreise außer Betracht bleiben mußten, vgl. Ziff. 18. Diese Voraussetzung ist aber eng auszulegen. Jedenfalls kann der Eigentümer eines Baulandes, der zum Richtpreis gekauft hat, grundsätzlich nicht zu einem höheren Preis den Boden später verkaufen, auch wenn er das Land längere Zeit in Besitz hatte und erhebliche Kosten für die Verzinsung des Kaufpreises hatte aufwenden müssen. Zinsverluste dürfen nicht zu einer Erhöhung der Baulandpreise führen. Für die Träger des Wohnungsbaues können sich hieraus unter Umständen Schwierigkeiten ergeben, vgl. Vigano, Ztschr. für Wohnungswesen 1941, 105.

Die Rechtswirkungen, die sich aus der Festsetzung von Richtpreisen ergeben, bestehen zunächst darin, daß in erster Linie die Preisbehörde selbst an diese Festsetzung grundsätzlich gebunden ist; sie darf also die dem Richtpreisplan entsprechenden Preise nicht als zu hoch beanstanden und kann andererseits höhere Preise nicht zulassen, Lampe, Der soziale Wohnungsbau 1941, 405. Der Richtpreis ist aber auch zugleich Stoppreis und höchster Verkehrswert, dessen Festsetzung Gerichte und Verwaltungsbehörden nach § 6 PBG. bindet, insofern er den objektiven Lagewert authentisch feststellt. Die Zulassung von Änderungen im Einzelfall, insbesondere die Anpassung an besondere Verhältnisse, ist in Ziff. 21 der Preisbehörde gestattet. Vgl. hierher auch 1 zu § 6 PBG.

VI.

Der Runderlaß Nr. 64/41 hat folgenden Wortlaut:

*Die Preisbildung bei Bauland wurde in der Vergangenheit ausschließlich durch das Verhältnis von Angebot und Nachfrage bestimmt. Die durch die Ausdehnung der Städte hervorgerufene Steigerung der Nachfrage hat deshalb vielfach zu einer starken, durch keine Leistungen des Eigentümers gerechtfertigten Erhöhung der Baulandpreise geführt, die den Wohnungsbau und die Mieten erheblich belastet haben.*

*Dieser Entwicklung, die im Widerspruch zu der Rechts- und Wirtschaftsauffassung des Nationalsozialismus und den Zielen der nationalsozialistischen Wohnungs- und Siedlungspolitik steht, ist bereits die*

*Preisstopverordnung vom 26. November 1936 entgegengetreten. Das Reichswohnungsbauprogramm macht es erforderlich, der Preisgestaltung des Baulandes noch stärkere Aufmerksamkeit zu widmen als bisher. Insbesondere muß durch Festsetzung von Richtpreisen für Bauland eine feste Grundlage für den Grundstücksverkehr geschaffen und verhindert werden, daß die starke Bautätigkeit nach dem Kriege zu einer Steigerung der Baulandpreise führt und die schon an sich sehr erheblichen finanziellen Aufwendungen für den Wohnungsbau dadurch noch vermehrt werden.*

*Zur Durchführung der Ziffer V des Absatzes 2 des Führererlasses zur Vorbereitung des deutschen Wohnungsbaues nach dem Kriege vom 15. November 1940 (RGBl. I S. 1495) bestimme ich daher im Einvernehmen mit dem Reichskommissar für den sozialen Wohnungsbau:*

## *I.*

## *Ermittlung des Stoppreises für Bauland*

*1. Ausgangspunkt der Preisbildung für Bauland sind die bei Inkrafttreten der Verordnung über das Verbot von Preiserhöhungen geltenden Preise (Stoppreise).*

*2. Stoppreis ist der Preis, der am 17. Oktober 1936 bei einer Veränderung des Grundstücks unter regelmäßigen Verhältnissen voraussichtlich erzielt worden wäre. Maßgebend ist der Zustand des Grundstücks im Zeitpunkt der Bewertung durch die Preisbehörde.*

*3. Bei der Wertermittlung ist von den Preisen auszugehen, die für das zu bewertende oder für gleichartige Grundstücke im Jahre 1936 gezahlt worden sind. Hierbei können auch Preise für abweichend gestaltete oder für weiter entfernt liegende Grundstücke, u. U. auch Preise aus anderen Teilen des Gemeindegebietes oder aus Nachbargemeinden mit ähnlichen Verhältnissen herangezogen werden, falls den Verschiedenheiten durch entsprechende Zu- oder Abschläge Rechnung getragen wird.*

*4. Preise aus weiter zurückliegenden Jahren können zur Wertermittlung herangezogen werden, falls die seitdem eingetretenen Wertverschiebungen berücksichtigt werden. Unter derselben Voraussetzung ist unter Umständen auch die Berücksichtigung des Wehrbeitragswertes zulässig; sie kann insbesondere bei Grundstücken innerhalb der bebauten Ortslage geboten sein.*

*5. Bei der Auswertung der Vergleichspreise ist zu prüfen, ob in ihnen Nebenentschädigungen (vgl. Ziffer 11), Aufschließungskosten oder andere Beträge enthalten sind. Weiterhin müssen die hinsichtlich der Zahlungsweise getroffenen Vereinbarungen berücksichtigt werden. Eine langfristige Stundung oder eine besonders niedrige Verzinsung des Kaufpreises werden im allgemeinen dazu geführt haben, daß der Kaufpreis höher festgesetzt worden ist; die Vereinbarung, daß der Kaufpreis in vollem Umfange sofort zu bezahlen ist, wird sich hingegen in der Regel preismindernd ausgewirkt haben.*

*6. Von besonderer Bedeutung ist die Prüfung, ob die Vergleichspreise unter normalen Verhältnissen zustande gekommen sind. Verkäufe, bei denen der Veräußerer oder der Erwerber in seinen Entschließungen nicht frei war, sondern unter dem Druck der Verhältnisse gehandelt hat, sind bei der Ermittlung des Stoppreises nach Möglichkeit auszuschalten, jedenfalls aber nur nach entsprechender Berichtigung des vereinbarten Kaufpreises zu verwerten. Das gilt z. B. für Preise, die beim Erwerb in der Zwangsversteigerung gezahlt worden sind; ferner, wenn Grundstücke zur Abrundung oder zur Verbesserung von Wirtschaftseinheiten oder aus anderen zwingenden Gründen erworben werden mußten.*

*7. Auch Preise, die auf Grund falscher oder übertriebener Erwartungen über die wirtschaftliche oder städtebauliche Entwicklung gezahlt worden sind, dürfen nur nach Vornahme angemessener Abschläge zum Vergleich herangezogen werden.*

*Ebenso sind Preise für Grundstücke, die in den letzten Jahren von der öffentlichen Hand erworben worden sind, bei der Preisermittlung nur unter eingehender Würdigung der Umstände, unter denen sie vereinbart wurden, zu verwerten.*

*8. Bei Baugrundstücken, die eine größere Tiefe haben, ist zu beachten, daß der Wert des Hinterlandes in der Regel erheblich geringer ist als der des Vorderlandes. Es kann deshalb der Gesamtwert derartiger Grundstücke nicht durch Vergleich mit Preisen ermittelt werden, die für Vorderland gezahlt worden sind. Als Vorderland rechnet im allgemeinen das Gelände bis zu einer Tiefe von 25 bis 40 Meter hinter der Baufluchtlinie.*

## *II.*

## *Zulässigkeit besonderer Baulandpreise*

*9. Die Verhältnisse am Stichtag der Preisstopverordnung sind auch maßgebend dafür, ob für ein Grundstück überhaupt ein besonderer Baulandpreis zugelassen werden darf. Eine derartige Bewertung ist also nur dann zulässig, wenn am 17. Oktober 1936 mit der Bebauung des Grundstückes in absehbarer Zeit gerechnet wurde und aus diesem Grunde in der in Betracht kommenden Gegend im Grundstücksverkehr allgemein Preise gezahlt wurden, die den Ertragswert der Grundstücke erheblich übersteigen.*

*Die Lage eines Grundstücks in einem Gebiet, das am Stichtag des Preiserhöhungsverbots auf Grund der örtlichen Planung (Flächennutzungsplan, Bebauungsplan, Fluchtlinienplan u. dgl.) als Baugebiet ausgewiesen war, reicht allein nicht aus, um es als Bauland zu bewerten.*

*Wenn außerhalb der geschlossenen Ortslage einzelne Grundstücke als Bauland verkauft oder einzelne Wohnhäuser errichtet worden sind, so darf das ebenfalls nicht dazu führen, für das gesamte umliegende Gebiet einen besonderen Baulandpreis anzuerkennen.*

## *III.*

## *Bewertung nach dem landwirtschaftlichen Ertragswert*

*10. Soweit nach Ziffer 9 für landwirtschaftlich (forstwirtschaftlich, gärtnerisch) genutzte Grundstücke die Zahlung eines besonderen Baulandpreises nicht in Betracht kommt, hat die Wertermittlung auf Grund des auf die Dauer erzielbaren Reinertrages zu erfolgen.*

*Bei der Bewertung kleinerer landwirtschaftlicher Besitzungen und Flächen sind zur Preisermittlung neben einer Ertragsberechnung auch Vergleichspreise ähnlicher Objekte heranzuziehen. Der Wert der Grundflächen und der Gebäude ist gesondert festzustellen.*

11. Neben dem nach Ziffer 10 berechneten Grundstückspreis ist die Gewährung einer Entschädigung für wirtschaftliche Nachteile, die dem Eigentümer aus der Hergabe eines Grundstücks durch Wertminderung des ihm verbleibenden Restbesitzes oder aus anderen Gründen entstehen, zulässig, falls der Verkauf des Grundstücks lediglich auf Verlangen des Käufers erfolgt und im öffentlichen Interesse liegt. Diese Voraussetzungen werden bei der Abgabe von Grundstücken zu Bauzwecken im allgemeinen gegeben sein.

Die Gewährung von Nebenentschädigungen nach Absatz 1 darf jedoch nicht zu einer verschleierten Überbewertung der Grundstücke führen. Die Grundstückspreisbehörden haben deshalb zu verlangen, daß die Nebenentschädigungen getrennt vom eigentlichen Grundstückspreis im Kaufvertrag ausgewiesen werden und sie erforderlichenfalls auch gesondert vom eigentlichen Grundstückspreis festzusetzen.

12. Im Interesse einer Vereinfachung des Verfahrens und um dem Eigentümer, soweit das im öffentlichen Interesse liegt, einen Anreiz zum freiwilligen Verkauf zu geben, wird es sich vielfach empfehlen, einen etwas höheren als den nach Ziffer 10 ermittelten Preis zuzulassen. Der Preis wird jedoch in der Regel unter den niedrigsten Baulandstoppreisen liegen müssen und muß für das Bauvorhaben, für das der Grunderwerb bestimmt ist, tragbar sein. Die Zahlung von Nebenentschädigungen kommt in diesem Fall nur in Betracht, wenn die Berechnung nach Ziffer 10 und 11 einen höheren Preis ergibt.

## IV.

## Anlegung einer Kaufpreissammlung

13. In Anbetracht der großen Bedeutung, die die Ermittlung von Vergleichspreisen für die Preisüberwachung hat, ist es zweckmäßig, daß die Preisbehörden eine Sammlung der Grundstückspreise anlegen. Die Unterlagen hierfür sind für die zurückliegende Zeit von den Finanzämtern, den Grunderwerbssteuerstellen oder den Katasterämtern zu beschaffen.

Die Kaufpreissammlung besteht aus einem Verzeichnis der Kaufverträge, in dem Art und Lage des Grundstücks, der Tag des Verkaufs, die Größe des Grundstücks (Breite, Tiefe), der Gesamtkaufpreis und der Kaufpreis je qm einzutragen sind. In einer besonderen Spalte sind ferner Umstände, die für die Preisbemessung von Bedeutung sind, z. B. Versteigerung, Erbauseinandersetzung u. dgl., hervorzuheben.

Entsprechend dem Verfahren der Finanzämter ist, soweit Baufluchtlinien festgesetzt sind, der Preis je qm einheitlich als Vorderland zu errechnen. Das Wertverhältnis zwischen Vorder- und Hinterland ist von der Preisbehörde je nach Lage des Falles zu ermitteln (vgl. Ziff. 8). Die für die Finanzämter geltende Bestimmung, daß der Wert des Hinterlandes etwa die Hälfte des Vorderlandpreises beträgt, kann nur einen allgemeinen Anhaltspunkt bieten.

Die gemäß Abs. 2 ermittelten qm-Preise sind unter Angabe der Parzellen-Nr. und der lfd. Nr., unter der der Kaufvertrag in der Kaufpreissammlung aufgenommen ist, in einem Stadtplan (Maßstab möglichst 1 : 2500) einzutragen.

## V.

## Festsetzung von Richtpreisen

14. In allen Gemeinden, in denen nach Beendigung des Krieges mit einer größeren Bautätigkeit zu rechnen ist, sind für alle Grundstücke, für die auf Grund der Bestimmungen in Abschnitt I und II Baulandpreise anerkannt werden sollen, Richtpreise festzusetzen.

15. Richtpreise können auch für die nach dem landwirtschaftlichen Ertrag zu bewertenden Grundstücke und für die Bodenwerte (Baustellenwerte) des überbauten Gemeindegebietes festgesetzt werden.

16. Bei Festsetzung der Richtpreise sind folgende Preisstufen zu bilden:

| | | | | | | | |
|---|---|---|---|---|---|---|---|
| 1. | | | bis | 0,40 | RM. | je | qm |
| 2. | mehr als | 0,40 | „ | 0,70 | „ | „ | „ |
| 3. | „ „ | 0,70 | „ | 1,20 | „ | „ | „ |
| 4. | „ „ | 1,20 | „ | 2,— | „ | „ | „ |
| 5. | „ „ | 2,— | „ | 4,— | „ | „ | „ |
| 6. | „ „ | 4,— | „ | 6,— | „ | „ | „ |
| 7. | „ „ | 6,— | „ | 8,— | „ | „ | „ |
| 8. | „ „ | 8,— | „ | 12,— | „ | „ | „ |
| 9. | „ „ | 12,— | „ | 18,— | „ | „ | „ |
| 10. | „ „ | 18,— | „ | 24,— | „ | „ | „ |

Zur Vereinfachung können in größeren Gemeinden die ersten zwei Preisstufen zusammengezogen werden. Andererseits ist es auch zulässig, Zwischenstufen zu bilden, z. B. 0,20 bis 0,30, 2,— RM. bis 3,— RM.; dabei dürfen jedoch keine Überschneidungen der in Abs. 1 angegebenen Preisstufen vorkommen. Es ist also beispielsweise unzulässig, eine Preisstufe 1,— RM. bis 1,50 RM. zu bilden. Wo die Geländebeschaffenheit es zuläßt, wird es sich empfehlen, feste Preise zu bilden, z. B. 1,50, 1,70, 1,— RM.

Über die Bildung höherer Preisstufen, die nur für überbautes Gemeindegebiet in Betracht kommen, ergeht besonderer Erlaß.

17. Für die Einreihung der Grundstücke in die einzelnen Preisstufen sind bei den als Bauland zu bewertenden Grundstücken die in Abschnitt I und II für die Bewertung gegebenen Anweisungen maßgebend.

Für das nach dem landwirtschaftlichen Ertrag zu bewertende Gelände (Abschnitt III) dürfen die Richtpreise so festgesetzt werden, daß sie einen angemessenen Zuschlag für Nebenentschädigungen enthalten (vgl. Ziff. 12). Die Richtpreise können in diesem Fall nur bei einer Veräußerung für Bauzwecke als Bewertungsgrundlage dienen, nicht aber, wenn die Grundstücke für landwirtschaftliche Zwecke verkauft werden.

18. Bei der Einreihung der Grundstücke in die Richtpreisstufen ist nur der reine Bodenwert zu berücksichtigen. Der Zuschnitt der einzelnen Grundstücke, sofern er nicht durch öffentliche Straßen oder Plätze oder durch die natürliche Geländegestaltung bestimmt ist, bleibt außer Betracht, ebenso das Vorhandensein von Gebäuden, Baumbeständen usw.

*19. Soweit im Verkaufsfalle Land für öffentliche Zwecke unentgeltlich an die Gemeinde abgetreten werden muß, soll das bei der Festsetzung des Richtpreises mit berücksichtigt werden. Falls sonstige Aufschließungskosten bereits auf die Eigentümer umgelegt worden sind, soll das ebenfalls berücksichtigt werden. Die Festsetzung der Richtpreise für das aufgeschlossene Gelände ist ferner geboten, wenn die Aufschließung durch den Grundstückseigentümer selbst erfolgen soll oder bereits erfolgt ist.*

*20. Für die Einreihung der Bodenwerte der bebauten Grundstücke sind der Lagewert, die natürlichen Gegebenheiten, insbesondere die Beschaffenheit des Baugrundes und die rechtlichen Verhältnisse, soweit sie die Ausnutzung beeinflussen, maßgebend. Auch aus den für die Grundstücke einschließlich Gebäude bei früheren Verkäufen ermittelten Werten können unter Umständen durch Abzug des auf das Gebäude selbst entfallenden Sachwertes Anhaltspunkte für die Höhe der Baustellenwerte gewonnen werden.*

*21. Die Preisbehörde kann im Einzelfall von dem festgesetzten Richtpreis abweichen, falls dies mit Rücksicht auf besondere Verhältnisse des Grundstücks, die bei Festsetzung der Richtpreise außer Betracht bleiben mußten (vgl. Ziff. 18), erforderlich ist.*

*22. Vor der Festsetzung der Richtpreise ist die Gemeindebehörde, soweit sie nicht als Preisbehörde tätig wird, zu hören. Um die Gleichmäßigkeit der Preisbildung zu gewährleisten, ist ferner mit den benachbarten Preisbehörden Fühlung zu nehmen.*

*Vor der Aufstellung der Richtpreispläne sind die Dienststellen des Reichsnährstandes zu hören.*

*Wegen der Zusammenarbeit mit den Finanzämtern gilt der gemeinschaftliche Runderlaß des Reichsministers der Finanzen und des Reichskommissars für die Preisbildung betr. Bewertung unbebauter Grundstücke, Zusammenarbeit der Finanzämter und der Preisbehörden vom 14. Dezember 1940 (Mitteilungsbl. 1941 I S. 31).*

*23. Ein Entwurf des Richtpreisplanes (Maßstab möglichst 1:2500) ist von den Preisbehörden mit einem Erläuterungsbericht und einer Übersichtskarte den Behörden, die nach der Fünften Anordnung über die Wahrnehmung der Aufgaben und Befugnisse des Reichskommissars für die Preisbildung vom 6. Oktober 1938 (Reichsanz. Nr. 238) für die Entscheidung über Beschwerden in Grundstückssachen zuständig sind — in den eingegliederten Gebieten den diesen entsprechenden Behörden —, zur Genehmigung vorzulegen. Diese haben die Richtpreispläne vor der Genehmigung mit den Gauwohnungskommissaren abzustimmen. Sobald die Genehmigung erteilt ist, ist der Plan durch Aushang bei der Preisbehörde den Grundeigentümern und sonstigen Interessenten zur Kenntnis zu bringen.*

*Die Genehmigungsbehörden haben mir nach Genehmigung der Richtpreise den Plan (möglichst im Maßstab 1 : 10000) und den Erläuterungsbericht in doppelter Ausfertigung zur Kenntnisnahme weiterzureichen. Soweit die Preisbildungsstellen nicht selbst Genehmigungsbehörde sind, können sie anordnen, daß die Vorlage durch ihre Hand zu erfolgen hat.*

*24. Über die Abänderung der Richtpreispläne und über die Inanspruchnahme der sich dabei ergebenden Wertsteigerungen zugunsten der Allgemeinheit bleiben besondere Bestimmungen vorbehalten.*

*VI.*

*Anwendung des Runderlasses in den eingegliederten Gebieten*

*25. Die vorstehenden Bestimmungen gelten sinngemäß für die seit 1938 zum Reich gekommenen Gebiete, mit Ausnahme des Protektorats Böhmen und Mähren. An die Stelle des 17. Oktober 1936 tritt dabei der für das jeweils in Betracht kommende Preiserhöhungsverbot maßgebende Stichtag.*

*26. Mit Rücksicht darauf, daß an niedrigen Baulandpreisen ein dringendes öffentliches Interesse besteht, ist eine Preiserhöhung für Bauland auch in denjenigen Gebieten, in denen, wie z. B. in den eingegliederten Ostgebieten, im übrigen der Preisstand an das Altreich angeglichen worden ist, nicht zuzulassen. Der Baulandpreis darf allerdings auch in diesem Falle nicht niedriger festgesetzt werden, als der Preis für landwirtschaftliche Grundstücke.*

*Soweit in den seit 1938 eingegliederten Gebieten, wie z. B. teilweise in der Ostmark, die Stoppreise für Bauland höher liegen als in vergleichbaren Gemeinden des Altreichs, sind die Richtpreise entsprechend niedriger festzusetzen.*

*VII.*

*Schlußbestimmungen*

*27. Um sicherzustellen, daß bei der Ermittlung der Richtpreise nach einheitlichen Gesichtspunkten vorgegangen wird, werde ich mich, soweit möglich, an Ort und Stelle von dem Stand der Arbeiten unterrichten. Aus diesem Grunde ist mir bis zum 1. August 1941 von der nach Ziff. 22 Abs. 1 für die Genehmigung der Richtpreispläne zuständigen Behörde zu berichten, in welchen Gemeinden mit der Aufstellung begonnen worden ist.*

*28. Abschnitt II Ziff. 4 des Runderlasses Nr. 155/37 betr. Preisbildung und Preisüberwachung bei Grundstücken vom 6. Oktober 1937 wird aufgehoben.*

## 7. Die Behandlung von Geboten in der Zwangsversteigerung

### Die Verordnung über die Behandlung von Geboten in der Zwangsversteigerung

Vom 30. Juni 1941 (RGBl. I S. 354)

Auf Grund des § 25 der Verordnung über Maßnahmen auf dem Gebiete der Zwangsvollstreckung vom 26. Mai 1933 (Reichsgesetzbl. I S. 302), des § 2 des Gesetzes zur Durchführung des Vierjahresplans — Bestellung eines Reichskommissars für die Preisbildung — vom 29. Oktober 1936 (Reichsgesetzbl. I S. 927), des Artikels III des

Gesetzes über die Wiedervereinigung Österreichs mit dem Deutschen Reich vom 13. März 1938 (Reichsgesetzbl. I S. 237) und des § 9 des Erlasses des Führers und Reichskanzlers über die Verwaltung der sudetendeutschen Gebiete vom 1. Oktober 1938 (Reichsgesetzbl. I S. 1331) wird folgendes verordnet[1]:

1. Die Verordnung, die aus zwei Artikeln besteht, ist am 16. Juli 1941 in Kraft getreten. Sie gilt für die Ostmark und für die sudetendeutschen Gebiete. Außer Kraft getreten sind alle Vorschriften, die der Verordnung entgegenstehen oder durch sie gegenstandslos werden; insbesondere sind außer Kraft

a) die Verordnung über die Zurückweisung von Geboten in der Zwangsversteigerung vom 6. April 1938 (RGBl. I S. 374) — abgedruckt Hauptband S. 87 — sowie

b) die Sonderregelung für die Ostmark und die sudetendeutschen Gebiete d. i. die Verordnung vom 20. Juni 1939 (RGBl. I S. 1036) — abgedruckt Hauptband S. 89.

Die Verordnung dient wie ihre Vorgängerin dem Ziele, die Grundsätze des Preisrechts mit der Aufgabe des Versteigerungsgerichts, das den Gegenstand der Versteigerung dem Meistbietenden zuschlagen muß, in irgendeiner Form in Einklang zu bringen. Die Verordnung vom 6. April 1938 übertrug die Entscheidung und damit die Verantwortung für die Einhaltung der preisrechtlichen Vorschriften, insbesondere der PStopV., dem Versteigerungsrichter, indem sie ihn zur Zurückweisung des Gebots verpflichtete, wenn dieses „offensichtlich den Betrag überschritt, zu dem der Bieter den zur Versteigerung stehenden Gegenstand nach den über die Preisbildung erlassenen Vorschriften käuflich erwerben könnte." Die Feststellung des zulässigen Höchstpreises war dem Richter übertragen, obwohl diesem in den meisten Fällen keine oder nur unzureichende Unterlagen zur Verfügung standen. Dazu kommt, daß der zurückgewiesene Bieter unter Umständen nachträglich die Genehmigung des zunächst zurückgewiesenen Gebotes durch die Preisbehörde erreichen konnte. Daraus ergaben sich auch manche verfahrensrechtliche Schwierigkeiten insbes. in der Beschwerdeinstanz.

Die bloße Zurückweisung überhöhter Gebote mußte aber überall da versagen, wo für die Abgabe des Gebots als solchen die Genehmigungspflicht vorgeschrieben ist — z. B. für den Erwerb land- und forstwirtschaftlicher Grundstücke gemäß § 2 Abs. 3 GVB., von Grundstücken in den Grenzzonen gemäß § 2 Abs. 4 ReichsgrenzSichDV., von Grundstücken mit Entschuldungsvermerk nach Maßgabe des Art. 4 Abs. 2 VeräußV., von Grundstücken, die Juden gehören, gemäß § 8 Abs. 4 EinsatzVO. usw. — und verschieden hoch begrenzte Genehmigungen erteilt wurden; denn in diesen Fällen hing die Entscheidung über den Zuschlag tatsächlich von der Genehmigungsbehörde, nicht vom Bietungsverfahren ab. Aber auch bei gleichhohen Genehmigungspreisen war der Gang des Verfahrens unbefriedigend. Wurden mehrere Gebote gleichzeitig zu dem genehmigten Höchstpreis abgegeben, so lag ein echtes Doppelgebot vor, vorausgesetzt, daß die „Gleichzeitigkeit" nicht mit Erfolg angefochten werden konnte, worüber nicht selten unwürdige Auseinandersetzungen vor dem Richtertisch sich abspielten. Bei gleichzeitiger Abgabe des Gebots konnte man das Los entscheiden lassen, vgl. LG. Aurich JW. 1938, 464. Diese Lösung konnte nicht befriedigen; andere Versuche, die das Grundstück dem wirtschaftlich Nächststehenden zuschlagen wollten, scheiterten — abgesehen davon, daß ihre Rechtsgrundlage nicht einwandfrei war — in der Regel an den mangelhaften Unterlagen, die dem Richter hinsichtlich der Beurteilung der Verhältnisse zur Verfügung standen. Die Einheitlichkeit der Gesichtspunkte zu wahren und die Rechtsgrundlage für eine Rangordnung unter den Bietern zu schaffen, konnte allein Aufgabe des Gesetzgebers sein, vgl. Merten DR. 1941, 1520; Knoetzsch RdRN. 1941, 505.

Aus solchen Erwägungen entstand die VO. über die Behandlung von Geboten in der Zwangsversteigerung vom 30. Juni 1941, die

a) der Preisbehörde die Bestimmung des höchstzulässigen Gebots — für Gericht und Beteiligte bindend — überträgt und

b) das Vollstreckungsgericht zur Zurückweisung höherer Gebote verpflichtet, ihm aber die Berücksichtigung einer festen Rangordnung für die Bieter vorschreibt, nach der bei gleichzeitiger Abgabe mehrerer gleich hoher Meistgebote — 1 zu § 3 — der Zuschlag zu erteilen ist.

## Artikel I

Für das Verfahren bei Zwangsversteigerungen nach dem Reichsgesetz über die Zwangsversteigerung und Zwangsverwaltung[1] sowie nach den §§ 133ff. und 242ff. und bei Versteigerunen einer gemeinschaftlichen Liegenschaft zum Zwecke der Auseinandersetzung nach § 352 einer der in den Reichsgauen der Ostmark und dem Reichsgau Sudetenland geltenden Exekutionsordnungen[2] gelten die folgenden Vorschriften:

1. Das ZVG. und damit die Verordnung beschränkt sich nicht auf das Zwangsversteigerungsverfahren bei Grundstücken, sondern erstreckt sich nach § 162 ZVG. auch auf Schiffe. Die VO. gilt für das Vollstreckungsverfahren auf Betreiben eines Gläubigers ebenso wie für das Verfahren zwecks Aufhebung einer Gemeinschaft (§§ 180ff. ZVG.), nicht aber für freihändige Veräußerungen, auch wenn sie im Rahmen eines Vollstreckungsverfahrens erfolgen.

2. Die Besonderheiten des österreichischen Rechts sind — abgesehen von der Regelung in § 2 Abs. 2 — bei der Bestimmung der Reihenfolge der Bieter bei Abgabe mehrerer gleichhoher Meistgebote in § 4 ausdrücklich berücksichtigt.

## § 1

(1) Das Vollstreckungsgericht hat den Beschluß, durch den die Zwangsversteigerung (Versteigerung) angeordnet[1] wird, der zuständigen unteren Verwaltungsbehörde (Preisbehörde)[2] mit der Aufforderung[3] mitzuteilen, den Betrag des höchstzulässigen Gebots binnen eines Monats zu bestimmen[4]. Dieser Betrag soll in die Terminsbekanntmachung aufgenommen werden[5]. Bis zum Beginn des Versteigerungstermins kann die Preisbehörde nach näherer Anordnung des Reichskommissars für die Preisbildung ihre Bestimmung über das höchstzulässige Gebot ändern[6].

(2) Im Versteigerungstermin ist der von der Preisbehörde bestimmte Betrag des höchstzulässigen Gebots vor der Aufforderung zur Abgabe von Geboten bekanntzugeben[7]. Dieser Betrag ist für das gesamte Versteigerungsverfahren maßgebend[8] [9].

1. Die Anordnung der Zwangsversteigerung eines Grundstücks erfolgt auf Antrag des Gläubigers durch Beschluß des Vollstreckungs- (Versteigerungs-) gerichts; der Beschluß gilt zugunsten des Gläubigers als Beschlagnahme des Grundstücks, §§ 15, 20 ZVG. Die Beschlagnahme wird grundsätzlich mit dem Zeitpunkt der Zustellung der Anordnung an den Schuldner wirksam; sie wird auch wirksam mit dem Zeitpunkt, in welchem das Ersuchen um Eintragung des Versteigerungsvermerks (§ 19 ZVG.) dem Grundbuchamt zugeht, sofern auf das Ersuchen die Eintragung demnächst erfolgt, § 22 Abs. 1 ZVG.

Durch Abs. 1 Satz 1 wird dem Vollstreckungsgericht die Verpflichtung auferlegt, den Anordnungsbeschluß — in Urschrift oder Abschrift — der Preisbehörde mitzuteilen. Eine Zustellung im Sinne der ZPO. ist nicht vorgeschrieben, doch empfiehlt es sich, mindestens einen Vermerk über den Zeitpunkt der Mitteilung zu den Akten zu nehmen, weil sich die Preisbehörde innerhalb einer Frist von einem Monat zu äußern hat.

2. **Preisbehörde** ist regelmäßig der Landrat, in Stadtkreisen der Oberbürgermeister, vgl. die Fünfte Anordnung des RfP. vom 6. Oktober 1937. Über die örtliche Zuständigkeit vgl. 4 zur OrgAO. sowie Ziff. 3 GemErl., unten 9. Die Vorschriften der §§ 1ff. gelten für Grundstücke aller Art, bebaute und unbebaute, landwirtschaftliche — Sondervorschrift § 5 Abs. 4 — und städtische Grundstücke ohne Rücksicht auf ihre Größe.

3. Die **Aufforderung** enthält das dienstliche Ersuchen, für die in dem Anordnungsbeschluß bezeichneten Grundstücke — wegen der Übersendung einer Grundbuchblattabschrift vgl. Ziff. 3 GemErl., unten 9 — innerhalb der Frist von einem Monat den Betrag des höchstzulässigen Gebots zu bestimmen. Die Preisbehörde ist verpflichtet, diesem Ersuchen innerhalb der Monatsfrist nachzukommen.

Da der Höchstbetrag des Gebots in die „Terminsbekanntmachung" aufgenommen werden soll, wird das Gericht in der Regel bis zum Ablauf der Monatsfrist mit der Terminsbestimmung (§ 36 ZVG.) zuwarten. Die Festsetzung des Versteigerungstermins ohne Aufnahme des Betrages des höchstzulässigen Gebots hat im übrigen auf die Wirksamkeit der Verfügung (§ 43 ZVG.) keinen Einfluß, da Abs. 1 Satz 2 nur eine Sollvorschrift darstellt, vgl. aber unten 5.

4. Die **Bestimmung** des Betrages des **höchstzulässigen Gebots** durch die Preisbehörde bildet künftig die Grundlage eines jeden Zwangsversteigerungsverfahrens. Diese Preisbestimmung ist eine besondere Aufgabe der Preisbehörde im Rahmen der ihr übertragenen Aufgabe der Preisüberwachung und Preisbildung bei Grundstücken; sie ist ein Bestandteil des selbständigen Preisprüfungsverfahrens, 4 zu § 2 PVG. Die Besonderheit der Regelung des § 1 liegt darin, daß mit der Entscheidung der Preisbehörde, d. h. mit der Bestimmung des Betrages des höchstzulässigen Gebotes, für alle Genehmigungsbehörden, die nach besonderen Bestimmungen, z. B. nach § 2 Abs. 3 GVB., § 2 Abs. 4 ReichsgrenzSichDV., für die Gebotsabgabe eine besondere Bietungsgenehmigung zu erteilen haben, der Höchstbetrag des Gebots endgültig feststeht. Darüber hinaus wird anzuerkennen sein, daß die Genehmigungsbehörde bei der Entscheidung über die Bietungsgenehmigung die Preisfrage überhaupt nicht zu prüfen hat und insbes. die Genehmigung nicht mit der Maßgabe erteilen darf, daß über einen bestimmten Betrag — Höchstbetrag, nicht auch Mindestbetrag — nicht hinausgeboten werden darf, vgl. Ziff. 10 GemErl., unten 9. Abweichend von der sonst geltenden Regel der Unabhängigkeit des Genehmigungsverfahrens vom Preisprüfungsverfahren greift hier das Preisprüfungsverfahren auf das Genehmigungsverfahren über. Auch Preisbeschränkungen in Bietungsgenehmigungen aus der Zeit vor dem Inkrafttreten der VO. dürfen vom Vollstreckungsgericht nicht mehr beachtet werden.

a) Die Festsetzung des Höchstgebots erfolgt durch schriftlichen Bescheid der Preisbehörde, der an das Vollstreckungsgericht zu richten, aber nicht zu begründen ist. Die Gründe der Festsetzung sind in einem Aktenvermerk festzuhalten. Den Beteiligten ist der Bescheid der Preisbehörde gleichzeitig mit der Terminsbestimmung gemäß § 41 ZVG. zuzustellen; dabei ist vom Vollstreckungsgericht darauf hinzuweisen, daß der Bescheid durch Beschwerde binnen zwei Wochen bei der Preisbehörde angefochten werden kann, vgl. 6 zur Fünften OrgAO.

Die fristgerechte Einlegung der Beschwerde bei der Preisbehörde, die von dieser dem Vollstreckungsgericht unverzüglich mitzuteilen ist, hindert zunächst den Fortgang des Zwangsversteigerungsverfahrens, vgl. Ziff. 5 GemErl.

b) Für die Behandlung der Beschwerde, die nur auf die Behauptung gestützt werden darf, daß das Höchstgebot zu gering festgesetzt worden sei, bestimmt Ziff. 7 des GemErl., daß sie der Beschwerdestelle, d. h. der Preisüberwachungsstelle — 10 zur Fünften OrgAO. —, vorzulegen ist, falls die Preisbehörde der Beschwerde nicht abhelfen will. Die Beschwerdebehörde entscheidet endgültig; eine Dienstaufsichtsbeschwerde ist hier ausnahmsweise nicht mehr zulässig.

Der Bescheid der Beschwerdestelle — und wohl auch der Bescheid der Preisbehörde, wenn diese der Beschwerde abhilft — ist dem Beschwerdeführer zuzustellen und dem Vollstreckungsgericht in Abschrift zu übersenden, Ziff. 7 GemErl.

Wegen der Abänderung des Bescheids durch die Preisbehörde vgl. unten 6.

c) Die Unterlagen für die Preisprüfung beschafft sich die Preisbehörde vom betreibenden Gläubiger, in zweiter Linie vom Schuldner, Ziff. 6 GemErl.

Bei landwirtschaftlichen Grundstücken, die der GVB. unterliegen — 3, 4 zu § 1 GVB. — hat die Preisbehörde vor der Entscheidung den Kreisbauernführer zu hören; ohne Zustimmung der Beschwerdebehörde darf sie von dessen Auffassung nicht abweichen — eine beachtenswerte Verstärkung der Einflußnahme der Dienststellen des Reichsnährstandes auf die Preisbildung, Ziff. 9 GemErl.

d) Für die Bestimmung des Betrages des höchstzulässigen Gebotes geben die Ziff. 11—15 GemErl. ausführliche Anweisungen. Sorgsame Prüfung aller für die Bewertung des Grundstücks maßgebenden Umstände ist geboten. Dies gilt insbes., wenn sich die Preisbehörde entschließt, eine zahlenmäßige Festsetzung des Höchstgebots vorzunehmen, wozu sie nicht verpflichtet ist. Die Grundsätze des RE. 155/37 sind zu beachten, doch läßt Ziff. 12 in bestimmten Grenzen die Überschreitung des Stoppreises bis zur vollen Deckung des Gläubigers (Ziff. 14) mit dem Abmaße zu, daß der Erwerber bei späterer Veräußerung keinen Anspruch auf Zubilligung seines Einstandspreises erhält (Ziff. 15). Mit Recht weist Knoetzsch RdRN. 1941, 507 darauf hin, daß trotz der Vorschrift des § 52 Abs. 1 ZVG. zahlreiche Lasten bestehen bleiben, auch wenn sie bei der Feststellung des geringsten Gebots nicht berücksichtigt worden sind, gleichviel, ob der Ersteher diese Lasten gekannt hat oder nicht. Diese Lasten müssen von der Preisbehörde festgestellt und bei der Bestimmung des Höchstgebots durch entsprechende Abschläge berücksichtigt werden.

Wegen der Heranziehung von Sachverständigen vgl. den RE. 57/41 vom 6. Mai 1941, 8 zur Fünften OrgAO. Bei landwirtschaftlichen Grundstücken sind die Dienststellen des Reichsnährstandes die berufenen Berater der Preisbehörden, oben c.

Daß die der Preisbehörde gestellte Aufgabe eine sehr schwierige und verantwortungsvolle Aufgabe darstellt, möge das nachstehende Beispiel aus der Praxis aufzeigen; die Lösung der Aufgabe, die vor der Bekanntgabe des GemErl. vom 15. September 1941 erfolgt ist, dürfte nicht ganz befriedigen.

Ein landwirtschaftliches Anwesen, auf dem eine Ziegelei betrieben wurde, soll versteigert werden. Die landwirtschaftlichen Grundstücke umfassen 10,4 ha

(Einheitswert 22000 RM.), die Ziegeleigrundstücke 9,6 ha (Einheitswert 5600 RM.). Der Gesamtbesitz wurde bewertet

| | |
|---|---|
| Einheitswert . . . . . . . . . . . . . . . . . . . . . . | 27600.— RM. |
| Verkehrswert (Bewertung durch beeidigte Schätzer) einschließlich Inventar . . . . . . . . . . . . . . . . . | 74540.— RM. |
| Grundstückswert i. S. des § 4 der VO. vom 25. Mai 1933 | 32714.— RM. |
| Bestimmung der Preisbehörde (nach Anhörung des Kreisbauernführers) . . . . . . . . . . . . . . . . | 52000.— RM. |

Bemerkenswert ist an diesem Beispiel, daß das Höchstgebot nur etwa $^2/_3$ des Verkehrswertes beträgt. Der Besitz war mit rd. 75000 RM. belastet.

e) Die Entscheidung der Preisbehörde ist gebührenpflichtig. Kostenschuldner ist der Ersteher. Die Gebühren sind nach Rechtskraft des Zuschlags zu erheben, Ziff. 16 GemErl.

**5.** Nicht nur der Betrag des Höchstgebots soll — oben 3 —, sondern der Bescheid der Preisbehörde muß in die **Terminsbestimmung aufgenommen** werden, weil nur die Zustellung der Terminsbestimmung an die Beteiligten durch das Vollstreckungsgericht die Beschwerdefrist gegen den Bescheid der Preisbehörde in Lauf setzt, oben 4 Buchst. a.

**6.** Die nähere Anordnung des RfP. über die **Änderung** des Bescheids durch die Preisbehörde geht dahin, daß diese nur bis zu zwei Wochen vor dem Beginn des Versteigerungstermins zulässig ist, Ziff. 8 GemErl.

**7.** Wichtiger noch als die Bekanntgabe des Höchstbetrags des Gebots im Versteigerungstermin ist die Aufnahme des Bescheids der Preisbehörde in die Terminsbestimmung (Ziff. 4 GemErl.), da mit der Zustellung der die Anführung des Bescheids enthaltenden Terminsbestimmung die Beschwerdefrist zu laufen beginnt, oben 4a.

**8.** Das von der Preisbehörde endgültig festgesetzte Höchstgebot ist für das gesamte Versteigerungsverfahren einschließlich der Verordnung über Maßnahmen auf dem Gebiete der Zwangsvollstreckung vom 26. Mai 1933 (RGBl. I S. 302) samt Änderungen maßgebend. Demgemäß ist auch der für das **Mindestgebot** der §§ 1 bis 3 dieser VO. maßgebende Grundstückswert nach § 4 nach dem festgesetzten Höchstgebot zu ermitteln; dem Versteigerungsrichter ist insoweit die Verantwortung und die Arbeit der Bewertung abgenommen, vgl. Merten 1 zu § 1 bei Pfundner-Neubert.

Die Erteilung einer Ausnahmebewilligung an einen Bieter zur Abgabe eines höheren als des festgesetzten Gebots ist nicht mehr zulässig, vgl. Ziff. 1 GemErl.

Die Bestimmungen der §§ 44 ZVG. über das **geringste Gebot** bleiben unberührt. Die Durchführung der Zwangsversteigerung ist daher nur möglich, wenn der Betrag des höchstzulässigen Gebots nicht niedriger ist als der Betrag des geringsten Gebots. Soweit dies nicht der Fall ist, dürfte in entsprechender Anwendung des § 77 ZVG. die Versteigerung einstweilen einzustellen sein, ebenso Merten a. a. O.

**9.** Zur Durchführung der Verordnung haben der RfP., der RJM., der RWM. und der RfEuL. einen **Gemeinschaftlichen Erlaß** (GemErl.) vom 15. September 1941 (MittBl. I S. 548 = DJ. 1941, 957) herausgegeben, der folgenden Wortlaut hat:

*Gemeinschaftlicher Erlaß*

*des Reichskommissars für die Preisbildung (IX—32—3974/41), des Reichsministers der Justiz (3750. IV b³ 1461), des Reichswirtschaftsministers (IV Kred. 16 210. 41) und des Reichs-*

*ministers für Ernährung und Landwirtschaft (IV B 762)*
*vom 15. September 1941*

*Betr.: Durchführung der Verordnung über die Behandlung von Geboten in der Zwangsversteigerung*

*Zur Durchführung der Verordnung über die Behandlung von Geboten in der Zwangsversteigerung vom 30. Juni 1941 (Reichsgesetzbl. I S. 354) wird folgendes bestimmt:*

*1. Durch die Verordnung vom 30. Juni 1941 ist, anders als bisher, den Preisbehörden die Festsetzung des nach den Preisvorschriften höchstzulässigen Gebots übertragen worden. Über die rechtlichen Folgen, die sich aus der Bietungsbeschränkung ergeben, haben künftig ausschließlich die Vollstreckungsgerichte zu befinden. Die Erteilung einer Ausnahmebewilligung an einen Bieter zur Abgabe eines höheren als des festgesetzten Gebots findet daher durch die Preisbehörden nicht mehr statt. Anhängige Anträge auf Erteilung einer Ausnahmebewilligung nach Abs. 2 des einzigen Artikels der Verordnung vom 6. April 1938 (Reichsgesetzbl. I S. 374) sind unter Hinweis auf die geänderte Rechtslage abzulehnen.*

*2. Die Einschaltung der Preisbehörden in das Versteigerungsverfahren darf die Vollstreckung nicht verzögern. Zwangsversteigerungssachen sind als Eilsachen vordringlich zu erledigen. Zeitraubender Schriftverkehr zwischen den Gerichten und den Preisbehörden ist zu vermeiden. Regelmäßig werden sich die erforderlichen Feststellungen fernmündlich treffen lassen.*

*3. Das Vollstreckungsgericht hat der zuständigen Preisbehörde (Landrat oder Oberbürgermeister) zugleich mit dem Anordnungsbeschluß und der Aufforderung zur Festsetzung des Höchstgebots eine beglaubigte Abschrift des Grundbuchblattes zu übersenden. Im Geltungsbereich des Gesetzes über die Zwangsversteigerung und Zwangsverwaltung vom 24. März 1897 (Reichsgesetzbl. S. 97) wird demgemäß das Grundbuchamt dem Vollstreckungsgericht künftig solch eine Abschrift in zwei Stücken überlassen. Im Geltungsbereich der Exekutionsanordnungen hat der betreibende Gläubiger beglaubigte Abschriften des Grundbuchblattes in zweifacher Ausfertigung vorzulegen. Die zweite Ausfertigung, die mit dem Vermerk „nur zum amtlichen Gebrauch der Preisbehörde" zu versehen ist, wird gebührenfrei erteilt. Urkunden und Mitteilungen, die für die Wertermittlung von Bedeutung sind, soll das Vollstreckungsgericht der Preisbehörde zur Beschleunigung des Verfahrens mit übersenden. Insbesondere sind der Preisbehörde auf Verlangen auch die Zwangsverwaltungsakten zur Einsicht zu überlassen.*

*Zuständig ist die Preisbehörde, in deren Bezirk das Grundstück liegt. Liegt es in mehreren Bezirken, so ist die Behörde zuständig, in deren Bezirk der größte Teil des Grundstücks gelegen ist. In Zweifelsfällen wird sie von der gemeinsamen höheren Preisbehörde bestimmt.*

*4. Die Preisbehörde hat den Betrag des höchstzulässigen Gebots in einem an das Vollstreckungsgericht gerichteten schriftlichen Bescheid festzusetzen, dem eine Begründung nicht beizugeben ist. Jedoch ist in einem Aktenvermerk festzuhalten, welche Gründe für die Festsetzung auf den bestimmten Betrag maßgebend waren.*

*Das Vollstreckungsgericht hat den Bescheid der Preisbehörde in der Terminsbekanntmachung (im Versteigerungsedikt) unter Angabe der Behörde, des Datums und des Aktenzeichens anzuführen. Gleichzeitig ist darauf hinzuweisen, daß jeder am Vollstreckungsverfahren Beteiligte die Beschwerde binnen zwei Wochen, nachdem ihm die Terminsbekanntmachung (das Versteigerungsedikt) zugestellt worden ist, gegen den Bescheid bei der Preisbehörde erheben kann (Fünfte Anordnung über die Wahrnehmung der Aufgaben und Befugnisse des Reichskommissars für die Preisbildung vom 6. Oktober 1937 — Deutscher Reichsanzeiger Nr. 238 —; Dritte Anordnung über die Wahrnehmung der Aufgaben und Befugnisse des Reichskommissars für die Preisbildung in der Ostmark vom 5. August 1939 — Deutscher Reichsanzeiger Nr. 183 —; Erlaß über die Wahrnehmung der Aufgaben und Befugnisse des Reichskommissars für die Preisbildung in den sudetendeutschen Gebieten vom 12. November 1938 — Mitt.-Bl. I Nr. 39 S. 16 —).*

*Das Vollstreckungsgericht hat die Terminsbekanntmachung (das Versteigerungsedikt) der Preisbehörde mitzuteilen.*

*5. Die Preisbehörde hat dem Vollstreckungsgericht unverzüglich von einer Beschwerde Mitteilung zu machen. Ist Beschwerde erhoben, so soll das Vollstreckungsgericht vor der Entscheidung der Beschwerdestelle keinen neuen Termin anberaumen und den Termin aufheben, wenn die Entscheidung bei dessen Beginn nicht vorliegt.*

*6. Die Unterlagen für die Preisprüfung haben die Preisbehörden vom betreibenden Gläubiger oder vom Schuldner, bei diesem notfalls unter Anwendung der Verordnung über die Auskunftspflicht vom 13. Juli 1923 (Reichsgesetzbl. I S. 723) anzufordern.*

*7. Die bei der zuständigen Preisbehörde zu erhebende Beschwerde kann nur auf die Behauptung gestützt werden, das Höchstgebot sei zu gering festgesetzt worden.*

*Ist die Beschwerde fristgerecht erhoben, was die Preisbehörde in Zweifelsfällen durch Rückfrage beim Vollstreckungsgericht feststellen kann, so muß sie die Sache der Beschwerdebehörde vorlegen, wenn sie der Beschwerde nicht abhelfen will. Die Beschwerdebehörde entscheidet endgültig. Ihr Bescheid (siehe oben Ziffer 4) ist dem Beschwerdeführer zuzustellen und dem Vollstreckungsgericht in Abschrift zu übersenden.*

*8. Die Preisbehörde soll ihren Bescheid nur auf eine Beschwerde ändern. Hat die Beschwerdestelle entschieden, so ist eine Änderung nicht mehr zulässig, es sei denn, daß sich im Laufe eines längeren Zwangsversteigerungsverfahrens die wirtschaftlichen Verhältnisse des Grundstücks erheblich ändern. Die Änderung der Entscheidung ist jedoch nur bis zu zwei Wochen vor dem neuen Versteigerungstermin zulässig; sie ist den Beteiligten bekanntzugeben.*

*9. Bei landwirtschaftlichen und forstwirtschaftlichen Grundstücken, zu deren Erwerb eine Genehmigung nach § 2 Abs. 3 der Grundstücksverkehrsbekanntmachung vom 26. Januar 1937 (Reichsgesetzbl. I S. 35) erforderlich ist, hat die Preisbehörde vor ihrer Entscheidung den Kreisbauernführer zu hören. Will sie von dessen Stellungnahme abweichen, so hat sie die Zustimmung der Beschwerdebehörde einzuholen, die den Landesbauernführer hören muß.*

*10. Da das Verfahren vor den Preisbehörden eine hinreichende Gewähr für die Beachtung der Preisvorschriften im Versteigerungs-*

*verfahren bietet, besteht kein Anlaß mehr, Bietungsgenehmigungen mit der Maßgabe zu erteilen, daß über einen bestimmten Betrag nicht hinausgeboten werden darf. Das gilt neben den nach der Grundstücksverkehrsbekanntmachung erforderlichen Genehmigungen (siehe oben Ziffer 9) insbesondere auch für die Genehmigungen nach § 8 Abs. 4 der Verordnung über den Einsatz des jüdischen Vermögens vom 3. Dezember 1938 (Reichsgesetzbl. I S. 1709).*

*Derartige Preisbeschränkungen, die in Bietungsgenehmigungen, welche vor dem Inkrafttreten der Verordnung vom 30. Juni 1941 erteilt worden sind, enthalten sind, darf das Vollstreckungsgericht nicht mehr beachten.*

*11. Als Höchstgebot ist der Betrag festzusetzen, der dem Eigentümer bei einem freihändigen Verkauf nach den gesetzlichen Bestimmungen höchstfalls zugebilligt werden könnte. Dabei ist mit Rücksicht auf die große wirtschaftliche Bedeutung des Versteigerungsverfahrens und seine oft einschneidenden Folgen für die Beteiligten eine besonders sorgsame Prüfung aller, für die Bewertung des Grundstücks maßgebenden Umstände erforderlich. Die Preisbehörden werden deshalb regelmäßig nach dem Runderlaß Nr. 57/41 vom 6. Mai 1941 — IX — 10 — 606/41 — (Mitt.-Bl. II S. 140) verfahren und Sachverständige heranziehen müssen.*

*12. Wird jedoch ein mit Hypotheken oder Grundschulden belastetes Grundstück versteigert, so ist eine großzügigere Festsetzung zugunsten solcher Belastungen erforderlich, die nicht von vornherein offensichtlich überhöht waren. Da nach § 5 Abs. 3 der Verordnung der Gläubiger bevorzugt wird, der von den Ausfallenden den besten Rang hat, ist das Höchstgebot möglichst so festzusetzen, daß es die Forderung eines Gläubigers voll deckt. Damit wird dem nachstehenden Gläubiger die Gelegenheit gegeben, das Grundstück gegen Übernahme der vorgehenden Belastungen zu erwerben.*

*Die Preisbehörde hat in diesem Falle den Bescheid dahin zu erteilen, daß die Forderung aus der Hypothek oder Grundschuld ausgeboten werden darf. Von einer zahlenmäßigen Festsetzung ist mit Rücksicht auf die dauernde Änderung der Schuld durch Zinsen oder Tilgungen abzusehen.*

> *Beispiel:*
> *Ein Grundstück ist mit Hypotheken von 40000 RM., 30000 RM. und 20000 RM. belastet. Sein Wert beträgt 60000 RM. Die Preisbehörde hat anzuordnen, daß die durch die beiden Hypotheken gesicherten Forderungen ausgeboten werden dürfen, damit der Gläubiger der letzten Hypothek das Grundstück übernehmen kann.*

*13. Regelmäßig wird das Höchstgebot so festzusetzen sein, daß die erste Hypothek oder Grundschuld zur Hebung gelangt. Das gilt insbesondere für die von Pfandbriefanstalten, Sparkassen und ähnlichen unter Reichs- oder Staatsaufsicht stehenden Kreditinstituten und Versicherungsunternehmungen innerhalb der vorgeschriebenen Beleihungsgrenzen ausgegebenen Beleihungen, auch wenn es sich um mehrere Einzelhypotheken handelt, die sich im Range unmittelbar folgen.*

*14. Die Vorschrift der Nr. 12 gilt nicht zugunsten von Gläubigern, die nach § 5 Abs. 1 der Verordnung keinen Anspruch auf bevorzugte*

*Erteilung des Zuschlages haben, oder deren Rechte nach dem Inkrafttreten der Verordnung entstanden sind.*

*15. Liegt das nach den Nr. 12 und 13 zugelassene Höchstgebot erheblich über dem beim freihändigen Verkauf zulässigen Preis, so kann die Preisbehörde in ihrem Bescheid vermerken, daß der Erwerber bei einer späteren Veräußerung keinen Anspruch auf Zubilligung seines Einstandspreises hat.*

*16. Für die Preisprüfung werden Gebühren nach Maßgabe der Verordnung über die Kostenpflicht und Kostenerhebung in Preissachen vom 6. Januar 1941 (Reichsgesetzbl. I S. 29) erhoben. Eigentümer des Grundstücks im Sinne des § 5 Abs. 2 KostOPr. und damit Kostenschuldner ist der Ersteher. Die Gebühren sind nach Rechtskraft des Zuschlags zu erheben.*

*Das Vollstreckungsgericht hat eine Abschrift des rechtskräftigen Zuschlagsbeschlusses an die Preisbehörde zu übersenden.*

## § 2

(1) Das Vollstreckungsgericht hat ein Gebot, das das höchstzulässige Gebot übersteigt, zurückzuweisen[1]. Die Zurückweisung hat zur Folge, daß das Gebot als zum Betrage des höchstzulässigen Gebots abgegeben gilt; § 72 Abs. 2 des Reichsgesetzes über die Zwangsversteigerung und Zwangsverwaltung findet insoweit keine Anwendung[2,3].

(2) Absatz 1 Satz 1 gilt entsprechend für Überbote (§§ 195ff. Exekutionsordnung) und für Übernahmsanträge (§ 200 Nr. 1 Exekutionsordnung)[4].

1. Die **Zurückweisung des Gebots** durch das Vollstreckungsgericht richtet sich grundsätzlich nach den für das Versteigerungsverfahren geltenden Vorschriften. Die Bestimmung des Abs. 1 beschränkt die Sonderregelung auf den Fall, daß trotz der Bestimmung des Höchstgebotes durch die Preisbehörde (§ 1) ein höheres Gebot abgegeben wird. Die sonstigen Vorschriften über die Zurückweisung von Geboten bleiben unberührt. Demgemäß hat das Vollstreckungsgericht ohne Rücksicht auf die Höhe des abgegebenen Gebots Gebote zurückzuweisen

a) wenn Anlaß zu der Annahme besteht, daß der Bieter Jude ist, § 7 Abs. 3 EinsatzVO. — Hauptband S. 254;

b) wenn der Bieter die erforderliche Genehmigung zur Abgabe des Gebotes nicht sofort nachweisen kann

α) bei landwirtschaftlichen Grundstücken gemäß § 2 Abs. 3 GVB. — Hauptband S. 99;

β) bei Grundstücken aller Art im Grenzzonengebiet gemäß § 2 Abs. 4 ReichsgrenzSichDV. — Hauptband S. 204 — i. d. Fassung der Bek. vom 8. Okt. 1941 (RGBl. I S. 623);

γ) bei Grundstücken aller Art, die Juden gehören, § 8 Abs. 4 EinsatzVO. — Hauptband S. 256.

δ) bei inländischen Grundstücken eines Ausländers und beim Erwerb inländischer Grundstücke durch einen Ausländer, §§ 43, 106 DevG.;

c) wenn im Rahmen der Veräußerungsverordnung der Reichsernährungsminister nach Mitteilung der Terminsbestimmung das Vollstreckungsgericht um die Beschränkung der Zulassung von Geboten ersucht hat, Art. 4 Abs. 2 und 3 VeräußV. — Hauptband S. 165.

2. Nach der Regel des § 72 ZVG. hat die Zurückweisung des Gebotes das **Erlöschen des Gebots** zur Folge, wenn der Bieter oder ein Beteiligter der Zurückweisung nicht sofort widerspricht. Diese Rechtsfolge wird im Zusammenhang mit dem Ausschluß einer nachträglichen Genehmigung des überhöhten Gebots durch die Preisbehörde — Ziff. 1 GemErl. — bewußt für den vorliegenden Fall ausgeschlossen: die Abgabe des Gebots ist **gültig**, wird aber der Höhe nach auf den von der Preisbehörde festgesetzten Höchstbetrag **beschränkt**. Der Bieter wird so behandelt, als hätte er von vornherein ein Gebot zu dem höchstzulässigen Betrag abgegeben; nur die Überhöhung dieses Betrages ist erloschen. Diese Rechtsfolge tritt ein, ohne daß es eines Widerspruchs des Bieters oder eines Beteiligten bedarf. Im übrigen verbleibt es bei der Regel des § 72 Abs. 2 ZVG.

Die Prüfung des Versteigerungsrichters beschränkt sich zunächst auf die Höhe des Gebots; überschreitet dieses den festgesetzten Höchstbetrag, so erfolgt die beschränkte Zurückweisung nach § 2 dieser VO. Liegen andere Gründe für die Zurückweisung vor, so ist nach § 72 Abs. 2 ZVG. zu verfahren.

Gebote, die ohne die erforderliche Genehmigung abgegeben werden — oben 1 zu b —, sind in entsprechender Anwendung des § 71 ZVG. als unwirksam zurückzuweisen, § 2 Abs. 3 Satz 2 GVB., § 2 Abs. 4 Satz 2 ReichsgrenzSichDV.; § 8 Abs. 4 Halbsatz 2 EinsatzVO. ordnet unmittelbar die Zurückweisung an.

Ist die Zurückweisung des Gebots erfolgt, weil Grund zu der Annahme besteht, daß der Bieter Jude ist, so verliert die Zurückweisung nach § 7 Abs. 4 EinsatzVO. ihre Wirkung, wenn der Bieter sofort widerspricht und wenn er nachweist, daß er kein Jude ist.

3. Soweit die Abgabe eines Gebots der behördlichen Genehmigung bedarf — oben 2 —, gilt auch für die Erteilung des Zuschlags im Rahmen dieser Verordnung der Grundsatz, daß in den Fällen des § 81 Abs. 2 und 3 ZVG. der Zuschlag an einen anderen als den Meistbietenden nur erteilt werden darf, wenn dieser andere die Genehmigung beigebracht hat, vgl. § 2 Abs. 3 Satz 3 GVB., § 2 Abs. 4 Satz 3 ReichsgrenzSichDV.; § 8 Abs. 4 Satz 2 EinsatzVO.; § 43 Satz 4 DevG. In Art. 4 Abs. 2 Satz 4 VeräußV. ist die Beibringung der Zustimmung des Reichsernährungsministers verlangt.

Über den beschränkten Einfluß der Abtretung der Rechte aus dem Meistgebot auf die Rangordnung der §§ 3, 5 vgl. 14 zu § 3.

4. Abs. 2 dient der Klarstellung der Anwendung des Abs. 2 im Bereich der beiden Exekutionsordnungen.

## § 3

Werden in einem Zwangsversteigerungsverfahren nach dem Reichsgesetz über die Zwangsversteigerung und Zwangsverwaltung mehrere gleich hohe Meistgebote gleichzeitig abgegeben[1], so ist in der Reihenfolge[2] der nachstehend unter Nr. 1 bis Nr. 5 bezeichneten Gruppen der Zuschlag[4] in erster Linie[5] dem Bieter zu erteilen, dem hinsichtlich des ganzen Grundstücks oder eines überwiegenden Teils[6] davon[7] zusteht

1. ein im Grundbuch eingetragenes, zum Besitz berechtigendes Recht[8],
2. ein im Grundbuch eingetragenes oder durch Vormerkung gesichertes Recht zum Erwerb eines in Nr. 1 bezeichneten Rechtes[9],
3. der Besitz als Pächter[10],
4. ein im Grundbuch eingetragenes, zur Verwertung des Grundstücks berechtigendes Recht[11],
5. der unmittelbare rechtmäßige Besitz[12 13 14].

1. Die Anwendung der §§ 3, 4, 5 haben zur Voraussetzung, daß mehrere **gleichhohe Meistgebote** rechtswirksam **gleichzeitg** abgegeben werden. Der Begriff der gleichzeitigen Abgabe wird in § 6 erläutert. Zur Anwendung der Vorschriften ist nicht erforderlich, daß die Meistgebote den von der Preisbehörde nach § 1 festgesetzten Betrag des höchstzulässigen Gebots erreichen. Es genügt, daß mehrere gleich hohe Meistgebote abgegeben werden, ohne Rücksicht darauf, welche Höhe sie — abgesehen von dem Mindestgebot der VO. vom 25. Mai 1933 — erreichen. Die Rangordnung für die Zuschlagserteilung (§§ 3, 5) reicht insoweit über die rein preisrechtliche Ordnung hinaus und bildet eine wesentliche Ergänzung des Zwangsversteigerungsrechts überhaupt.

2. Die Einführung einer **Rangordnung**, nach der den Bietern mit gleichzeitig abgegebenen, gleichhohen Meistgeboten der Zuschlag „in erster Linie" zu erteilen ist, bedeutet für das Zwangsversteigerungsrecht eine grundsätzliche Neuerung. Sie verwirklicht — freilich nur für den Fall, daß mehrere gleichhohe Meistgebote gleichzeitig abgegeben werden — den in der Praxis vertretenen Gedanken, daß das Grundstück dem wirtschaftlich Nächstberechtigten zugeteilt werden soll, vgl. Scheuerle und Bunge DR. 1939, 2149; Merten DR. 1941, 1522. Sie erfüllt unter Zurückdrängung rein kapitalmäßiger Forderungen alte bodenpolitische Forderungen, vgl. Knoetzsch RdRN. 1941, 506.

Die hier aufgestellte Rangordnung wird nur wirksam, wenn die mehreren Bieter verschiedenen Gruppen angehören. Sind alle Bieter nur einer einzigen Gruppe zuzurechnen, so entfällt die Anwendung der Rangordnung nach Gruppen. Es entscheidet, soweit nicht eine grundbuchrechtliche Rangordnung oder das Vorrecht des Eigentümers (§ 5 Abs. 2) oder der ausfallenden Verwertungsberechtigten (§ 5 Abs. 3) in Frage kommt, das Los unter den gleichberechtigten Bietern, § 5 Abs. 5 Satz 1. Das Los entscheidet auch, wenn die Bieter keiner der Gruppen der §§ 3, 4 angehören, § 5 Abs. 5 Satz 4; unten 13.

Die Inhaber von Rechten der in Ziff. 1—5 bezeichneten Art kommen nur insoweit in Betracht, als sie eines der gleichhohen Mehrgebote gleichzeitig mit anderen Bietern abgegeben haben. Rechtsinhaber, die nicht mitgeboten oder niedrigere Gebote abgegeben haben, können nicht berücksichtigt werden.

Die regelrechte Durchführung der Rangordnung der §§ 3, 4 greift nur Platz, wenn die Verwertungsberechtigten der Gruppe 4 voll befriedigt werden; bei nur teilweisem Ausfall ihrer Rechte wird die Rangordnung durchkreuzt, unten 11.

3. Die **Vorzugsrechte** der Einreihung in die Gruppen bestehen nach § 5 Abs. 1 nur für die Inhaber von Rechten, die spätestens 6 Monate vor Eingang des Zwangsversteigerungsantrags — bzw. des früher gestellten Antrags auf Einleitung des Zwangsverwaltungsverfahrens — beim Vollstreckungsgericht entstanden sind. Später entstandene Rechte können nicht berücksichtigt werden. Durch diese Beschränkung sollen Machenschaften zur Erlangung einer besseren Rangstellung

bei drohendem Zwangsversteigerungsverfahren verhindert werden. Die Fristbestimmung ist unabänderlich.

Eine Verbesserung der Rangstellung ist innerhalb der Frist grundsätzlich auch nicht durch Abtretung bereits bestehender Rechte möglich. Der Zessionar kann sich nicht auf die bessere Rechtsstellung seines Zedenten berufen. Nur bei den Rechten der Gruppe Nr. 4 geht die bereits begründete Vorzugsstellung auf den Rechtsnachfolger über, vgl. unten 14. Im übrigen werden Rechtsänderungen, die kraft Gesetzes eintreten, z. B. zufolge Erbrechts von der Beschränkung des § 5 Abs. 1 nicht betroffen, da eine solche Einschränkung nicht in der Absicht des Gesetzgebers liegen dürfte.

**4.** Nach der Praxis entscheidet im Zwangsversteigerungsverfahren über gleichzeitig abgegebene gleichhohe Meistgebote das **Los**, vgl. Steiner 3 zu § 71 ZVG. Diese Lösung gilt auch heute noch als letzter Ausweg, sofern entweder die Möglichkeiten der §§ 3, 5 erschöpft sind oder wenn die Rangordnung der §§ 3, 5 überhaupt keine Anwendung findet, oben 2. Über die Möglichkeiten einer sachlichen Lösung auch im Falle der grundsätzlichen Entscheidung über den Zuschlag durch das Los vgl. unten 13.

**5.** Die **Reihenfolge**, in der ein gruppenangehöriger Bieter vor anderen Bietern zu berücksichtigen ist, bestimmt sich nicht lediglich nach der Zugehörigkeit des Rechtsinhabers zu der Gruppe nach Maßgabe der Ziff. 1—5, sondern wird auch durch die besonderen Vorschriften des § 5 Abs. 2—5 bestimmt. Diese sind bei der Anwendung des § 3 stets mitzuberücksichtigen.

Die Erteilung des Zuschlags erfolgt nicht an den Meistbietenden, also auch nicht an den gemäß §§ 3, 5 bevorrechtigten Bieter, wenn der **Vorkaufsberechtigte** von seinem Recht Gebrauch macht. Das den gemeinnützigen Siedlungsunternehmen und den Landlieferungsverbänden nach §§ 4, 14 RSG. auch für den Fall der Zwangsversteigerung (§ 11 RSG.) zustehende Vorkaufsrecht ist binnen einer Frist von sechs Wochen — ohne Rücksicht auf die Größe des Grundstücks, Art. 4 der VO. vom 15. April 1937 (RGBl. I S. 546) — auszuüben. Die Frist läuft von der Mitteilung des Eigentümers, des Meistbietenden oder des Vollstreckungsgerichtes an den Vorkaufsberechtigten an. Vor Ablauf der Frist darf der Zuschlag nicht erteilt werden, es sei denn, daß der Vorkaufsberechtigte vorher auf die Ausübung des Rechts verzichtet hat. Das gleiche gilt für das Vorkaufsrecht nach § 11 des Reichsheimstättengesetzes: hier beträgt die Frist zur Ausübung des Vorkaufsrechts zwei Wochen seit Zustellung der Mitteilung des Meistgebots durch das Vollstreckungsgericht. Macht der Vorkaufsberechtigte von seinem Rechte Gebrauch, so ist ihm der Zuschlag zu dem Meistgebot zu erteilen; die Nichtausübung des Rechts braucht dem Grundbuchamt gegenüber (§ 11 Abs. 3 HeimstGes.) nicht nachgewiesen zu werden, wenn die Eigentumsänderung auf Ersuchen des Vollstreckungsgerichts eingetragen wird, §§ 15, 16 AusfVO. zum Reichsheimstättengesetz vom 19. Juli 1940 (RGBl. I S. 1027).

**6.** Nur wenn sich das in den Ziff. 1—5 bezeichnete Recht des Bieters auf das **Grundstück** im ganzen oder mindestens auf den überwiegenden Teil des Grundstücks erstreckt, findet die VO. Anwendung. Der Begriff des überwiegenden Teils beschränkt sich nicht etwa auf das absolute Übergewicht, das immer in dem zahlenmäßigen Mehr als die Hälfte besteht. Der überwiegende Teil des Grundstücks kann auch relativ unter 50 v. H. liegen, z. B. wenn unter mehr als zwei Bietern dem ersten 40 v. H. allein, den übrigen Bietern zusammen der Restanteil zu gleichen Teilen zusteht. Hier steht dem ersten Bieter der überwiegende Teil und damit der Zuschlag zu, die anderen Bieter kommen überhaupt nicht zur Berücksichtigung.

Die Beschränkung der Einreihung der gruppenzugehörigen Bieter nach ihrem Anteil am Grundstück ist deshalb von Bedeutung, weil die Bieter, die als Rechtsinhaber unbedeutender, d. h. nicht überwiegender Teile des Grundstücks keinen Anspruch auf bevorzugte Berücksichtigung haben, auch nicht etwa im Wege der Auslosung gemäß § 5 Abs. 5 Satz 1 als Bieter zum Zuge kommen können; denn diese Vorschrift gilt nur, wenn innerhalb der Gruppe mehrere Bieter mit gleichhohen Meistgeboten zu berücksichtigen sind. Ebenso LG. Kleve DJ. 1941, 1010 (dazu Merten über die Bildung von Interessentengruppen, die im Gegensatz zur gemeinschaftlichen Abgabe eines Gebots vom Versteigerungsgericht nicht durch Zusammenrechnung der den einzelnen Interessenten zustehenden Miteigentumsanteile berücksichtigt werden darf).

Die Feststellung des Anteils des Rechts am Grundstück hat deshalb vor der Einreihung der Bieter in ihre Gruppe zu erfolgen.

7. Die **Art** des Grundstücks ist für die Anwendung dieser Verordnung zunächst bedeutungslos. Wegen der Verpflichtung der Preisbehörde, vor der Entscheidung über den höchstzulässigen Betrag des Gebots den Kreisbauernführer zu hören, soweit landwirtschaftliche Grundstücke in Frage kommen, die der GVB. unterliegen, vgl. Ziff. 9 GemErl.

Aus bodenpolitischen Erwägungen ist in § 5 Abs. 4 für **landwirtschaftliche Grundstücke** eine Sonderregelung zugunsten der mitbietenden nutznießenden Bewirtschafter, d. h. der Nießbraucher oder Pächter getroffen. Sie sollen — von besonderen Härtefällen abgesehen — von dem den ausfallenden Verwertungsberechtigten der Gruppe 4 zustehenden Vorzugsrecht des § 5 Abs. 3 nicht berührt werden; Pächter und Nießbraucher erhalten deshalb insoweit den Zuschlag regelmäßig auch dann, wenn ein Verwertungsberechtigter, der mitgeboten hat, ausfällt. Durch diese Regelung soll es den Nießbrauchern oder Pächtern möglich gemacht werden, sich durch Erwerb des von ihnen bewirtschafteten Landes dauernd seßhaft zu machen; damit wird der Übergang von der Fremd- zur Eigennutzung begünstigt. Die Sonderregelung gilt nur für landwirtschaftliche Grundstücke ohne Rücksicht auf ihre Größe. Zum Begriff des landwirtschaftlichen Grundstücks vgl. 2 zu § 1 GVB. Soweit die landwirtschaftliche Nutzung überwiegt, steht auch das Vorhandensein forstwirtschaftlicher Grundstücke der Anwendung der Vorschrift des § 5 Abs. 4 nicht entgegen. Die Regel des § 5 Abs. 3 greift aber auch gegenüber dem Nießbraucher (Pächter) eines landwirtschaftlichen Grundstückes Platz, wenn die Erteilung des Zuschlags an diesen für den ausfallenden Verwertungsberechtigten der Gruppe 4 eine unbillige Härte bedeuten würde. Die Beweislast obliegt dem Verwertungsberechtigten, der nachzuweisen hat, daß über den Ausfall des Rechts hinaus seine Belange besonders schwer getroffen würden. Das Gericht hat die Interessen der Beteiligten gegeneinander abzuwägen; nur besondere Umstände rechtfertigen die Versagung des Zuschlags an den Nießbraucher (Pächter).

Nießbrauch und Pacht werden wohl kaum nebeneinander bestehen; für diesen Fall ist eine Regelung über den Vorrang nicht vorgesehen, so daß das Los zwischen den beiden Berechtigten zu entscheiden haben wird, vgl. § 5 Abs. 5 Satz 1.

8. Zum Besitz berechtigender Grundbuchrechte — **Gruppe 1** — sind: das **Eigentumsrecht** am Grundstück — im Geltungsbereich der Exekutionsordnungen nur das Miteigentum, § 4 Ziff. 1 —, das **Nießbrauchrecht**, ferner Grunddienstbarkeiten und persönlich beschränkte Dienstbarkeiten, soweit sie zum Besitz des Grundstücks oder eines überwiegenden Teils daran berechtigen (oben 6), also insbes. das dingliche **Wohnungsrecht**.

Für das Verhältnis des mitbietenden Eigentümers (Miteigentümers) zu den sonstigen Berechtigten dieser Gruppe stellt § 5 Abs. 2 grundsätzlich das

Vorrecht des Eigentümers fest. Der Zuschlag ist aber dann nicht dem Eigentümer (Miteigentümer), sondern demjenigen anderen Berechtigten dieser Gruppe zu erteilen, dessen Recht ganz oder teilweise durch den Zuschlag an den Eigentümer (Miteigentümer) ausfallen würde. Das Vorrecht des Eigentümers entfällt also, wenn durch den Zuschlag ein anderer Berechtigter der Gruppe einen Ausfall erleiden würde; der Verlust des Vorrechts ist endgültig, unten 14.

Von dieser Regelung abgesehen haben die Berechtigten der Gruppe 1 unter sich den Rang, der ihnen grundbuchmäßig zusteht, § 5 Abs. 2 S. 1. Haben sie keinen Rang, z. B. Miteigentümer zueinander, so entscheidet nach § 5 Abs. 5 Satz 1 das Los.

Wegen der Sonderregelung für den Nießbraucher an einem landwirtschaftlichen Grundstück gegenüber ausfallenden Verwertungsberechtigten der Gruppe 4 vgl. oben 7.

**9.** Eingetragene oder durch Vormerkung im Grundbuch gesicherte Rechte auf Eigentumserwerb, Nießbrauch usw. — **Gruppe 2** — sind: die **Vormerkung** zur Auflassung des Grundstücks; das Vorkaufsrecht, das Wiederkaufsrecht und das Recht des Nacherben (§ 2113 BGB., § 51 GBO.), soweit diese Rechte im Grundbuch eingetragen sind. Vorkaufsrechte und Wiederkaufsrechte, die kraft Gesetzes auch ohne Eintragung im Grundbuch entstehen, z. B. §§ 4, 14 RSG. (Vorkaufsrecht), § 11 Reichsheimstättengesetz (Vorkaufsrecht), §§ 20, 21 RSG. (Wiederkaufsrecht) sind nach dem Wortlaut der Ziffer 2 nur zu berücksichtigen, wenn sie im Grundbuch eingetragen sind. Da das Recht des Ausgebers der Heimstätte aus der Eintragung in Abteilung II ersichtlich ist, wird das Vorkaufsrecht als „eingetragen" behandelt werden dürfen. Im übrigen ist das Vorkaufsrecht meist auch im Falle der Zwangsversteigerung ausübbar, §§ 14, 15 AusfV. z. Reichsheimstättengesetz vom 19. Juli 1940 (RGBl. I S. 1027); § 11 RSG., vgl. oben 5.

Für das Verhältnis der Rechte dieser Gruppe untereinander ist nach § 5 Abs. 2 Satz 1 der grundbuchmäßige Rang maßgebend.

**10.** Die **Gruppe 3** der Bevorrechtigten umfaßt die **Pächter**, gleichviel, ob es sich um Pächter landwirtschaftlicher oder sonstiger Grundstücke handelt. Da das Pachtrecht im Grundbuch nicht eingetragen werden kann, ist eine Rangordnung nach der grundbuchmäßigen Eintragung gemäß § 5 Abs. 2 S. 1 nicht möglich; es entscheidet deshalb unter mehreren das Los, sofern nicht einer der bietenden Pächter gleichzeitig auch nach mehreren Gruppen bevorrechtigt ist, § 5 Abs. 5 Satz 1 und 2.

Wegen der Sonderregelung für den Pächter landwirtschaftlicher Grundstücke gegenüber ausfallenden Verwertungsberechtigten der Gruppe 4 vgl. oben 7.

**11.** Als im Grundbuch eingetragenen Verwertungsrechte — **Gruppe 4** — kommen in Betracht: **Hypotheken, Grundschulden, Rentenschulden.**

Im Verhältnis zueinander werden die Grundpfandrechtsinhaber dieser Gruppe nach der Regel des § 5 Abs. 2 Satz 1 nach ihrem grundbuchmäßig besseren Rang bei der Zuschlagserteilung berücksichtigt. Soweit jedoch einer der Bietenden dieser Gruppe durch den Zuschlag an den Inhaber des ihm im Range vorgehenden Rechts ganz oder teilweise ausfallen würde, ist der Zuschlag nicht dem Bevorrechtigten, sondern dem ausfallenden Rechtsinhaber zu erteilen. Damit soll dem ausfallenden Verwertungsberechtigten die Möglichkeit gegeben werden, durch den Erwerb des Grundstücks wenigstens den wirtschaftlichen Wert des Grundstücks zur Deckung seines aufgewendeten Kapitals für sich zu retten, Merten DR. 1941, 1524. Würden mehrere Verwertungsberechtigte durch den Zuschlag an den buchmäßig im Rang besser Berechtigten einen Ausfall erleiden, so erhält den Zuschlag nicht der rangschlechteste ausfallende Verwertungsberechtigte, sondern der buchmäßig im Rang vorgehende ausfallende Verwertungsberechtigte, § 5 Abs. 3 Satz 2.

Wenn z. B. von den bietenden Hypothekgläubigern A. durch das Meistgebot vollauf gedeckt ist, B. zur Hälfte und C. ganz ausfällt, dann erhält B. den Zuschlag, weil er einen Ausfall erleidet und dem anderen ausfallenden Hypothekengläubiger C. im Range vorgeht. Durch eine der Ziff. 12 GemErl. — 9 zu § 1 — entsprechende Bemessung des Höchstgebots werden solche Fälle wohl in der Regel zu vermeiden sein.

Im Verhältnis zu den nach Gruppe 1—3 bevorrechtigten Rechtsinhabern haben die Verwertungsberechtigten der Gruppe 4 den Vorrang, soweit sie durch den Zuschlag an den Eigentümer, Nießbraucher, Auflassungsberechtigten oder Pächter einen Ausfall erleiden würden. In diesem Falle ist der Zuschlag an den ausfallenden Verwertungsberechtigten, bei mehreren Berechtigten dem unter ihnen buchmäßig im Range vorhergehenden Recht zu erteilen.

Die Vorzugsstellung des ausfallenden Verwertungsberechtigten gilt grundsätzlich nicht gegenüber dem mitbietenden Pächter oder Nießbraucher eines landwirtschaftlichen Grundstücks, oben 7.

Nur bei völliger Befriedigung aller Verwertungsberechtigten kommt die Rangordnung des § 3 uneingeschränkt zur Durchführung, oben 2. Ob und inwieweit die Verwertungsberechtigten im Einzelfall zum Zuge kommen, bestimmt sich nach den §§ 10ff. ZVG.

**12.** Rechtmäßiger Besitzer — **Gruppe 5** — ist z. B. der Mieter des Grundstücks oder eines überwiegenden Teils davon. Auch der Käufer des Grundstücks kann hierher zahlen, wenn er vor der Eintragung des Eigentumsübergangs im Grundbuch in den Besitz des Grundstücks eingewiesen worden ist.

In Betracht kommt hier, wie aus § 4 Ziff. 5 zu entnehmen ist, immer nur der tatsächliche Besitz; das tatsächliche „in der Gewalt haben" des Grundstücks im Zeitpunkt der Gebotsabgabe, soweit dieser Zustand auf rechtmäßiger Grundlage beruht. Diese Feststellung ist bei einer Mehrzahl von Berechtigten, z. B. bei Miterben, aber auch bei geschiedenen Eheleuten von entscheidender Bedeutung; vgl. Merten DJ. 1941, 1031. Es besteht kein Anlaß, dem Ehemann nach der Scheidung den unmittelbaren Besitz am gemeinschaftlichen Grundstück solange zuzubilligen, als er nicht der geschiedenen Ehefrau den Besitz zurückübertragen hat (so Unger DJ. 1941, 1031) und ihm demgemäß als dem dem Grundstück Näherstehenden den Zuschlag zu erteilen.

Da hier nur Rechte in Frage stehen, die nicht im Grundbuch eingetragen sind, entscheidet im Verhältnis der Angehörigen der Gruppe 5 zu einander nach der Regel des § 5 Abs. 5 das Los, sofern nicht ein Bieter gleichzeitig nach mehreren Gruppen bevorrechtigt ist.

**13.** Sofern in den Abs. 2 bis 4 nicht ein anderes bestimmt ist, entscheidet innerhalb jeder Gruppe zwischen mehreren Bietern, deren Berücksichtigung zu Recht erfolgt ist — oben 6 —, **das Los.** Die Losentscheidung unterbleibt auch in diesem Fall, wenn ein Bieter gleichzeitig nach mehreren Gruppen bevorrechtigt ist; dann ist ihm der Zuschlag zu erteilen, § 5 Abs. 5 Satz 2. Beispiel: einer der bietenden Miteigentümer ist zugleich Hypothekengläubiger, der andere Miteigentümer nicht. Da hier der erste Miteigentümer dem Grundstück nähersteht, entscheidet nicht das Los, sondern er erhält den Zuschlag. Nur wenn die mehrfache Zugehörigkeit des Bieters bei mehreren Bietern besteht, wenn also z. B. zwei von drei Miteigentümern Hypothekengläubiger sind, bleibt es bei der Entscheidung durch das Los, § 5 Abs. 5 Satz 3.

Gehören die Bieter keiner der fünf Gruppen an, dann entscheidet zwischen ihnen das Los, § 5 Abs. 5 Satz 4, oben 4.

In welcher Weise der Richter die Entscheidung durch das Los vornehmen will, bleibt seinem Entschluß überlassen. Es muß durchaus nicht der „entwürdigende Knobelbecher zur Ermittlung des Meistbietenden in Bewegung gesetzt werden" — Eingabe, erwähnt bei Merten DR. 1941, 1522 —; es können z. B. die Namen der Bieter auf je ein Blatt geschrieben, in gleiche Dienstumschläge gesteckt, von einer Amtsperson gemischt und vom Versteigerungsrichter oder einem Dritten gezogen werden. Der Vorgang ist zweckmäßigerweise in der Niederschrift festzuhalten, vgl. Merten, 5 zu § 5 bei Pfundner-Neubert.

**14.** Die **Rangordnung** der Gruppen ist n i c h t etwa eine r e l a t i v e in dem Sinne, daß die Verdrängung z. B. des Eigentümers durch den ausfallenden Verwertungsberechtigten nach § 5 Abs. 3 nicht Platz greifen würde, wenn bei einem landwirtschaftlichen Grundstück der Pächter (Nießbraucher) den ausfallenden Verwertungsberechtigten nach der Regel des Abs. 4 Satz 1 aus dem Felde geschlagen hat. Der Eigentümer ist vielmehr nach der Regel des Abs. 3 endgültig durch den ausfallenden Verwertungsberechtigten mit seinem Gebot aus dem Zuschlagsverfahren verdrängt; wenn nun nach der Sonderregelung des Abs. 4 Satz 1 der Zuschlag nicht an den ausfallenden Verwertungsberechtigten, sondern an den bevorzugten Pächter (Nießbraucher) erfolgt, so hat es dabei sein Bewenden. Man kann nicht etwa gegenüber dem Pächter (Gruppe 3) den bereits ausgeschiedenen Eigentümer (Gruppe 1) als bevorzugt behandeln. Dieses Verfahren würde im Kreise, aber zu keiner Lösung führen, so mit Recht Merten DR. 1941, 1525.

Die **Abtretung** der Rechte aus dem **Meistgebot** (§ 81 Abs. 2 ZVG.) kann die Rangordnung, wie sie für die Gruppen 1, 2, 3 und 5 festgelegt ist, nicht umstoßen, da sie gerade auf den besonderen Beziehungen der Rechtsinhaber zu dem Grundstück aufgebaut ist. Diese, man könnte auch sagen „persönlichen" Beziehungen würden durch die Abtretung der Rechte aus dem Meistgebot zerstört werden, weshalb diese Abtretung unzulässig erscheint; a. M. Knoetzsch RdRN. 1941, 511, der für den Zuschlag in jedem Fall den Übernehmer dem Meistbietenden gleichgestellt wissen will. Dagegen wird man den Verwertungsberechtigten der Gruppe 4, bei denen die wirtschaftlichen Beziehungen entscheidend sind — vgl. die Vorrangstellung des ausfallenden Verwertungsberechtigten in § 5 Abs. 3 —, die Befugnis zugestehen müssen, die Rechte aus dem Meistgebot ohne Gefährdung der Rangstellung abzutreten, Merten DR. 1941, 1525. Wegen der Genehmigungspflicht der Abtretung vgl. 3 zu § 2.

Hinsichtlich der Rechtsstellung der **Bürgen** und sonstigen A b l ö s u n g s b e r e c h t i g t e n, die für den Schuldner und Eigentümer eingetreten sind, gelten die allgemeinen Vorschriften, die, soweit sie eine dingliche Rechtsstellung dem Ablösenden einräumen, das Einrücken in die Rangbefugnis des Rechts gestatten, vgl. §§ 774, 401, 268 BGB.

## § 4[1]

Werden in einem Zwangsversteigerungsverfahren nach einer der in den Reichsgauen der Ostmark und dem Reichsgau Sudetenland geltenden Exekutionsordnungen mehrere gleich hohe Meistbote[2] gleichzeitig abgegeben, so ist in der Reihenfolge der nachstehend unter Nr. 1 bis 5 bezeichneten Gruppen der Zuschlag in erster Linie dem Bieter zu erteilen, dem hinsichtlich des ganzen Grundstücks oder eines überwiegenden Teils davon zusteht

1. auf Grund einer Eintragung im Grundbuch das Miteigentum, ein Nießbrauch oder ein Wohnungsrecht, ein Baurecht oder ein Bestandrecht,
2. ein im Grundbuch eingetragenes Wiederkaufs- oder Vorkaufsrecht,
3. ein nicht im Grundbuch eingetragenes Pfandrecht,
4. ein im Grundbuch eingetragenes Pfandrecht oder das Recht, die Eintragung eines solchen auf Grund eines Rangordnungsbescheides zu begehren, oder eine Reallast,
5. der tatsächliche rechtmäßige Besitz.

**1.** Berichtigung in Nr. 4 (RGBl. 1941 I S. 370): statt „Pachtrecht" muß es heißen: „Pfandrecht".

**2.** Die Vorschrift des § 4 entspricht der Regelung in § 3; es sind hier lediglich die Rechtsbezeichnungen dem Sprachgebrauch der beiden Exekutionsordnungen angepaßt, vgl. § 2 Abs. 2. Die Ausführungen zu § 3 gelten auch für die Anwendung des § 4 entsprechend.

## § 5

(1) Die in den Gruppen 1 bis 5 der §§ 3, 4 genannten Rechte begründen nur dann einen Anspruch auf bevorzugte Erteilung des Zuschlags, wenn sie spätestens sechs Monate vor Eingang des Antrags auf Einleitung des Versteigerungsverfahrens bei dem Gericht entstanden sind. Hat bis zur Beschlagnahme (Exekutionsbewilligung) im Zwangsversteigerungsverfahren eine Zwangsverwaltung fortgedauert, so müssen die Rechte spätestens sechs Monate vor Eingang des Antrags auf Einleitung des Zwangsverwaltungsverfahrens bei Gericht entstanden sein.

(2) Sind in einer der in den §§ 3, 4 genannten Gruppen mehrere Rechte zu berücksichtigen, so ist der Zuschlag dem Eigentümer (Miteigentümer), im übrigen dem Inhaber des den sonstigen Rechten buchmäßig im Range vorgehenden Rechtes seiner Gruppe zu erteilen. Würde jedoch durch den Zuschlag an den Eigentümer (Miteigentümer) ein anderes Recht der im § 3 Nr. 1, § 4 Nr. 1 genannten Gruppen ganz oder teilweise ausfallen, so ist es vor dem Eigentümer (Miteigentümer) zu berücksichtigen.

(3) Würde ein Recht der im § 3 Nr. 4, § 4 Nr. 4 genannten Gruppen durch den Zuschlag an den Inhaber eines im § 3 Nrn. 1 bis 3, § 4 Nrn. 1 bis 3 genannten Rechtes oder an den Inhaber eines vorgehenden Rechtes seiner Gruppe ganz oder teilweise ausfallen, so ist es vor diesem Recht zu berücksichtigen. Würden mehrere Rechte der im § 3 Nr. 4, § 4 Nr. 4 genannten Gruppen ganz oder teilweise aus-

fallen, so ist der Zuschlag dem unter ihnen buchmäßig im Range vorgehenden Recht zu erteilen.

(4) Bei einem landwirtschaftlichen Grundstück gilt Absatz 3 nicht gegenüber einem Nießbraucher oder Pächter. Würde jedoch die Erteilung des Zuschlags an den Nießbraucher oder Pächter für den Inhaber eines ganz oder teilweise ausfallenden Rechtes der im § 3 Nr. 4, § 4 Nr. 4 genannten Gruppen zu einer unbilligen Härte führen, so verbleibt es bei der Regelung des Absatzes 3.

(5) Im übrigen entscheidet innerhalb jeder Gruppe zwischen mehreren zu berücksichtigenden Bietern das Los. Würde jedoch ein Bieter nach mehreren Gruppen gleichzeitig bevorrechtigt sein, so ist ihm der Zuschlag zu erteilen. Sind mehrere Bieter dieser Art vorhanden, so entscheidet auch zwischen ihnen das Los. Das gleiche gilt, wenn die Bieter keiner der genannten Gruppen angehören.

Die Vorschriften des § 5 sind in die Erläuterung zu § 3 eingearbeitet.

## § 6

Als gleichzeitig abgegeben[1] sind auch[2] solche Gebote anzusehen, die von mehreren gleichzeitig anwesenden Bietern in unmittelbarer zeitlicher Aufeinanderfolge abgegeben worden sind.

**1.** Die Regelung der §§ 3, 5 gilt nur für den Fall, daß mehrere gleichhohe Meistgebote — diese brauchen nicht den höchstzulässigen Betrag nach § 1 zu erreichen, 1 zu § 3 — **gleichzeitig** abgegeben werden. Wann im Einzelfall eine gleichzeitige Abgabe der Gebote — echtes Doppelgebot — vorliegt, bestimmt sich nach dem Verhalten der Bieter in räumlicher und zeitlicher Beziehung. § 6 will diese Feststellung erleichtern, indem sie den Begriff der zeitlichen Aufeinanderfolge zugunsten der Bieter ausweitet.

**2.** Sinn und Zweck der Vorschrift ist es, eine zu enge Auslegung des Begriffs der Gleichzeitigkeit der Gebotsabgabe hintanzuhalten. Sofern die Bieter nur gleichzeitig bei der Abgabe des entscheidenden Doppelgebots — Bietungsvorgang — im Amtszimmer des Versteigerungsrichters anwesend sind (gleichgültig, ob sie früher oder später vor dem Bietungsvorgang den Raum betreten haben), gilt die Gebotsabgabe auch dann noch als gleichzeitig, wenn die Gebote in **unmittelbarer zeitlicher Aufeinanderfolge** abgegeben worden sind. Die Bieter können sich also mit ihren Erklärungen Zeit lassen, sie brauchen nicht alle auf einmal zu sprechen. Der Richter macht sie zweckmäßigerweise bei der Aufforderung zur Gebotsabgabe darauf aufmerksam; dies dient zur Beruhigung der Bieter.

Die unmittelbare zeitliche Aufeinanderfolge ist auch gewahrt, wenn einige Minuten zwischen der Gebotsabgabe liegen. Der Richter kann jedenfalls die Namen und Gebote ohne Hast nacheinander aufschreiben und den Ablauf des einzelnen Bietungsvorgangs — der Gebotsabgabe — in ruhigen Bahnen halten, Merten DJ. 1941, 754.

Die Bietungsstunde des § 73 ZVG. ist auch beim Verfahren nach dieser Verordnung einzuhalten; die Bestimmung beansprucht Beachtung, auch wenn sie unter den augenblicklichen Verhältnissen des Grundstücksmarkts gegenstandslos, vielleicht sogar unpraktisch erscheint.

### Artikel II

(1) Diese Verordnung tritt zwei Wochen nach ihrer Verkündung in Kraft[1]. Gleichzeitig treten die Vorschriften, die dieser Verordnung entgegenstehen oder durch sie gegenstandslos werden, außer Kraft; insbesondere treten außer Kraft die Verordnung über die Zurückweisung von Geboten in der Zwangsversteigerung vom 6. April 1938 (Reichsgesetzbl. I S. 374) sowie die Verordnung über die Zurückweisung von Geboten in der Zwangsversteigerung in der Ostmark und in den sudetendeutschen Gebieten vom 20. Juni 1939 (Reichsgesetzbl. I S. 1036)[2].

(2) Ist beim Inkrafttreten dieser Verordnung ein Antrag auf Genehmigung eines überhöhten Gebots nach der Verordnung vom 6. April 1938 (Reichsgesetzbl. I S. 374) oder der Verordnung vom 20. Juni 1939 (Reichsgesetzbl. I S. 1036) anhängig, so hat das Gericht den Zuschlag zu versagen und von Amts wegen einen neuen Versteigerungstermin anzuberaumen[3].

1. Die Verordnung ist im Reichsgesetzblatt Nr. 71 vom 2. Juli 1941 verkündet und daher am 16. Juli 1941 in Kraft getreten.

2. Die außer Kraft getretene VO. vom 6. April 1938 ist im Hauptband S. 87 abgedruckt und erläutert, die Vorschriften für die Ostmark und die sudetendeutschen Gebiete ebenda S. 89 abgedruckt.

3. Die Vorschriften der neuen Verordnung finden auch auf die Zwangsversteigerungsverfahren Anwendung, bei denen im Zeitpunkt des Inkrafttretens der VO. der Zuschlag aus **Gründen** noch nicht rechtskräftig erteilt worden war, die auf **preisrechtlichem Gebiet** liegen. Dies gilt auch für anhängige (Zuschlags-) Beschwerdeverfahren. In diesen Fällen darf der Zuschlag nicht erteilt werden, vielmehr ist von Amts wegen ein neuer Versteigerungstermin anzuberaumen, der nach den Vorschriften dieser Verordnung durchzuführen ist. Hat der Versteigerungstermin nach dem 15. Juli 1941 noch nicht stattgefunden, so ist das Versteigerungsverfahren nach den neuen Bestimmungen durchzuführen. Ist der Versteigerungstermin vorüber, so ist das Verfahren über den Zuschlag nur dann nach den neuen Vorschriften weiterzuführen, wenn preisrechtliche Fragen zur Entscheidung in der Beschwerdeinstanz noch offen stehen; im übrigen hat die neue Verordnung auf den Fortgang des Verfahrens keinen Einfluß.

## 8. Landwirtschaftliche Pachten und Preisstopverordnung

### Runderlaß Nr. 95/37 des Reichskommissars für die Preisbildung vom 22. Mai 1937

#### Preise für landwirtschaftliche Pachten und Fischereien im Verhältnis zur VO. über das Verbot von Preiserhöhungen

A. Allgemeines

Nach § 1 der VO. über das Verbot der Preiserhöhungen vom 26. November 1936 (RGBl. I S. 955) sind Preiserhöhungen für Güter und Leistungen jeder Art, insbes. für alle Bedürfnisse des täglichen Lebens, für die gesamte landwirtschaftliche, gewerbliche und industrielle Erzeugung und für den Verkehr mit Gütern und Waren jeder Art sowie für sonstige Entgelte verboten. Das Verbot der Preiserhöhung umfaßt auch den Pachtzins für alle landwirtschaftlich, gärtnerisch, fischereiwirtschaftlich und weinbaulich genutzten Grundstücke. Jede unmittelbare oder mittelbare Erhöhung des Pachtzinses gegenüber dem Stande vom 17. Oktober 1936 ist untersagt; dies gilt auch für Neuverpachtungen. Als eine Pachtzinserhöhung ist es auch anzusehen, wenn der Verpächter Leistungen, zu denen er nach dem Pachtvertrage verpflichtet ist, bei Abschluß eines neuen Pachtvertrages zum Nachteil des Pächters abändert, oder wenn der Verpächter dem Pächter in einem neuen Pachtvertrage zusätzliche Leistungen auferlegt, die in dem bisherigen Pachtvertrage nicht enthalten waren.

Eine Erhöhung des Pachtzinses für landwirtschaftliche Pachten und für Fischereipachten kann in Ausnahmefällen dann gestattet werden, wenn die Pachtzinserhöhung nach § 3 der VO. vom 26. November 1936 aus volkswirtschaftlichen Gründen oder zur Vermeidung besonderer Härten dringend erforderlich erscheint. Dabei darf eine Steigerung der Preise für landwirtschaftliche Erzeugnisse gegenüber dem Zeitpunkt des früheren Vertragsabschlusses für sich allein nicht als Begründung für eine Pachtzinserhöhung gewertet werden. Ein unter dem allgemeinen Preisstand liegender Pachtzins darf vielmehr nur dann an den volkswirtschaftlich gerechtfertigten Pachtpreis angeglichen werden, wenn sich aus den Umständen ergibt, daß der vor oder nach dem Inkrafttreten der VO. vom 26. November 1936 vereinbarte Pachtzins aus besonderen Gründen zu niedrig bemessen ist.

### B. Erteilung von Ausnahmebewilligungen

Zur Durchführung der VO. über das Verbot von Preiserhöhungen vom 26. November 1936 ordne ich für das Gebiet des landwirtschaftlichen, gärtnerischen, fischereiwirtschaftlichen und weinbaulichen Pachtwesens folgendes an:

1. Verbot von Versteigerungen[1]).

Die Preisbildungsstellen werden ermächtigt, die öffentlich meistbietende Verpachtung landwirtschaftlich, gärtnerisch, fischereiwirtschaftlich oder weinbaulich genutzter Grundstücke allgemein zu untersagen[2]).

2. Regelung der Zuständigkeit und des Verfahrens bei Erteilung von Ausnahmebewilligungen.

I. Zur Erteilung von Ausnahmebewilligungen nach § 3 der VO. über das Verbot von Preiserhöhungen vom 26. November 1936 sind in Ergänzung des RE. 14/36 vom 26. Dezember 1936 zuständig[3]):

a) bei selbständigen landwirtschaftlichen, gärtnerischen, fischereiwirtschaftlichen oder weinbaulichen Pachtbetrieben in Preußen die Oberpräsidenten, in den übrigen Ländern die obersten Landesbehörden als Preisbildungsstellen.

Vor Erteilung einer Ausnahmebewilligung haben die Preisbildungsstellen den Landesbauernführer zu hören.

---

[1]) Auf diese Sonderregelung für landwirtschaftliche Pachten und Fischereien ist im RE. Nr. 108/40 vom 24. August 1940 (MittBl. I 634) ausdrücklich hingewiesen.

[2]) Bayern hat von der Ermächtigung durch die Anordnung vom 13. April 1938 Gebrauch gemacht, abgedruckt Hauptband S. 268.

[3]) Für Jagdpachtverträge gilt der RE. 152/37 vom 9. Oktober 1937, erweitert durch den RE. 113/38 vom 17. Oktober 1938 (MittBl. I Nr. 34 S. 2).

b) 1. bei landwirtschaftlich, gärtnerisch, fischereiwirtschaftlich oder weinbaulich genutzten Einzelgrundstücken in Preußen der Landrat, in den übrigen Ländern die dem Landrat gleichstehende Verwaltungsbehörde.

Liegt das landwirtschaftlich, gärtnerisch, fischereiwirtschaftlich oder weinbaulich genutzte Einzelgrundstück in dem Bezirk einer kreisfreien Stadt, so tritt an die Stelle des Landrats der Oberbürgermeister oder Leiter der kreisfreien Stadt. Die Genehmigung zur Pachtpreiserhöhung bei Einzelgrundstücken, die im Eigentum oder unter Verwaltung einer kreisfreien Stadt stehen, ist bei der zuständigen Preisbildungsstelle einzuholen.

Vor Erteilung einer Ausnahmebewilligung hat der Landrat oder die ihm gleichstehende außerpreußische Verwaltungsbehörde den Kreisbauernführer zu hören.

2. Bei landwirtschaftlich, gärtnerisch, fischereiwirtschaftlich oder weinbaulich genutzten Einzelgrundstücken, die im Eigentum des Staates oder unter staatlicher Verwaltung stehen, an Stelle der unter b 1 genannten Behörden die Oberpräsidenten als Preisbildungsstelle, in den übrigen Ländern die obersten Landesbehörden als Preisbildungsstellen.

Vor Erteilung einer Ausnahmebewilligung haben die Preisbildungsstellen den Landesbauernführer zu hören.

II. Anträge auf Pachterhöhungen bei selbständigen landwirtschaftlichen, gärtnerischen, fischereiwirtschaftlichen oder weinbaulichen Pachtbetrieben sind in Preußen durch den zuständigen Landrat, in den übrigen Ländern durch die dem Landrat gleichstehende Verwaltungsbehörde der Preisbildungsstelle auf dem Dienstwege vorzulegen.

Handelt es sich bei den selbständigen Pachtbetrieben um Staatseigentum oder staatlich verwalteten Grundbesitz, so sind die Anträge auf Pachtzinserhöhung dem Oberpräsidenten oder den obersten Landesbehörden als Preisbildungsstellen unmittelbar vorzulegen.

III. Von der Erteilung von Ausnahmebewilligungen bei landwirtschaftlich, gärtnerisch, fischereiwirtschaftlich oder weinbaulich genutzten Einzelgrundstücken haben in Preußen die Landräte, in den übrigen Ländern die den Landräten gleichstehenden Verwaltungsbehörden — gegebenenfalls auf dem Dienstwege — der zuständigen Preisbildungsstelle und dem Kreisbauernführer Mitteilung zu machen. Die Preisbildungsstellen sind gehalten, über die Preisbewegung bei landwirtschaftlichen Pachten und Fischereipachten dem Reichskommissar für die Preisbildung zu berichten.

IV. Die Genehmigung auf Grund des § 2 der Bekanntmachung über den Verkehr mit landwirtschaftlichen Grundstücken in der Fassung vom 26. Januar 1937 (RGBl. I S. 32) bleibt durch das vorstehende Verfahren bei Pachtpreiserhöhungen unberührt.

V. Von der Erteilung von Ausnahmebewilligungen bei Pachtbetrieben ist dem Reichskommissar für die Preisbildung und dem zuständigen Landesbauernführer in jedem Einzelfall Mitteilung zu machen.

VI. Die Zuständigkeit der Pachteinigungsämter bleibt durch dieses Verfahren unberührt. Da jedoch die Pachteinigungsämter nicht die Befugnis haben, Ausnahmebewilligungen auf Grund des § 3 der VO. vom 26. November 1936 zu erteilen, habe ich den Herrn Reichsminister der Justiz gebeten, die Pachteinigungsämter darauf hinzuweisen, daß vor der Entscheidung über Anträge auf Pachtzinserhöhung (§ 1 Abs. 2 RPSchO.) sowie vor der Entscheidung über die Pachtzinsneufestsetzungen

(§ 1 Abs. 3 S. 4 RPSchO.) dem Verpächter aufzugeben[4]) ist, die Entscheidung des Landrats bzw. des Oberpräsidenten einzuholen. Die Entscheidung dieser Behörden ist für die Pachteinigungsämter bindend.

VII. Wegen derjenigen Grundstücke, die unter die Kleingarten- und Kleinpachtlandordnung vom 31. Juli 1919 und das Ergänzungsgesetz vom 26. Juni 1935 fallen, ergeht besonderer Erlaß[5]).

Zu dem vorstehendem Runderlaß des Reichskommissars für die Preisbildung Nr. 95/37 hat der **Reichsbauernführer** am 11. August 1937 unter JG. 4638/37 — DN. S. 289 — nachstehende

**Anordnung**

erlassen, deren wesentliche Abschnitte II mit V folgenden Wortlaut haben:

II. Pachtversteigerungen

1. Versteigerungsverbot.

Das Verbot der Pachtversteigerungen ist den Preisbildungsstellen überlassen, um den örtlichen Verhältnisse gerecht werden zu können. Die Landesbauernführer haben bei den für ihren Bezirk zuständigen Preisbildungsstellen anzuregen, Pachtversteigerungen grundsätzlich zu untersagen und Ausnahmen hiervon nur für besondere Verhältnisse bei Befürwortung durch den Landes- bzw. Kreisbauernführer zuzulassen.

2. Ausnahmen vom Versteigerungsverbot.

Eine Ausnahme von dem anzustrebenden Versteigerungsverbot kann dann gerechtfertigt sein, wenn die Versteigerung nicht zur Erzielung eines möglichst hohen Preises vorgenommen wird, sondern zweckmäßig erscheint, um überhaupt Bewerber für die Pacht heranzuziehen. Pachtbewerber fehlen z. B. in manchen Industriegegenden, in denen die Industriearbeiter heute so beschäftigt sind, daß sie kein Interesse mehr an Pachtland haben.

---

[4]) Das Pacht(einigungs)amt hat — soweit nicht ein Vergleich zustandegekommen ist, für den der Verpächter die Genehmigung zur Pachtpreiserhöhung selbst einzuholen hat — vor der Entscheidung über eine Pachtpreiserhöhung selbst die Genehmigung der Preisbildungsbehörde herbeizuführen, vgl. AV. d. RJM. vom 5. April 1938 (MittBl. 1938 I Nr. 6 S. 5).

Zur Durchführung der Reichspachtschutzordnung vom 30. Juli 1940 (RGBl. I S. 1065) hat der Reichsjustizminister am 12. August 1940 eine Allgemeine Verfügung — DJ. 1940, 933 — erlassen, in der über die Zusammenarbeit der Pachtämter und Anerbenbehörden mit den Preisbehörden die sinngemäße Anwendung der AV. vom 5. April 1938 angeordnet ist, „wenn bei einer Neufestsetzung des Pachtpreises (§ 3 Abs. 3 RPO.), der Änderung des Inhalts eines Land- oder Fischereipachtvertrages (§ 5 RPO.) oder der anderweitigen Festsetzung der Leistung bei einem Jagdpachtvertrage (§ 7 RPO.) der bisherige Pachtpreis ausdrücklich oder tatsächlich erhöht werden soll oder wenn in einem vor der Pachtbehörde geschlossenen Vergleich eine Vereinbarung getroffen wird, die eine solche Erhöhung des Pachtpreises vorsieht oder zur Folge hat". Das Erfordernis der Bewilligung von Preiserhöhungen nach § 3 PStopV. durch die Preisbehörde ist in § 8 Abs. 2 Satz 2 RPO. ausdrücklich aufrechterhalten.

[5]) RE. 158/37 vom 21. Oktober 1937; hiernach sind die unteren Verwaltungsbehörden zuständig zur Festsetzung von Höchstpachtpreisen und zur Erteilung der Ausnahmebewilligung gemäß § 3 PStopV.

Die Versteigerung von Grasnutzungen kann eine Verpachtung an den Meistbietenden sein. Es ist anzustreben, daß die Preisbildungsstellen auch diesen Versteigerungen entgegentreten und auf den Abschluß langfristiger Pachtverträge unter Zugrundelegung der Einheitspachtverträge hinwirken, um so die ordnungsmäßige Pflege und Düngung von Wiesen auf lange Sicht sicherzustellen.

3. Einschaltung der Bauernführer.

Soweit Versteigerungen zulässig bleiben oder zugelassen werden, haben sich die Landes- bzw. Kreisbauernführer einzuschalten und vor allem darüber zu wachen, daß die Versteigerungen nicht preissteigernd wirken, sondern zu dem volkswirtschaftlich gerechtfertigten Pachtpreis führen. Dasselbe gilt bei Aufforderungen zur Abgabe von Geboten ohne besonderen Versteigerungstermin, die allerdings regelmäßig nicht unter den Begriff der öffentlich-meistbietenden Verpachtung fallen.

Welcher Pachtpreis volkswirtschaftlich gerechtfertigt ist, bestimmt sich nach den Pachtleistungsrichtlinien. Die Landes- bzw. Kreisbauernführer haben nach Möglichkeit schon vor der Versteigerung im Benehmen mit dem Verpächter eine Taxe als Höchstbetrag für den Pachtpreis aufzustellen. Ferner haben sie besonders hier die Grundsätze der Grundstückverkehrsbekanntmachung zu beachten.

4. Überwachung.

Wird entgegen einem Verbot eine Versteigerung angekündigt, so haben die Landes- bzw. Kreisbauernführer den Verpächter auf das Verbot und die Folgen eines Verstoßes hinzuweisen und ihn anzuhalten, daß er einen Einheitspachtvertrag abschließt.

## III. Preiserhöhungsverbot

1. Wiederverpachtungen.

Wann eine Preiserhöhung vorliegt, ergibt sich auch bei Verpachtung bisher schon verpachteten Landes an den alten oder einen neuen Pächter nicht allein aus dem Vergleich zwischen altem und neuem Pachtpreis. Vielmehr sind die gesamten Verpflichtungen des Pächters aus dem alten und dem neuen Vertrage zu vergleichen (vgl. Pachtleistungsrichtlinien). Ergibt die Prüfung, daß zwar keine Preiserhöhung, wohl aber eine Überschreitung des nach den Pachtleistungsrichtlinien gerechtfertigten Pachtpreises vorliegt, so ist zu prüfen, ob der Genehmigung nach der Grundstückverkehrsbekanntmachung widersprochen werden kann.

2. Neuverpachtungen.

Handelt es sich um Grundstücke, die bisher noch nicht verpachtet waren, so ist bei der Prüfung der Pachtpreis zugrunde zu legen, der am 17. Oktober 1936 unter Berücksichtigung der örtlichen Pachtpreise angemessen war. Versuchen, einzelne überhöhte Pachtpreise zu verallgemeinern, ist nachdrücklichst entgegenzutreten.

## IV. Ausnahmen vom Preiserhöhungsverbot

1. Allgemeines.

Wann Ausnahmen vom Preiserhöhungsverbot zuzulassen sind, ergibt sich aus dem Runderlaß. Maßgebend sind ferner die allgemeinen Bestimmungen des Reichskommissars für die Preisbildung, vor allem der Runderlaß Nr. 15/36 vom 26. Dezember 1936, in dem es heißt:

„Die Frage, ob im Einzelfall besondere Härten im Sinne des § 3 der Verordnung vom 26. November 1936 vorliegen, bedarf eingehender Prüfung. Die Verordnung vom 26. November 1936 ist von so einschneidender Bedeutung, daß sie naturgemäß Härten mit sich bringen mußte. Das konnte im Gesamtinteresse nicht vermieden werden. Deshalb wird es auch nicht möglich sein, alle diese vorausgesehenen Härten durch Ausnahmebewilligungen nach § 3 zu beseitigen, wenn nicht der Zweck der ganzen Verordnung in Frage gestellt werden soll. Ich bitte deshalb dringend, Ausnahmebewilligungen wegen angeblich besonderer Härten nur dann zu erteilen, wenn das starre Festhalten an dem Preiserhöhungsverbot dem Antragsteller unter keinen Umständen mehr zuzumuten ist."

Die Landes- und Kreisbauernführer sind mir dafür verantwortlich, daß das Preiserhöhungsverbot nicht durch unvertretbare Befürwortungen von Ausnahmen um seine Wirkung gebracht wird.

Ausnahmen sind daher nur in ganz seltenen Fällen zulässig, z. B. bei einem im Jahre 1935 vereinbarten Pachtvertrag, wenn der Pächter wegen des schlechten Kulturstandes des Grundstücks in den ersten zwei Pachtjahren eine geringfügige Pacht und ab 1. Januar 1937 eine neu festzusetzende Pacht zahlen sollte.

2. Ausmaß der Erhöhung.

Da Voraussetzung für eine Pachtpreiserhöhung ist, daß der Pachtpreis bisher unter dem allgemeinen Pachtpreisstand lag, darf auch bei der Bewilligung von Ausnahmen der allgemeine Pachtpreisstand nicht überschritten werden. Liegt der allgemeine Pachtpreisstand über dem volkswirtschaftlich gerechtfertigten Pachtpreis, so darf die Pacht diesen nicht überschreiten.

Ob der volkswirtschaftlich gerechtfertigte Pachtpreis nicht überschritten wird, hängt nicht nur von der Höhe des Pachtzinses, sondern auch von der Verteilung der Lasten und sonstigen Verpflichtungen ab. Der Pachtvertrag muß diese daher klar erkennen lassen.

Pachtverträge mit unbilligen Bestimmungen verdienen keine Förderung durch Staat und Land. In solchen Fällen ist eine Ausnahme von dem Preiserhöhungsverbot nicht zu befürworten.

3. Natural- und Naturalwertpacht.

Für das Verhältnis des Preiserhöhungsverbots zu den Roggen- und Roggenwertpachten gilt die Dienstordnung betr. Roggenpachten (Dienstnachrichten 1937 S. 214). Im übrigen ist allgemein die Umwandlung in Geldpacht anzustreben.

## V. Pachteinigungsämter und Anerbenbehörden.

Die Pachteinigungsämter dürfen Pachtleistungen nur erhöhen, wenn zuvor die Preisbildungsstelle bzw. der Landrat oder die ihm gleichgeordneten Stellen eine Ausnahme bewilligt haben.

Die Genehmigung der Verpachtung von Erbhöfen und Erbhofgrundstücken durch die Anerbenbehörden kann, wenn eine Pachtpreiserhöhung vorliegt, nur vorbehaltlich der Genehmigung durch den Reichskommissar bzw. der von ihm bestimmten Stellen erfolgen, wenn nicht das für die Pachtsachen angeregte Verfahren eingeschlagen wird.

# Sachverzeichnis

Die Zahlen bedeuten die Seiten.


**A.**

**Abänderung** der Preisvereinbarung durch die Preis(Genehmigungs)-Behörde 13, 14, 16, 18, 67.
**Abgabe** des Gebots, Gleichzeitigkeit 115, 132; Genehmigungspflicht 62, 117; Zurückweisung 63, 115, 123.
**Abführung** des Mehrerlöses 25, 39, 31.
**Abgrenzung** des Preisprüfungs- vom Genehmigungsverfahren 14, 16, 19.
**Abtretung** der Rechte aus dem Meistgebot 124, 126, 130.
**Anerbenbehörde** und Preisbehörde 16, 136, 138.
**Angebot** von Grundstücken 31; A. und Nachfrage als Wirtschaftsgrundsatz 9, 83, 99.
**Angemessener** Grundstückspreis 9, 31, 58, 73, 88, 99, 118, 122.
**Anordnung** der Preisbehörde 13, 18, 20, 21, 28; des Pachtamts 136; des Reichsbauernführers 136.
**Anteil** am Grundstück und Zuschlagsrecht 126, 127.
**Aufgabe** des Grundbesitzes 9, 12, 56.
**Auflage** im Preisprüfungsverfahren 22, 23, 66, 74.
**Auflassung** des Grundstücks und Zuschlagsrecht 128.
**Aufwendungen** für bauliche Erschließung des Grundstücks 102.
**Ausgleichszahlung** 12, 66, 74, 75, 106.
**Aushändigung** der Unbedenklichkeitsbescheinigung 69.
**Auslagen,** Erstattung im Preisprüfungsverfahren 54.
**Ausländer** und Grundstücksverkehr 62.
**Ausnahmebewilligung** der Preisbehörde 14, 32, 33, 64, 66, 105, 107, 118, 122, 134, 137.

**B.**

**Bauland,** Begriff 82, 85, 104; Bereitstellung 9, 82; Preisermittlung 84, 100, 109; Festsetzung von Richtpreisen 84, 107, 112.
**Baupolizeiliche Maßnahmen** als Ergänzung preisrechtlicher M. 107.
**Bauwert,** getrennte Bewertung (Baustellenwert) 107, 112.
**Beanstandung** als preisrechtliche Maßnahme 17, 22, 33, 66.
**Bebaute Grundstücke** 10, 75, 76, 107.
**Begründung** preisrechtlicher Entscheidungen 17, 53, 118, 120.
**Belehrung** über das Beschwerderecht 54, 121.
**Beschränkung** der Gebotsabgabe 117.
**Beschwerde,** Zulässigkeit im Preisprüfungsverfahren 55; gegen die Bestimmung des höchstzulässigen Gebots 118, 121;
**Besitz** und Zuschlagsberechtigung 129.
**Bestimmung** des höchstzulässigen Preises 67; des höchstzulässigen Gebots 107.
**Betrieb,** Untersagung der Weiterführung 27, 43.
**Beurkundung,** Zuständigkeit der Vermessungsbehörden 33; Entwurfsvorlage 67.
**Bewertung** der Grundstücke, steuerliche 60, 70, 76ff., 94; von Bauland 94, 109.
**Bieter,** Rangordnung 125, 126.
**Bietungsgenehmigung** 16, 62, 115, 117.
**Bindung** der Gerichte und Verwaltungsbehörden 16, 28, 64, 68, **94**, 108, 116, 117.
**Boden** keine Handelsware 9, 13, 18, 56.
**Bodenschätzung** 10, 70.
**Bodenwert** (Baustellenwert) 107, 112.

**Brandversicherungswert** 59, 104.
**Bürge** und Zuschlagsberechtigung 130.
**Bürohäuser,** Bewertung 60.

**D.**

**Devisenrechtliche Bestimmungen** 62.
**Dienstanweisung** des RfP. 21, 28.
**Dienstaufsichtsbeschwerde** 55.
**Dienstbarkeit** und Zuschlagsberechtigung 127.
**Doppelgebot,** Behandlung 115, 132.
**Durchführung** des Rechtsgeschäfts auf Anordnung der Preisbehörde 18, 144.

**E.**

**Ehegatten** als Bieter 129.
**Eigentum** als sozialgebundenes Recht 9, 14; Berücksichtigung bei der Zuschlagserteilung 127.
**Einfamilienhäuser** 76, 81.
**Eingriffe in Vertragsrechte** 13, 14, 16, 18, 66, 67.
**Einheitspreise** je Quadratmeter 11, 84, 111, 112.
**Einheitswert** 31, 60, 70, 76, 94.
**Enteignungsentschädigung** 19, 20, 29. 87, 89.
**Entscheidung,** grundsätzliche des RfP. 21, 28.
**Erbhof,** Veräußerung 61.
**Erfassung der Wertsteigerung** 12, 66, 74, 75, 105, 107.
**Erhöhung der Preise,** Verbot 29, 51, 99, 118, 122.
**Erlasse** des RfP. 21, 23, 25, 56, 91, 98, 107, 108, 133; gemeinschaftliche E. 94, 119.
**Ermächtigung** des RfP. 14, 19.
**Erteilung** der Ausnahmebewilligung gemäß § 3 PStopV. 14, 32, 33, 64, 66, 105, 117, 118, 122, 134, 137; des Zuschlags 125, 132.
**Ertragswert** 10, 70, 80, 111.

**F.**

**Fabrikgrundstücke,** steuerliche Bewertung 60, 73.
**Feuerkassenwert** 59, 104.
**Fiktion** der Genehmigung 33, 64, 69.
**Finanzamt,** Zusammenarbeit mit der Preisbehörde 94, 113; Zuständigkeit zur Verwaltung der Grunderwerbsteuer 68.
**Fischereipacht** 133, 136.
**Forstwirtschaftliche Grundstücke** siehe Landwirtschaft.
**Führungsstellung** des RfP. 15, 16, 144.

**G.**

**Gauwohnungskommissar,** Mitwirkung bei der Aufstellung von Richtpreisplänen 113.
**Gebote** in der Zwangsversteigerung 16, 62, 114, 123, 132.
**Gebühren** im Preisprüfungsverfahren 54.
**Gemeindeeigene Grundstücke** 18, 53, 62.
**Gemeiner Wert** 10.
**Gemeinschaftsverpflichtung** des Grundbesitzes 7, 14, 20.
**Genehmigung,** Erteilung 33, 61; Ersatz 34.
**Genehmigungspflichtige Rechtsgeschäfte,** Zusammenstellung 61.
**Genehmigungsverfahren,** Verhältnis zum Preisprüfungsverfahren 13, 14, 16, 21, 22, 63, 65, 68.
**Gericht,** Bindung der G. 16, 28.
**Geringstes Gebot** 119.
**Gesamtordnung,** Einordnung jeder Rechtsstellung 14, 15, 20, 144.
**Gestaltung** der Grundstückspreise 9, 30, 66, 99, 117, 144.
**Gewinnabschöpfung** 7.
**Gläubiger,** Berücksichtigung bei der Zuschlagserteilung 128.
**Gleichzeitigkeit** der Gebotsabgabe 132.
**Größe** des Grundstücks 52, 72, 126.
**Grunddienstbarkeit** und Zuschlagsberechtigung 127.
**Grundeigentum** und Zuschlagsberechtigung 127.
**Grunderwerbsteuer,** Verwaltung 68.
**Grundsätzliche Entscheidung** 18, 21.
**Grundschuld** und Zuschlagsberechtigung 128.
**Grundstücks**anteil 127; Grundstücksangebot 31; Grundstücksgröße 52, 61, 71, 126; Grundstücksumlegung 71.

**Grundstückskäufer** und Zuschlagsberechtigung 129.
**Gruppeneinteilung** 125.
**Gutachten,** Auswertung **durch** die Preisbehörde 54.

**H.**

**Heimstätte,** Vorkaufsrecht 126, 128.
**Herabsetzung** des Kaufpreises durch die Preisbehörde 13, 18, 64, 144.
**Höchstgebot,** Festsetzung 122.
**Hypothekgläubiger** und Zuschlagsberechtigung 128.

**J.**

**Jagdpachtverträge** 134, 136.
**Individualistische Wirtschaftsauffassung** 7.
**Industriegelände** 73.
**Inländer,** Devisenrecht 62.
**Interesse,** öffentliches, Bedeutung im Preisprüfungsverfahren 19, 22, 24, 73.

**K.**

**Kaufpreis,** Herabsetzung durch die Preisbehörde 13, 18, 64, 144.
**Kleingartenland** 82, 96.
**Kleinsiedlung** 81.
**Kostenordnung** für Preisangelegenheiten 54.
**Kreisbauernführer,** Anhörung vor Bestimmung des höchstzulässigen Gebots 118, 121.
**Kriegswirtschaftsverordnung** 6, 29, 73.

**L.**

**Landwirtschaft,** Grundstücke 10, 70, 118, 121, 127, 133 (Preisüberwachung); 88 (Enteignung); 127 (Zwangsversteigerung).
**Lebensgrundlage,** Boden als L. 9, 12, 13.
**Liberalistische Wirtschaftsauffassung** 9, 12, 14, 83, 99.
**Liegenschaftskataster** 71.
**Los,** Entscheidung über den Zuschlag 115, 129.

**M.**

**Mehrerlös,** Abführung 25, 39, 41.
**Meistbietende Verpachtung,** Verbot 134, 136.
**Meistgebot,** Abtretung der Rechte 124, 126, 130; Zurückweisung 63, 123; Behandlung gleich hoher M. 125.
**Mietrecht** und Zuschlagsberechtigung 129.
**Mindestgebot** 119.
**Mindestgröße** des Grundstücks 61, 71.
**Mindestwert** des Grundstücks 80.
**Miteigentum** und Zuschlagsberechtigung 127, 128, 129.
**Mitteilungspflicht** der Finanzämter 91.

**N.**

**Nacherbe** und Zuschlagsberechtigung 128.
**Nachfrage** und Angebot als Wirtschaftsgrundsatz 9, 83, 99.
**Nachprüfung** von Entscheidungen 5, 29.
**Nachteile,** wirtschaftliche, Entschädigung f. N. 89, 102.
**Nebenentschädigung** 89, 101, 102, 109, 111.
**Nichtigkeit** des Rechtsgeschäfts 18, 22, 33, 144.
**Nießbrauch** und Zuschlagsberechtigung 127.
**Nutzungsentgelt,** Preisbildung 52.
**Nutzungswert,** allgemeine Feststellung 10, 59.

**O.**

**Öffentliches Interesse** 19, 22, 24, 66, 73.
**Ordnungsstrafrecht** 25, 42.
**Organisationsanordnung** 51; -erlaß 85.
**Örtliche** Zuständigkeit der Preisbehörden 41, 53, 55.
**Österreich,** Preisvorschriften 7, 35, 85; Gebotsabgabe 116, 123, 130.
**Ostgebiete,** Preisvorschriften 8, 35, 38.

**P.**

**Pacht,** Entschädigung 135, 136; Versteigerungsverbot 134, 136.
**Pachtamt,** Genehmigung 136.
**Pächter** und Zuschlagsberechtigung 127, 128.
**Parteiprogramm,** Punkt 17—83.
**Preisbehörden,** Aufgaben 5, 20, 51, 82, 94, 99, 107, 117; Zuständigkeit 15, 34, 52, 113, 117.

**Preiserhöhungsverbot** 30, 31, 51, 99, 118, 122; in Österreich 35; im Sudetenland 37; in den Ostgebieten 38.
**Preisprüfungsverfahren,** kein Genehmigungsverfahren 13, 14, 16, 21, 22, 63, 65, 68.
**Preissenkung,** Pflicht zur P. 6.
**Preisstrafrecht** 24, 39.
**Privatrechtsordnung** und Gesamtordnung 14, 20, 144.

**R.**

**Rangordnung** der Bieter 125, 130.
**Rechtsgeschäft,** Nichtigkeit 18, 22, 33.
**Rechtsmittelbelehrung** 53, 121.
**Reichsheimstätten,** Vorkaufsrecht 126, 128.
**Reichskataster** 71.
**Reichsnährstand,** Anhörung 113; Einflußnahme auf Preisbildung 118, 121.
**Reichssiedlungsgesetz** 126, 128.
**Reinertrag,** Ermittlung 11.
**Rentenschuldgläubiger** und Zuschlagsberechtigung 128.
**Richtpreise** für Bauland 84, 107, 113.
**Richtsatzmiete** 84.
**Rücktritt** vom Vertrag 19, 23, 67, 144.
**Runderlasse** des RfP. 21, 23, 25, 56, 91, 98, 107, 108, 133; des Reichsarbeitsministers 83; Gemeinschaftliche R. 94, 119.

**S.**

**Sachverständige,** Einvernahme 54.
**Sicherung** der Preisüberwachung 90.
**Sondergericht,** Anklage vor 25.
**Steuerliche Bewertung** der Grundstücke 60, 70, 76, 94.
**Stichtagpreis** 30, 99, 105, 109.
**Stoppreis** 30, 57, 99, 100.
**Strafvorschriften** 24, 34, 39, 85.
**Sudetendeutsche Gebiete,** Preisvorschriften 8, 37; Gebietsabgabe 116, 123, 130.

**T.**

**Terminsbestimmung** bei Zwangsversteigerung 119, 121.
**Tragbare Mieten** 100, 106.
**Treuhänder,** Veräußerung durch Tr. 62.

**U.**

**Überbaute Grundstücke,** Richtpreise 107.
**Umgehung** der Vorschriften 31, 32.
**Umlegungsverfahren** 71.
**Unbebaute Grundstücke** 72, 94.
**Unbedenklichkeitsbescheinigung** 64, 68.
**Unbedenklichkeitserklärung** 29, 32, 33.
**Untere Verwaltungsbehörde,** Zuständigkeit 52.
**Unverbindliche Auskunft** der Preisbehörde 67.

**V.**

**Verbot** der Durchführung des Rechtsgeschäfts 18; der Preiserhöhung 30, 31, 51, 99, 118, 122; der meistbietenden Verpachtung 134, 136.
**Verfahren** vor den Preisbehörden 53.
**Vergleichspreise** für Grundstücke 100.
**Verkehrswert** 10, 31.
**Versagung** der Genehmigung 16, 33.
**Versteigerung** von Grundstücken 114.
**Versteigerungstermin** 119, 121.
**Versteigerungsverbot** 134, 136.
**Vertragsbedingungen** 14, 16, 19.
**Verwaltungsbehörde,** Bindung der V. 16, 28, 94.
**Verwendung** des Grundstücks 19, 56, 73, 104.
**Volkswirtschaft,** kriegsverpflichtete 6, 7, 73.
**Volkswirtschaftlich gerechtfertigter Preis** 9, 31, 100, 118.
**Vollstreckungsgericht,** Zurückweisung von Geboten 123.
**Vorbehalt** des Rücktritts 19, 23, 67, 144.
**Vorkaufsrecht** und Zuschlagsberechtigung 126, 128.
**Vormerkung** und Zuschlagsberechtigung 128.
**Vorzugsrechte** der Bieter 125.

**W.**

**Ware,** Grundstück keine W. 9, 18.
**Wehrbeitragswert** 59, 103.
**Wert** des Grundstücks 10.
**Wertsteigerung,** Erfassung 12, 66, 74, 75, 105, 107.
**Wiederkaufsrecht** und Zuschlagsberechtigung 128.

**Wiederverpachtung** und Preisstopverordnung 137.
**Wirkung** der Beanstandung der Preisbehörde 17, 22, 33, 66.
**Wirtschaftliche Nachteile,** Ersatz für 89, 102.
**Wohnrecht** und Zuschlagsberechtigung 127.
**Wohnungskataster** 84.

### Z.

**Zurückweisung** von Geboten 63, 115, 123.
**Zuschlag** in der Zwangsversteigerung 62, 124.
**Zuständigkeit** der Finanzämter 68; der Preisbehörden 15, 34, 51, 113, 117.
**Zuwiderhandlung** gegen Preisvorschriften 6, 24, 34, 42.
**Zwangsvertrag** 20.
**Zwangsversteigerung,** Erwerb 62; Gebotsabgabe 16, 20, 62, 114, 123, 132.
**Zweckverwendung** der Ausgleichszahlung 75; der Grundstücke 19, 56, 73, 104.

# Nachwort

Nach Fertigstellung des Druckes wurde in der Deutschen Justiz 1942 S. 20 die Entscheidung des **RG. vom 29. Nov. 1941 — VIII 89/41** — veröffentlicht. Das Urteil stellt zunächst im Anschluß an RG. V 99/40 — oben S. 18 — fest, daß auch nach dem österreichischen Recht ein Grundstücksveräußerungsvertrag in vollem Umfang nichtig ist, wenn die Preisbehörde den vereinbarten Preis beanstandet.

Darüber hinaus erachtet der 8. Senat es — entgegen der oben S. 18, 21 vertretenen Auffassung — für unzulässig, daß die Preisbehörde auf Grund des Erlasses vom 16. März 1938/17. März 1941 die Durchführung des Kaufvertrages zu dem von ihr herabgesetzten Preise anordnet und zwar mit folgender Begründung:

1. Die Vorschrift des § 2 PBG. ermächtigt den RfP. nur zu bloßen Preissicherungsmaßnahmen. Die Anordnung des Erfüllungszwangs sei aber als „Maßnahme zur Sicherung des Güterverkehrs" anzusehen und werde als solche durch § 2 PBG. nicht gedeckt.
2. Die Befugnis der Preisbehörde zu rechtsgestaltenden Eingriffen in den Vertrag bedarf ausdrücklicher gesetzlicher Grundlage, wie v. Spreckelsen EHRspr. § 37a REG. Nr. 132 ausführt.
3. Die Anordnung stellt eine gesetzlich nicht begründete Enteignungsmaßnahme dar.
4. Die Verpflichtung des Verkäufers zur Hergabe des Grundstücks gegen Zahlung eines ihm nicht genehmen Preises ist aus praktischen und wirtschaftlichen Gründen unerträglich.

Die Begründung der Entscheidung ist nicht überzeugend. Die enge Auslegung des § 2 PBG. läßt die wirtschaftspolitische Führungsstellung des RfP. außer acht, oben S. 19. Es ist richtig, daß die Preisbehörde weder dem Eigentümer den Verkauf seines Grundstücks zu einem bestimmten Preis aufgeben noch gar den Verkaufsvertrag von sich aus festsetzen kann. Allein es ist ein Trugschluß, wenn das KG. und ihm folgend das RG. meint, dieser Fall liege nicht wesentlich anders als wenn die Beteiligten einen wegen Preisüberschreitung nichtigen Vertrag abschließen würden; denn hier treten die Beteiligten von sich aus mit einem bestimmten Gestaltungswillen in die Privatrechtsordnung ein und müssen mit der Anpassung ihres Willens an die Gemeinschaftsordnung rechnen, oben S. 14, 15, 20. Dem Zwang zur Einordnung der Vertragsgestaltung in die Gemeinschaftsordnung gegenüber kann der Gesichtspunkt der Enteignung und der unerträglichen Auswirkung nicht durchgreifen. Entscheidend ist vielmehr die Tatsache, daß die nationalsozialistische Rechtsauffassung eine „staatsfreie Sphäre des Privatrechts" nicht kennt. Nicht die Rechtssicherheit der Beteiligten, sondern die Anpassung der beabsichtigten Rechtsgestaltung an die Erfordernisse des Gemeinschaftsrechts steht im Vordergrund der rechtlichen Beurteilung, wie ich zu dem Urteil RG. V 70/41 in ZAkDR. ausgeführt habe. Von diesem Gesichtspunkt aus braucht die Interessenlage der Beteiligten gegenüber dem Führungsanspruch des RfP. nicht gebilligt zu werden. Nach dieser Richtung bleibt es den Beteiligten überlassen, durch Vereinbarung einer Rücktrittsklausel — hierzu vgl. oben S. 67 und meine Ausführungen DRWiss. 1941, 340 — sich selbst zu schützen. Da im Streitfall der Rücktritt vorbehalten und erklärt war, konnte aus diesem Grunde die Anordnung der Preisbehörde keinen Erfolg haben. Sachlich war deshalb die Entscheidung gerechtfertigt.

FSC
www.fsc.org
MIX
Papier | Fördert gute Waldnutzung
FSC® C083411

Kolibri 360 GmbH
Ferdinand-Jühlke-Straße 7
99095 Erfurt, Deutschland
produktsicherheit@kolibri360.de